CARLE

Après une formation e...
Binet a appris la morp...
de longues années de tr...
Corman, le père de cette branche des sciences humaines. Elle est actuellement consultante en évolution de carrière et enseigne la morphopsychologie.

ABC
de la
morphopsychologie

 *Évolution*

Des livres pour vous faciliter la vie !

Dans la collection ABC :

Jacques CHOQUE
ABC de la relaxation

Valérie GAUTIER
ABC de la généalogie

Marie-Françoise LEMOINE
ABC du yoga

Christiane et Éric MAIZIERRE
ABC des élixirs floraux

Dr Thierry TELPHON
ABC des huiles essentielles

Carleen Binet

ABC
de la
morphopsychologie

GRANCHER

Le Code de la propriété intellectuelle n'autorisant, aux termes de l'article L. 122-5 (2e et 3e a), d'une part, que les «copies ou reproductions strictement réservées à l'usage privé du copiste et non destinées à une utilisation collective» et, d'autre part, que les analyses et les courtes citations dans un but d'exemple ou d'illustration, «toute représentation ou reproduction intégrale ou partielle faite sans le consentement de l'auteur ou de ses ayants droit ou ayants cause est illicite» (art. L. 122-4).
Cette représentation ou reproduction, par quelque procédé que ce soit, constituerait donc une contrefaçon sanctionnée par les articles L. 335-2 et suivants du Code de la propriété intellectuelle.

©Éditions Grancher, 1988, 2007
ISBN : 978-2-266-17686-6

Sommaire

Préface 9

Introduction 11

Première partie – **Comprendre** 19

I. Observer le visage 29

II. Comment se forme le visage 37

Deuxième partie – **Appliquer** 109

  I. Vivre la dilatation 111

 II. Survivre – la Rétraction 155

III. Avancer : la Rétraction latérale 187

IV. Contrôler : la Rétraction frontale 217

 V. Échanger – le Modelé, les Récepteurs
    et leur Tonicité 255

7

TROISIÈME PARTIE – **APPROFONDIR ET NUANCER** 291

   I. Réaliser – L'Étage instinctif 295

  II. Aimer – l'Étage affectif 327

 III. Penser – l'Étage cérébral 369

 IV. Focaliser – le concentré 425

  V. Communiquer – le Réagissant 445

 VI. Intégrer – disharmonies et antagonismes 467

VII. Évoluer – le visage et le temps 483

VIII. Restituer l'individu : le portrait approfondi 493

CONCLUSION 523

ANNEXES – LA MORPHOPSYCHOLOGIE, MODE D'UTILISATION 529

Bibliographie 543

Lexique 553

Remerciements 587

Préface

L'ouvrage que Carleen Binet publie sous ce titre, se donnant comme un ABC de la science morphopsychologique, a l'ambition d'éveiller l'intérêt du lecteur à la connaissance des visages, et en même temps de lui apporter les données de base qui lui permettront, s'il le désire, de s'en instruire plus à fond.

Il n'est pas en effet – Carleen Binet nous le montre – de science humaine qui nous donne une connaissance aussi complète et aussi riche en possibilités d'applications à tous les domaines que la Morphopsychologie.

Cet ouvrage est estimable à deux égards :

En premier lieu, il obéit à une préoccupation didactique en exposant très exactement à chaque page les correspondances entre les formes du visage et les traits de caractère. Cela est pour certains déjà connu, mais il était bon de le dire clairement, comme l'auteur le fait ici.

En second lieu, et c'est là le côté le plus original du livre, alors que le plus souvent on illustre les caractères dominants de chaque Type en figurant un visage isolé, dans une vue en quelque sorte statique, Carleen Binet a tenu à mettre particulièrement en valeur le caractère dynamique de la morphopsychologie en rassemblant dans des tableaux vivants des personnages de types divers, qui se réunissent, s'affrontent, s'opposent même parfois. Et, pour ce faire, elle a pu s'adjoindre un dessinateur de talent, Boss, dont le crayon habile anime presque toutes les pages du livre.

Carleen Binet, en transmettant dans cet ouvrage son expérience personnelle de la morphopsychologie, a tenu à souligner le caractère profondément humain de cette science, quand elle est mise en œuvre dans un juste souci de compréhension de l'Autre, et que par là elle peut inspirer à ceux qui la pratiquent une philosophie de la vie dans le sens d'une plus grande communauté fraternelle.

Louis Corman

Introduction

« Le visage rond et doux de la femme souriait à son tout petit. Elle se laissait absorber par les grandes baies vitrées des yeux de son enfant, respirer par ce petit nez en trompette qui ne donnait aucune indication sur sa forme future, alors que la fossette du menton persisterait, signant la lignée paternelle.

« Le père regardait au-dehors et ses traits, plus secs et anguleux, contrastaient avec ceux de la femme, il avait l'air d'un oiseau de proie, vu ainsi de profil, aigu, déjà projeté dans le monde du mouvement où il se sentait vivre pleinement. Elle ressemblait plus, après sa grossesse récente, aux brioches bien gonflées qu'elle faisait cuire et dont l'odeur appelait à rester dans le confort chaleureux de l'intérieur. »

Combien de descriptions analogues avons-nous lues, faites, entendues, qui évoquent non seulement des traits plus ou moins agréables mais aussi des comportements, une personnalité qui sous-tendrait ces traits ?

La *Morphopsychologie* se propose de traduire ces traits, de donner leur signification psychologique.

Pour ce faire, elle s'appuie sur une **démarche scientifique**.

Elle pose ses postulats, ses **lois** basées sur celles de la **biologie**, puis ses méthodes communes aux autres **Sciences de l'homme**.

La *Morphopsychologie* est issue de la rencontre entre **Biologie** et **Psychologie**. Elle ne se réfère à aucune typologie même si elle peut en utiliser ou s'y confronter, car sa démarche est originale.

Elle s'intéresse essentiellement au visage tout en démontrant qu'il renvoie au reste du corps, au Conscient, à l'Inconscient et à l'Intelligence. Elle partage « le principe du parallélisme du psychique et du physique, comme manifestation d'une unité fondamentale de l'être »*[1]. Ses domaines d'application sont extrêmement vastes. Elle est au point de jonction privilégié entre le psychologique et le somatique, intéressant par là toutes les professions médicales et psychologiques, ainsi que celles qui touchent aux domaines de la Communication, c'est-à-dire qu'elle nous concerne tous, individuellement.

Le but de ce livre n'est pas d'être exhaustif mais de présenter la *Morphopsychologie* de façon simple et attrayante : de démontrer sa logique interne, l'évidence de ses propositions, ses difficultés aussi, car en étudiant l'homme, on se confronte à sa complexité. Et au fur et à mesure que l'on avance dans l'étude de la *Morphopsychologie*, que l'on a bien assimilé les notions de base, on se rend compte que les moduler les unes par rapport aux autres est une technique extrêmement complexe, qui s'apprend patiemment, comme tout métier, en étudiant, « en faisant des gammes », de longs exercices pratiques et en confrontant sans cesse les résultats à la réalité.

Ce livre est donc une introduction à la *Morphopsychologie*, dont le Dr Corman est le fondateur. Il a non seulement établi la base théorique solide qui permettait une démarche scientifique, mais de plus, pendant les quarante années où il dirigea l'Hôpital psychiatrique de Nantes, il a validé longuement son outil, aidé en cela par les psychiatres et les psychologues, les éducateurs et instituteurs qui formaient son équipe et confrontaient leurs outils propres aux conclusions de la *Morphopsychologie*, de façon parfois très critique.

---

1. Un historique rapide de la Morphopsychologie vous est proposé à la fin de ce livre (voir Annexes).

Le Dr Corman est aussi le **président de la Société française de morphopsychologie**, créée en 1980 pour diffuser l'enseignement de la *Morphopsychologie* (voir Adresses utiles, p. 536) et continuer le travail de recherche et de validation de la *Morphopsychologie*.

Ce livre se veut clair et facile à lire, évitant le plus possible les termes trop techniques. Chaque fois que cela sera possible, des schémas et des dessins illustreront mon propos.

Un lexique[1] en fin de livre et des annexes permettront aux lecteurs de trouver des explications complémentaires et d'éviter la schématisation à laquelle pourrait conduire une excessive simplification.

---

1. Tous les mots en italique sont expliqués dans le lexique.

Il y a bien d'autres méthodes pour comprendre les autres : l'évaluation par les tests, la graphologie, etc. Ces techniques ne sont pas faciles à mettre en œuvre lors d'un premier contact, en admettant que vous en ayez la compétence, et ces méthodes sont culturelles, difficiles à appliquer sur un Asiatique ou un Africain, par exemple. La *Morphopsychologie* ne l'est pas et **elle n'a besoin de rien d'autre que du visage** ou d'un bon portrait.

La Morphopsychologie : une politesse du cœur.

Alors, si du premier coup d'œil, vous pouviez savoir « comment prendre les gens », quelle politesse du cœur ! Vous pourriez vous adresser à leurs centres d'intérêts, à leurs côtés positifs et éviter les « sujets qui fâchent ».

Il ne s'agit pas de faire de la voyance mais de déduire logiquement et avec bon sens, de l'ensemble des traits du visage, la «traduction» psychologique, c'est-à-dire la personnalité et le caractère de son propriétaire. Vous le faisiez jusqu'ici en vous servant de votre intuition, parfois bonne, mais parfois aussi incomplète ou trompeuse.

Ce livre vous aidera, non seulement à avoir des **rapports humains** plus simples et plus réalistes, mais aussi à **mieux vous comprendre**, vous et vos proches.

Savoir **éduquer vos enfants** en fonction des adultes qu'ils seront demain et de ceux que vous êtes aujourd'hui, dans leur spécificité et leurs différences pour les aider à dégager leur personnalité et leur autonomie.

Dans votre **vie professionnelle**, vous aurez des rapports plus productifs et coopérants en limitant vos demandes à ce qui est possible et surtout en permettant aux richesses de chacun de s'exprimer de façon complémentaire au sein d'une équipe. Dégager la notion de

Ressources humaines, richesse principale de l'entreprise moderne.

Et dans votre **vie sentimentale**, vous connaître mieux, comprendre l'autre, les demandes croisées qui existent dans chaque relation, vous permettront peut-être de ne pas lui «demander la lune» alors qu'il (ou elle) vous apporte déjà le soleil par sa présence.

Première partie

CONJONCTURE

Première partie

COMPRENDRE

Ce que n'est pas la morphopsychologie

La *Morphopsychologie* est actuellement à la mode. Elle pourrait provoquer l'engouement qu'a connu la Graphologie il y a une vingtaine d'années, avec son corollaire d'études faciles et complaisantes, de formations incomplètes et non contrôlées, de beaux discours de ceux qui sont les moins aptes à donner une image sérieuse de leur discipline; c'est «strass et paillettes», vide et incompétence.

Quelques ouvrages ont fleuri ces derniers temps qui se donnent l'appellation de *Morphopsychologie*, alors qu'ils n'ont pas la démarche scientifique, globale et dynamique qui la caractérise. En fait, ce sont des «*Physiognomonies*», des études des traits isolés du visage pris comme des pièces de puzzle juxtaposées, qui seraient censées avoir des significations par elles-mêmes; quand elles ne font pas appel à des notions astrologiques plus ou moins bien assimilées.

En fait, la démarche *morphopsychologique* ne s'appuie pas sur une géographie du visage: «Un nez retroussé est impertinent»; «yeux verts, yeux de vipère», mais plutôt sur sa géologie: Comment s'est constitué notre visage? Comment a-t-il évolué dans le temps? Que s'est-il passé à chaque étape de notre maturation? On peut suivre ces étapes psychologiques en même temps que l'évolution des masses et des formes du crâne et de la face.

CE QU'ELLE EST, CE QU'ELLE DEMANDE

Le visage comme résultante de la rencontre entre l'inné et l'acquis.

En effet notre visage est le point de rencontre entre notre patrimoine génétique, notre hérédité (inné) et le milieu dans lequel nous sommes nés et qui nous a élevé (l'acquis), nous a « formés » au sens propre du terme.

Et les influences internes et externes

C'est de l'alliage ou de l'opposition entre ces forces que se sont formés notre caractère et notre visage, qui se trouve à l'interface entre l'inné et l'acquis, le psychologique et le somatique.

La Morphopsychologie interprète l'interaction continue du corps, du psychisme et de l'environnement.

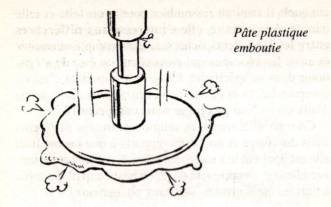

Pâte plastique emboutie

La *Morphopsychologie* est **globale**. Elle se réfère toujours à la totalité de l'être, comme un bon traducteur se réfère au sens général de la phrase pour choisir la traduction correcte d'un mot.

En effet il faut tout de suite bien se pénétrer du fait **qu'un trait du visage ne veut rien dire par lui-même**. Il est toujours **interprété par rapport à l'ensemble du visage**. Ainsi si deux personnes avaient le même nez (en admettant que cela soit possible) l'interprétation que le Morphopsychologue en donnerait pourrait être très différente selon les différences relevées dans le reste des deux visages.

La *Morphopsychologie* est **dynamique** car elle rend compte de l'évolution des traits et de la psyché, qu'elle soit instantanée comme dans la Mimique ou à longue échéance dans le cours de la vie.

La **Morphopsychologie n'est pas normative**, c'est-à-dire qu'elle n'établit pas une hiérarchie de valeurs, distribuant les bons et les mauvais points. Elle n'établit pas de «canon» comme les canons de la beauté grecque auxquels il faudrait ressembler pour avoir telle et telle qualité. Au contraire, **elle s'intéresse aux différences entre les êtres**, leurs richesses, leurs complémentarités et aussi les blocages qui empêchent un être de s'épanouir dans sa spécificité. Ce qui est important c'est de comprendre, et la devise de la *Morphopsychologie* est d'ailleurs : « **Non pas juger mais comprendre** ».

Comme elle étudie la relation entre les différents traits du visage et non leurs rapports à une norme fixe, elle est applicable à toutes les ethnies, ses lois étant universelles (et s'appliquent de façon beaucoup plus simple à tous les êtres vivants, végétaux ou animaux).

Des lois universelles

Si c'est une **technique scientifique**, elle fait cependant aussi appel à **l'intuition**, c'est-à-dire à une faculté globale d'appréhender la réalité sans passer par la réflexion. Cette intuition est « éduquée » par la formation préalable du Morphopsychologue, comme un médecin qui a vu beaucoup de cas voit son diagnostic bénéficier de cette mémoire intuitive.

Nous n'avons pas tous une faculté intuitive équivalente. Même si celle-ci se développe par des techniques récemment mises au point, c'est souvent l'ampleur de cette faculté qui, à connaissance égale, fait la différence entre un Morphopsychologue et un amateur ou un étudiant en Morphopsychologie. Comme dans toute Science humaine, il existe une part d'**Art** liée, avec l'intuition, à l'**humanité** et la **maturité psychologique** de celui qui l'exerce.

Éduquer le regard

L'Art et la *Morphopsychologie* se rejoignent aussi en ce sens que devenir Morphopsychologue demande de développer **le regard** et d'acquérir, **comme un bon des-**

sinateur, un « compas dans l'œil », pour évaluer les rapports entre les formes du visage. Ces rapports sont souvent assez complexes puisqu'il faut comparer des volumes, des épaisseurs. Le regard s'éduque donc en étudiant méthodiquement des portraits et en se faisant corriger par des professeurs, comme un dessinateur éduque son regard en dessinant des formes et en étant corrigé jusqu'à ce qu'il puisse les rendre avec exactitude. Et il faut bien autant de temps pour acquérir une bonne évaluation des formes que pour devenir un dessinateur fidèle (qui peut à partir de ce moment-là se permettre d'interpréter).

I.

Observer le visage

Avant d'étudier les lois de la *Morphopsychologie*, nous allons nous familiariser avec le vocabulaire de base de la description du visage.

> Ce chapitre est un survol rapide de la **Morphopsychologie** et de ses différentes lois. Il vous permet une information sur sa démarche et vous donne ainsi une **vue globale** de la *Morphopsychologie* pour que lorsque nous étudierons ses différentes composantes, vous puissiez chaque fois les ramener à une **vue d'ensemble**.

1. Le Cadre

Il est constitué des os de la face et du crâne qui constituent la charpente osseuse du visage, sa structure avec les deux plus grands muscles : les masséters et les temporaux qui donnent sa forme au visage.

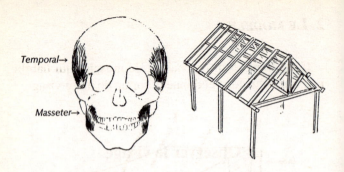

Le Cadre, nous le verrons, représente l'énergie disponible pour la personne ; énergie inconsciente, force et forme des pulsions, libido, beaucoup de termes ont essayé de définir cette énergie vitale que le parler populaire utilise comme une évidence : « il a beaucoup d'énergie... Je n'ai plus d'énergie aujourd'hui ». Il y a une corrélation étroite entre cette énergie, le volume et la puissance du Cadre (voir page 50, Métabolisme).

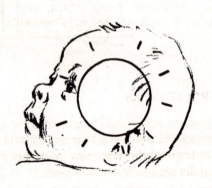

2. Le modèle

C'est l'épaisseur de chair et de muscles qui habille l'ossature du crâne et donne la forme de notre visage.

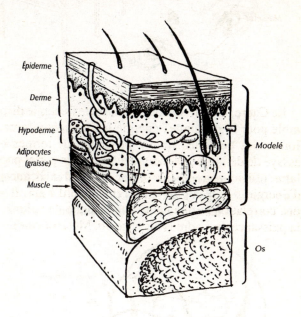

3. Les récepteurs

Les récepteurs sont dans la zone centrale du visage qui abrite les **organes des sens** : **bouche**, **nez**, **yeux**, qu'on appelle aussi vestibules sensoriels ou *Récepteurs* et que l'on devrait, en fait, appeler émetteurs-récepteurs puisque ce sont les **échangeurs** d'informations entre la personne et son milieu. L'ensemble des Récepteurs forme une zone appelée le *petit visage*.

Le petit visage

Les parties intermédiaires entre le *Cadre* et les *Récepteurs* sont des cavités aériennes (les sinus) et nous verrons l'importance capitale de leur évolution.

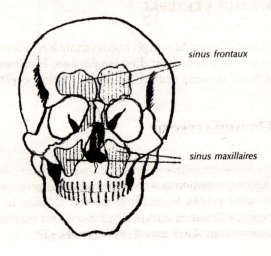

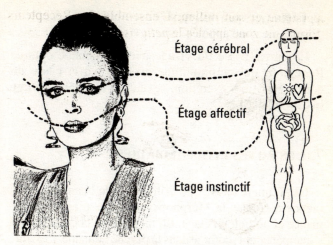

Si maintenant nous divisons horizontalement le visage, nous allons distinguer 3 zones (voir plan).

4. L'ÉTAGE CÉRÉBRAL

La partie haute du visage, avec comme Récepteurs les yeux qui communiquent directement avec le cerveau et le système nerveux central se nomme l'**Étage cérébral**.

5. L'ÉTAGE AFFECTIF

La partie moyenne du visage, avec le nez comme Récepteur, communique avec l'appareil respiratoire où sont aussi placés le cœur, le plexus solaire, le diaphragme. Elle est en étroite relation avec les sentiments et les émotions. On l'appelle l'**Étage affectif**.

6. L'Étage instinctif

La partie basse du visage avec la bouche comme Récepteur qui communique avec la partie basse du corps (nutrition, excrétion, sexualité) s'appelle l'**étage instinctif-actif**.

7. Les zones intermédiaires

La première chose que l'on demande quand on commence à étudier la Morphopsychologie, c'est où commence et où finit un étage. Eh bien ! Ils se chevauchent et s'interpénètrent ; comme dans la psyché humaine, il est difficile de différencier un désir, un sentiment ou une pensée.

Anatomiquement l'*Étage instinctif* va se composer de la mandibule et du maxillaire supérieur, c'est-à-dire qu'en fait il remonte assez haut, comme vous le voyez sur le schéma.

L'*Étage affectif*, lui, porte son influence jusqu'à la lèvre supérieure, qui est en relation étroite avec le nez. Ce qui fait que ces deux étages se chevauchent. Il recouvre aussi les sinus frontaux.

L'*Étage Cérébral* « descend » sur l'Étage affectif. Il recouvre l'os temporal et les orbites. Or, celles-ci reposent sur l'Étage Affectif : c'est son recul ou son avancée qui va déterminer l'enfoncement des yeux (nous en verrons les conséquences sur l'intelligence). Les sinus frontaux, qui sont des cavités aériennes respiratoires, pourraient être considérés comme une partie de l'Affectif qui « monte » à l'Étage cérébral.

Il n'y a rien de choquant dans cette interpénétration si on réfléchit à la façon dont notre intelligence s'exalte ou s'éteint en fonction d'un milieu stimulant ou paralysant affectivement, dans lequel elle doit s'exercer ; et c'est un des mérites de la *Morphopsychologie* que de mettre le doigt avec tant d'insistance sur l'évidence de cette interpénétration.

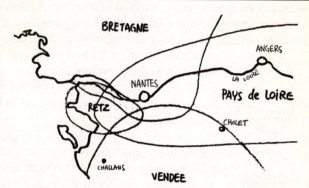

La Morphopsychologie est née à Nantes, ville de la Loire où s'interpénètrent plusieurs régions, créant entre ses habitants des disputes homériques pour savoir si Nantes appartient à la Bretagne ou aux Pays de la Loire quand ce n'est pas à la Vendée ou au Pays de Retz.
Ces interpénétrations de régions ont peut-être facilité la compréhension de l'interpénétration des étages du visage et de leur signification !

II.

Comment se forme le visage

Pour étudier la formation et l'évolution du visage et rendre compte de sa corrélation avec notre caractère nous allons étudier les quatre lois de la *Morphopsychologie*.

LES QUATRE LOIS DE LA MORPHOPSYCHOLOGIE

Loi de Dilatation/Rétraction
Loi de Tonicité
Loi d'Équilibre et Harmonie
Loi de Mouvement et Évolution

---

1. S'ADAPTER ET SURVIVRE

La loi de Dilatation/Rétraction, c'est ce que la biologie nomme l'instinct d'expansion et l'instinct de conservation.

Cette loi est universelle et concerne tous les organismes vivants. Elle constate que dans des conditions optimales les organismes ont tendance à prendre de l'expansion, à augmenter leur volume et dans des conditions défavorables, à se rétracter, contracter leur volume, pour offrir le moins de surface possible à l'agression.

Pétunia dans un beau terreau   *La même souche de graine dans un terrain pauvre*

Vous vous rappelez de cette expérience faite en classe. Si l'on met du foin dans un bocal d'eau au soleil, les bactéries contenues dans le foin vont croître et grossir, se multiplier et très vite envahir tout l'espace du bocal.

Donc, dans de bonnes conditions, elles sont « heureuses », elles gonflent, se reproduisent. Si, par contre, on met un peu de Javel dans l'eau, les bactéries ne vont pas être contentes du tout. Un certain nombre vont mourir (sans doute celles qui auront reçu directement l'eau de Javel, parce que dilatées elles ne présentaient aucune protection), mais certaines, en se contractant, vont survivre.

Elles vont même former un kyste extrêmement résistant autour de la cellule qui va les empêcher de mourir. On retrouve, comme cela, des organismes dans des couches géologiques qui ont des millions d'années et qui sont toujours vivants : si on les réhydrate, les remet dans de bonnes conditions de température et de lumière, ils reprennent vie. C'est un système de protection extrêmement efficace.

a – Expansion/Protection

Ce qu'il faut retenir c'est que tout organisme vivant a des périodes, des alternances d'**Expansion**, de **Dilatation** et de **Contraction**, de **Rétraction**. Nous-mêmes, lorsque nous respirons, nous gonflons nos poumons en absorbant de l'air (dilatation des poumons) et quand nous expirons, nous contractons les poumons ; le cœur fait la même chose (systole, diastole).

Sur le plan physique, quand vous êtes heureux, vous avez tendance à prendre de l'espace, à vous étirer, à vous sentir bien, à ouvrir le visage. Par contre, lorsque cela ne va pas, que vous sortez et qu'il grêle, par exemple, au contraire, vous allez vous courber, vous faire tout petit.

C'est ainsi que l'on va repérer, dans le visage, les zones en *Dilatation* et celles en *Rétraction*. Les zones en *Dilatation* seront bombées et les zones en *Rétraction* seront en creux.

De même, on repérera les visages plutôt **dilatés** et ceux qui sont plutôt **rétractés**, dans leur forme générale.

• *Dilatation*

Le maximum de la Dilatation, on va l'observer chez le bébé. Quand un bébé est bien portant, qu'il a été porté dans de bonnes conditions, que sa naissance s'est bien passée, qu'il était attendu, la forme de sa tête est celle d'une petite boule toute ronde.

Les yeux et la bouche, grands ouverts, et le nez retroussé « où il pleut dedans » captent le maximum d'informations du milieu qui est perçu comme aimant, rassurant, car ce bébé n'a jamais été mis en danger, aussi en profite-il au maximum, se baignant avec délice dans l'amour qui l'entoure.

Dans la *Dilatation*, on a l'impression que l'énergie pléthorique repousse les parois du crâne et de la face vers l'extérieur.

De même, les *Récepteurs* n'ayant rien à craindre de l'extérieur, dont ils n'ont perçu aucune menace, sont grands ouverts comme les maisons des pays tropicaux, en contact direct avec la nature.

On dit que les *Récepteurs* sont sur des *saillants*, c'est-à-dire sur des bosses, comme repoussés vers l'extérieur.

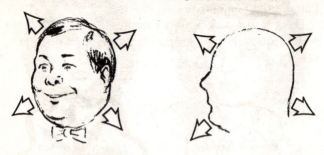

Il faut tout de suite associer cette ouverture des *Récepteurs* avec l'ouverture psychologique, l'abondance de vitalité et l'abondance des échanges.

Ornella Muti

Attention ! **Dilaté ne veut pas dire gros**, mais simplement que le visage est en courbes repoussées vers l'extérieur. Beaucoup de belles actrices peuvent être considérées comme des Dilatées : Ornella Muti, Romy Schneider, Ingrid Bergman.

Romy Schneider   *Ingrid Bergman*

Pour mieux visualiser, imaginez que vous modelez un masque de *Dilaté* en terre glaise : en partant de l'intérieur du masque, avec vos pouces, vous repousseriez les surfaces vers l'extérieur.

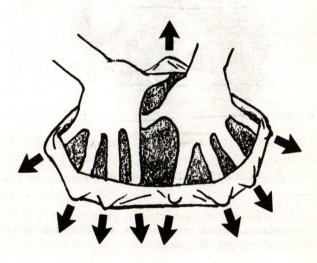

Vous pouvez aussi imaginer que vous soufflez dans un ballon. Il y a de petits et de gros ballons ronds,

des Dilatés fins *et des* Dilatés forts.

• *Rétraction*

À l'autre extrême, ce qui se rapproche le plus du *Rétracté*, c'est le vieillard qui s'accroche à la vie[1], c'est cette *Rétraction* qui lui permet de survivre.

---

1. Évidemment, pour donner des jalons, nous sommes obligés de prendre des extrêmes, des caricatures puisque nous essayons de décrire des êtres qui ne seraient faits que d'une seule composante psychologique, ce qui est extrêmement rare, mais se remarque lorsqu'on les rencontre.

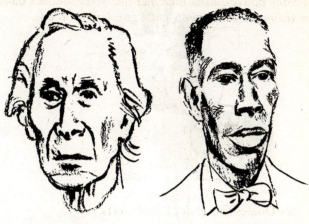

Bertrand Russel   *George Lewis*

Virginia Woolf   *David Bowie*

*« Le Croque-mort
de Painfull Gulch »*

Son visage est tout recroquevillé, fermé, son ossature est fine et légère. On a l'impression qu'elle seule existe encore, dans ce corps qui a perdu presque toute sa chair, ses muscles et ses viscères, comme s'il était momifié, cristallisé. Ce sont les creux qui dominent. Pour refaire un masque de Rétracté, il faudrait, avec les pouces, cette fois-ci repousser les volumes vers l'intérieur du crâne.

Les yeux, le nez et la bouche sont fermés, fins, incurvés. Regardez la bouche en fermeture Éclair et rentrée. (S'il a perdu son dentier c'est encore plus spectaculaire !). Le nez aussi repose sur un creux et les yeux sont tout petits au fond des orbites.

Rétracté extrême

Tout à l'heure nous parlions des *Récepteurs* des *Dilatés* ouverts comme une maison tropicale.

La comparaison pour un visage *Rétracté* serait plutôt celle d'un petit chalet de montagne, offrant des ouvertures les plus petites possibles, pour se protéger du froid et conserver sa chaleur.

Ce recroquevillement de la face correspond à un recroquevillement du caractère, avec tous les traits psychologiques qui l'accompagnent, la froideur et l'introversion.

Mais attention, ce caractère frileux n'est pas dû à un manque de vitalité (même si le métabolisme est plus faible que dans la jeunesse) mais à une **concentration active** de cette vitalité, rassemblée pour une « **défense active** » contre le milieu extérieur perçu comme nocif, dangereux et agressif. Comme pour le chalet, il s'agit de conserver sa chaleur et sa vie. C'est alors la **sensibilité** qui devient une des principales qualités du *Rétracté* pour pouvoir prévenir tout danger. Il sélectionne donc avec soin les aliments, les milieux, les amis, pour ne jamais être surpris. « **La rétraction n'est pas le contraire de la dilatation, c'est une expansion en milieu électif** » Dr Corman*

• *Gérer l'énergie*

Retenez bien tout de suite les conséquences de cette **loi de Dilatation/Rétraction** : les endroits en *Dilatation* sont ceux où la personne est heureuse de fonctionner, ouverte, extravertie ; les endroits en *Rétraction* sont ceux où elle se défend. On peut donc y repérer les « **systèmes de défense** ».

Les endroits ronds sont souples et adaptables. Les endroits creux sont méfiants, rigides et durs. On pourrait les comparer à un escargot : les parties *Dilatées*, molles du corps sont celles qui grossissent et s'adaptent, la partie dure, *Rétractée*, est la coquille qui protège et enferme.

---

* Les astériques renvoient à la Bibliographie en fin d'ouvrage.

Chez l'homme aussi les parties « nobles », le cerveau, les organes sont particulièrement vulnérables.

Il est très important, à partir de maintenant, de **ne pas porter de jugement de valeur**, c'est-à-dire de penser que l'une des deux modalités est « meilleure » que l'autre.

D'autant plus que nous avons tendance à juger ce qui est mieux en fonction de ce qui se rapproche le plus de nous. Ce qu'il faut chercher c'est ce que chaque élément apporte et comment il se combine ou s'oppose aux autres, et quel est le résultat de cet alliage ou de cette opposition.

La *Dilatation* du visage nous donne une information sur la vitalité de la personne et la tendance à s'extravertir. La *Rétraction* nous informe sur la façon dont elle gère cette vitalité, la protège et dont elle s'introvertit.

Un autre schéma pour imager comment fonctionne la *loi de Dilatation/Rétraction* :

Nous sommes partis du postulat que le volume était en corrélation étroite avec *l'énergie* disponible de la personne, imaginons donc cette réserve d'énergie dans un contenant transparent.

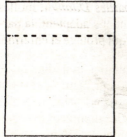

Énergie
Disponible à l'extraversion

Énergie utilisée pour le
fonctionnement inconscient

Analogie cadre/récipient

Nous savons, par les études sur le **métabolisme**, que plus des 3/4 de cette énergie sont utilisés pour le fonctionnement de l'organisme (oxydations cellulaires, mouvements respiratoires, contraction du cœur et des muscles lisses, tonus musculaire inconscient, sécrétions diverses, etc.).

Le reste est à la disposition du sujet pour ce qu'il fait consciemment et pour l'extraversion active.

La différence entre un *Dilaté* et un *Rétracté* est déjà dans la quantité d'énergie disponible, mais surtout dans la façon dont cette quantité est utilisée.

Le *Dilaté* heureux de fonctionner la dilapide avec plaisir et peut même, sans s'en rendre compte, puiser dans l'énergie utile au fonctionnement de l'organisme et s'épuiser au sens propre du terme. C'est ainsi que les *Dilatés* ne se rendent pas compte des maladies qu'ils couvent et qui se développent à leur insu, se révélant quand le mal a déjà fait des ravages parfois irréparables. C'est pour cela que les médecins les nomment *hyposensibles* car ils n'ont pas de sensibilité de défense, que ce soit au niveau de la santé physique ou du psychisme.

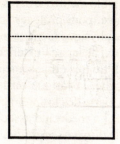

Membrane de séparation

L'énergie du dilaté est abondante.

L'énergie du Rétracté est concentrée dans un volume réduit pour la défense active.

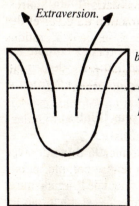

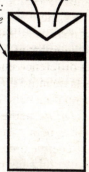

Extraversion.

Extraversion.

Membrane hypersensible : barrière étanche

Membrane hyposensible : poreuse.

Le dilaté *dilapide l'énergie disponible et puise dans l'énergie vitale sans s'en apercevoir.*

Le rétracté *gère avec parcimonie l'énergie disponible sans risque de puiser dans l'énergie vitale.*

Le *Rétracté*, au contraire, se défendant en permanence, étant vigilant sur tout ce qui pourrait le mettre en danger, dresse une barrière étanche, blindée, pour protéger son énergie, sa santé psychologique ou physique (cette membrane étant poreuse chez le *Dilaté*) ; il ne laisse l'extérieur pénétrer que très peu en lui, et le filtre très efficacement, ce qui fait qu'il prévient la maladie, la fatigue ou les ennuis et en tout cas, étant mis en alerte dès les premiers symptômes, les soigne en priorité. La médecine associe donc la notion de Rétraction à celle d'*hypersensibilité*.

Le capital énergie du *Rétracté* étant beaucoup mieux géré que celui du *Dilaté*, c'est ce qui explique que les *Rétractés* vivent plus âgés que les *Dilatés* « qui ont brûlé la chandelle par les deux bouts » et qui ne « s'écoutent » pas, alors que les *Rétractés* s'écoutent toujours. C'est ce qu'on appelle la **vigilance**. La vigilance est ennuyeuse pour un *Dilaté*.

À ce point du livre, vous vous rendez compte que nous sommes tous quelque part entre les deux pôles extrêmes que représentent la *Dilatation* et la *Rétraction*.

Certains d'entre nous sont plus Dilatés :

Dilaté <---- × --------> *Rétracté*   *Philippe Noiret*

52

D'autres plus Rétractés :

Dilaté <-------- × --> Rétracté   *François Mauriac*

et selon l'endroit où se déplace le curseur entre le Dilaté et le Rétracté, nous préférons la compagnie ou la solitude, la quantité ou la qualité, etc.

• *La sensibilité*

Dans la loi de Dilatation-Rétraction, on va encore repérer un paramètre qui est celui de la sensibilité.

En effet, la **sensibilité est liée à la notion de *RÉTRACTION*.** Comme nous l'avons vu, plus une personne est *Rétractée*, plus elle réagit vivement aux impressions pour prévenir tout danger. Il s'agit d'une sensibilité de défense.

Or, ce que nous appelons sensibilité dans notre langage courant provient bien de cette sensibilité de défense. En fait, ce sont nos « antennes » qui nous préviennent à l'avance d'un danger physique, affectif ou intellectuel.

On repérera ces traits de sensibilité à la *Rétraction* générale du Cadre, mais aussi à la *Rétraction* des *Récepteurs*, c'est-à-dire à leur **finesse**. C'est ainsi, chez Meryl

Streep qui a un cadre *Dilaté*. La délicatesse et la finesse de ses yeux, de sa bouche et des ailes du nez lui donnent une extrême sensibilité de contact, qui la rend vibrante et palpitante dans son jeu d'actrice, et sans doute dans sa vie personnelle.

Meryl Streep *Greta Garbo*

Cette finesse, cette **élégance** des traits apportent un style de communication avec le monde qui se fait sur un mode **esthétique**. La personne aime s'entourer de belles choses, se mettre en valeur avec des vêtements qu'elle juge élégants, des harmonies de couleurs judicieuses.

De tels *Récepteurs* colorent de façon artistique la réalité comme le ferait un filtre photographique.

Ces traits sont considérés comme **féminins** dans toutes les civilisations. Aussi, lorsqu'on les rencontre chez un homme et qu'il les intègre bien, cela va-t-il lui donner aussi une sensibilité au beau et à l'élégance, du raffinement.

Mais effectivement, un homme aux traits plus brutaux et virils pourrait considérer que celui qui fait attention à son élégance vestimentaire ou qui collectionne les objets d'art est une «femmelette!»

Nous allons étudier maintenant d'autres modalités de formes que prend le visage, en suivant les avatars que cette *loi de Dilatation-Rétraction* lui fait subir.

b – Dynamisme et contrôle

Quelle que soit leur vitalité, il y a des personnes très actives, et d'autres, au contraire, assez statiques.

• *La rétraction latérale : le dynamisme*

Pour qu'une fusée ou une voiture soit la plus rapide possible et pénètre le plus efficacement possible dans l'air, il faut lui donner une forme aérodynamique. Le pigeon, le plus rapide des oiseaux, adopte cette même forme.

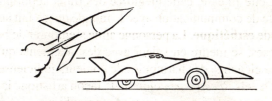

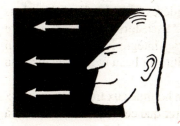

Pour le visage, c'est le même processus qui se passe. En devenant actif dynamique, son profil devient **aérodynamique**, en «pignon».

Comment cela s'est-il passé morphologiquement ? Pour schématiser très rapidement, on pourrait comparer le visage à une boule de pâte à modeler. Si vous pressez sur les côtés de cette boule, elle va s'aplatir. La masse de la pâte va jaillir vers l'avant, créant une protubérance, ce que l'on peut appeler une **projection dynamisante du profil avec une Rétraction latérale**. C'est-à-dire un aplatissement des côtés.

Boule de pâte à modeler   *Boule de pâte à modeler aplatie sur les côtés*

La même vue de profil : projection de la pâte vers l'avant

C'est cette *Rétraction Latérale* que nous allons étudier maintenant.

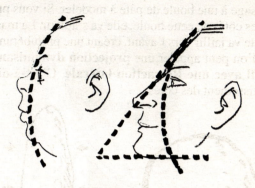

Regardez en détail ce qui a changé par rapport au *Dilaté* rond, (**ligne ronde en pointillé** *du Dilaté*), le menton et le nez se sont projetés en avant, formant un «museau», le front est oblique.

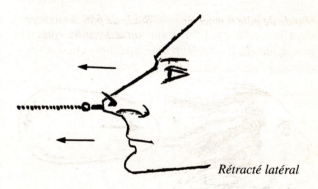

Rétracté latéral

On a l'impression que le visage a été étiré comme si un crochet l'avait tiré en avant. Même les oreilles sont obliques, et les *Récepteurs* remontent.

Sur la face, on note aussi l'aplatissement des côtés et un léger allongement de la face, qui sont aussi caractéristiques.

Chez le *Dilaté*, la forte vitalité « contenue » dans son *Cadre* expansif se dispersait dans tous les sens, tous azimuts. Chez celui que l'on va appeler le **Dynamique**, que l'on appelle aussi « **Le Rétracté latéral** », elle est focalisée sur le futur, canalisée vers l'avant.

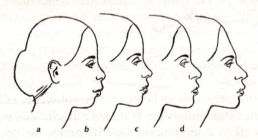

De la dilatée (a) à la rétractée latérale (d)

Même la partie du crâne qui était derrière les oreilles semble maintenant projetée vers l'avant.
Toute la puissance est au service de l'action.

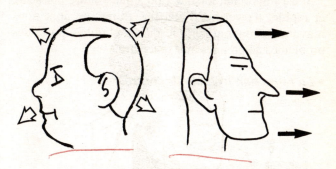

Plus cette Projection dynamisante est intense, plus le **Dynamique** va être **un homme d'action et de désir** qui a besoin de bouger et d'être en mouvement, comme de respirer. Non seulement il ne peut rester en place mais même psychologiquement il se projette vers l'avant. Il veut être demain, dans le futur, ailleurs, là où l'herbe est plus verte.

C'est dans cette projection que l'on va donc repérer l'action, le tonus, le dynamisme, ce que l'on appelle « le punch, la pêche, le jus », le désir de changement, une mentalité « jeune » : toujours aller de l'avant, vers de nouvelles aventures, chevaleresquement vôtre.

À l'inverse, notre Dynamique ne supporte pas l'inaction ou la routine. Il s'étiole dans un bureau, comme un fauve en cage.

Si l'on comparait un homme à une voiture, la *Dilatation* du visage indiquerait le nombre de chevaux disponibles (il y a des voitures américaines, de grosses cylindrées qui sont des veaux, et de petites européennes avec la moitié de ces chevaux qui sont des petites bombes). La **Projection dynamisante** va nous donner la vitesse au compteur, sa rapidité.

Il est important, lorsque l'on a une voiture puissante et rapide, de vérifier l'état des freins, ce dont nous n'avons pas du tout parlé jusqu'ici, et qui va poser des problèmes au premier mur rencontré.

• *La rétraction frontale : le contrôle*

Cette jeune femme (p. 61) donne l'impression d'être rentrée dans une porte. Par rapport à la précédente, son profil est droit, redressé. C'est ce que nous allons appeler la *Rétraction frontale*, car tout le « front » du visage a été aplati (comme le front d'une vague, on dit une coupe frontale en biologie, quand les tranches sont coupées comme du pain).

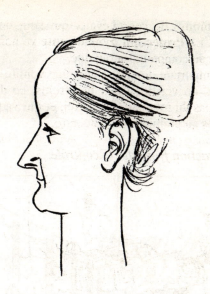

De même que, théoriquement, on fait plus attention après être entré dans un mur et que l'on cherche à l'éviter, cette Rétraction frontale apporte le **contrôle** sur ses élans, la maîtrise plus ou moins forte, selon **son degré d'importance**, sur l'activité, les sentiments, la pensée.

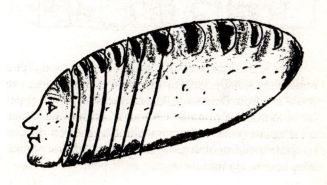

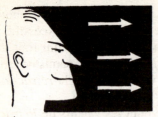 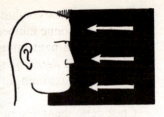

Rétraction latérale *Rétraction frontale*

Rétraction latérale et rétraction frontale excessives

Il faut évaluer le niveau de la *Rétraction frontale* pour savoir si ce contrôle est au service de l'action qu'il **canalise et régule** ou si, au contraire, il **bloque**, comme si l'on avait oublié le frein à main. La personne est-elle spontanée et impulsive ou pondérée et calme ? Vous imaginez le nombre de degrés qu'il peut y avoir entre l'adolescent qui se conduit «comme un jeune chien tout fou» et la personne inhibée par un contrôle excessif.

Là aussi, on peut imaginer un curseur qui irait au maximum de la *Rétraction latérale* : du dynamisme sans contrôle au maximum du Contrôle avec la *rétraction frontale*.

Chez cette jeune femme dont les valeurs de *Rétraction frontale* sont supérieures à celles de *Rétraction latérale*, le dynamisme et l'activité sont donc mis au service de ce qu'elle décide. Elle se laisse peu influencer par l'extérieur et sait contrôler ses impulsions et ses sentiments. Elle peut **manquer de spontanéité** et donner l'impression que tous ses gestes sont «étudiés», et si, d'autre part, elle est «parfaite» en toutes circonstances, elle peut se buter par crainte de se laisser influencer. Son indépendance d'esprit et de caractère est très importante.

c – Combiner les deux polarités

Nous avons maintenant quatre paramètres à notre disposition pour étudier le caractère. Nous pouvons les schématiser sur deux axes et déterminer, de façon assez rudimentaire, plusieurs types de caractères :

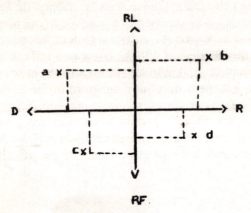

a : serait par exemple une personne extravertie et dynamique, un vendeur jovial aimant les déplacements et la route.

b : pourrait être un torero mince et actif, très sensible et élitiste.

c : pourrait être un magasinier sympathique et ordonné, régulier dans son travail, résistant à la fatigue et ne prenant jamais d'initiatives.

d : pourrait être une historienne solitaire, poursuivant avec opiniâtreté une recherche sur un sujet qu'elle est la seule à défendre.

Plus une personne se rapproche d'un *type jalon* (*DILATATION-RÉTRACTION – RÉTRACTION LATÉRALE – RÉTRACTION FRONTALE*), plus sa personnalité est simple et caricaturale, sans nuances et sans richesses, c'est-à-dire prévisible. Alors que plus les paramètres s'ajoutent les uns aux autres et modifient les traits principaux, plus la personnalité se complexifie et devient riche, plus s'accroît son « coefficient de liberté ».

Si on reprend notre tableau à deux entrées, ou pourrait choisir comme comparaison celle des chevaux.

Plus on s'approche de la *Dilatation*, plus on a un cheval fort et puissant, un percheron par exemple.

Plus on s'approche de la *Rétraction*, plus on a un cheval léger, fin et sensible, un anglais.

La *Rétraction latérale* va donner la rapidité alors que la *Rétraction frontale* va donner le travail de contrôle du cavalier sur les rênes.

Cheval de course et percheron paisible

Au maximum de la *Rétraction latérale* sans *Rétraction frontale*, le cheval a arraché les rênes du cavalier, fait ce qu'il veut sans aucun contrôle. Au fur et à mesure que la *Rétraction frontale* s'accroît, la main du cavalier se fait de plus en plus ferme sur la bouche du cheval.

La Rossinante de Don Quichotte
« La Rétraction faite cheval »

Un peu de *Rétraction frontale*, on dirige le cheval vers la route choisie mais en lui laissant tout son élan et sa rapidité.

Une *Rétraction frontale* moyenne, on stoppe le cheval et, en l'encadrant étroitement, on le fait aller à l'endroit et à l'allure que l'on a décidés sans lui laisser de spontanéité.

Si la *Rétraction frontale* est totale, on bloque tout mouvement du cheval.

Ne pas confondre avec la *Rétraction amenuisante* où le mouvement est réduit par manque de force, par **apathie**.

d – L'emballage : le modelé

Revenons à notre comparaison automobile, nous avons donc la puissance et la consommation du véhicule *(Dilatation-Rétraction)*, sa rapidité *(Rétraction latérale)*, ses freins et sa tenue de route *(Rétraction frontale)*.

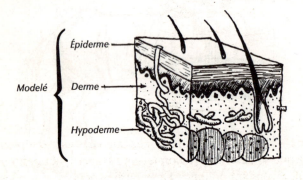

Passons maintenant à l'enveloppe, la carrosserie de cette voiture. Pour un visage, c'est l'enveloppe de chair, de muscles et de peau qui recouvre les os de la face : le matelas entre l'extérieur (le milieu) et l'intérieur (notre intimité). On va l'appeler *Modelé*, terme que donnent les sculpteurs à cette épaisseur qui modèle notre visage.

Le *Modelé* est donc le lieu où se fait vraiment la rencontre entre notre intérieur et le milieu qui nous entoure. C'est aussi lui qui se modifie le plus rapidement, alors que le *Cadre* n'évolue que lentement dans le temps. Le *Modelé*, selon la forme qu'il va adopter, va donner des indications très précieuses sur le « caractère » que la personne montre, sur ses modalités d'adaptation à l'environnement, sur sa façon de prendre les choses, son attitude face à la vie. Je l'appelle le « **papier cadeau** » car il enveloppe le visage mais ne laisse pas forcément préjuger de ses motivations internes (par exemple, on peut présenter très gentiment, même de façon onctueuse, un piège dans lequel on veut faire tomber son ennemi).

L'emballage n'est pas le contenu

Eh bien, justement, imaginez que vous êtes sculpteur et que vous voulez façonner un visage. Quel contour allez-vous lui donner ? Des courbes douces et rondes, des méplats ou allez-vous le « tailler à la serpe » ?

Modèle rond

S'il est *rond*, ce *Modelé* est tout en courbes douces, plein comme un abricot mûr à point, comme celui d'une jeune fille ou d'un enfant, la personne s'**adapte** en souplesse et est ouverte à son entourage. Elle est gentille, **chaleureuse**, un peu naïve et sans défense. Elle prend les choses du bon côté, cherche la **conciliation** plutôt que l'affrontement.

Modèle plat

Avec l'apparition de méplats, donc d'un début de *Rétraction* = **Sensibilité de défense**, on est moins vulnérable et naïf, la personne a plus de réserve et de quant-à-soi. Elle sait être discrète quand il le faut, ouverte avec les gens qu'elle apprécie. Il y a donc une **adaptation plus nuancée**.

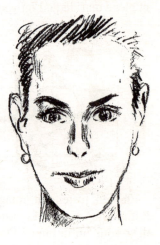

Modèle creux

C'est le Modelé du *Rétracté*, il n'y a plus de chair sur les os, la sensibilité de défense est à son maximum, donnant un caractère **susceptible** et ombrageux qui se pique facilement, chatouilleux sur l'indépendance de la personne. Le contact est **froid** et **distant** *a priori* et ne peut se réchauffer que dans son «*milieu d'élection*».

Modèle rétracté bossué

Talleyrand

Ce Modelé appelé **Rétracté bossué** est fait de creux et de bosses car l'ossature intervient. La *Dilatation* et la *Rétraction* se heurtent violemment sur ce type de visage, créant des tensions internes qui se ressentent très violemment au niveau du «caractère», **passionné**, **exigeant**, «braque» en tout ou rien. Ici, la personne est toujours sur la défensive et prête à l'attaque. La conciliation est pour elle considérée comme de la compromission. Mais si elle trouve un but qui la passionne, alors elle est capable des plus grandes choses pour l'atteindre, du style «ce qu'aucune bête au monde n'aurait fait».

Évidemment, il vaut mieux qu'il défriche la pampa qu'un dossier diplomatique où il aurait vite fait d'allumer la guerre par son **intransigeance** et son refus de plier.

Alors qu'un Modelé plus rond peut parfaitement plier en surface, respecter la «règle du jeu» mais continuer à avancer vers son objectif avec une opiniâtreté souterraine, comme Talleyrand qui, quel que soit le régime qu'il servit, appliqua toujours une politique de conciliation, et obtint plus au congrès de Vienne, alors que la France était battue, «avec un cuisinier et des jolies femmes» qu'avec des canons.

e – Les Échanges – Les Récepteurs

Les yeux, le nez et la bouche permettent d'échanger des informations entre le milieu et nous. Ils vont suivre aussi *la loi de Dilatation/Rétraction*. Plus ils sont grands, ouverts et épais, plus les échanges sont importants et nous renseignent abondamment sur le milieu et de façon permanente.

Béatrice Dalle

Michel Bouquet

Plus ils sont petits, fermés et fins, plus ils sélectionnent ces informations avec le filtre de leur **sélectivité**. De plus, ils ne peuvent maintenir leur attention dans le temps. Ils se fatiguent vite d'observer, sentir ou goûter, mais en revanche, cette prise de connaissance est plus **fine et précise** que quand les *Récepteurs* sont *dilatés*. L'information va être analysée en fonction des systèmes de défense de la personne puisque nous sommes dans la *Rétraction* (mise en alerte de la sensibilité de défense).

Plus les *Récepteurs* sont importants (charnus pour la bouche et le nez), plus ils sont dans la **sensorialité**, le plaisir des sens et avides d'en profiter en **quantité**. Plus ils sont fins, plus ils sont dans la défiance du contact et préfèrent la **qualité** à la quantité, le **raffinement** et la délicatesse en fonction de leurs choix personnels.

2. Agir-subir : la loi de tonicité

Cette loi est d'un énoncé facile mais son importance est capitale.

La tonicité caractérise l'intensité avec laquelle l'individu exprime ses fonctions vitales, de l'activité à la passivité.

Que faire de cette colline ?
Tonicité et atonie

Nous allons d'abord la repérer au niveau du Cadre, du Modelé et des Récepteurs en sachant que ce qui est tonique met la personne dans « le faire », l'activité – le « Yang » des Chinois – et que l'atonie entraîne la réceptivité, la passivité – le « Yin ». *Tonique*, on est plein d'entrain, de désir et de plaisir. *Atone*, on est plus paresseux et languide, on adopte un rythme de vie « tropical ».

On prend le temps d'apprécier la vie. Alors que tonique, le rythme serait plus « occidental », forcené comme celui des drogués du travail.

Tonique, on veut avoir de l'emprise sur les choses, la vie et les gens. On est directif (c'est le côté **chirurgien** de l'homme). Alors qu'atone, on préfère regarder comment les choses et les hommes vivent, sans intervenir. C'est le côté non directif, rêveur, **artiste** ou « blues », « spleen » de l'homme.

Au niveau du **Cadre**, plus il est ramassé, court, compact, plus il est *tonique*, plus la personne est offensive, solide et ardente, ramassée sur elle-même, comme un ressort.

Plus celui-ci est long, plus il est *atone* et donne un sentiment diffus de fragilité. Le ressort est détendu.

Le « grand Duduche »

Du Guesclin :
« Court et râblé »

Il est sûr que d'éloigner son centre de gravité de la surface du sol vous fait tomber de plus haut. Comme les cheveux deviennent plus fragiles quand on les étire, l'os long est plus fragile qu'un os court et compact.

Au niveau du **Modelé** : tonique, la peau semble tendue comme par un lifting récent. Atone, le lifting aurait lâché et, comme dans la chanson de Souchon, « l'élasticité des tissus » n'est plus ce qu'elle était.

Modelé et récepteurs toniques   *Alain Souchon, Modelé et récepteur oculaire atones*

Le Modelé agissant sur le court terme, il donne la disposition « du jour » à l'activité ; si vous vous réveillez « en pleine forme », votre peau est bien tendue, vous avez l'air jeune et dynamique. Si vous vous réveillez fatigué, après une mauvaise nuit, votre *Modelé* est atone, votre tonicité musculaire n'est pas suffisante pour lutter contre la force de gravitation.

Il faut faire attention à bien séparer la tonicité du *Cadre* et celle du *Modelé*.

La gravité et... l'atonie

Atonie du modelé à l'étage instinctif

Par exemple, chez ce monsieur, le *Cadre* est large et compact, donc *tonique*. Par contre, le *Modelé* est devenu plus moelleux dans la partie instinctive. Il a remplacé une infatigable activité physique par plus de prudence. Il sait attendre, tel Raminagrobis, que les souris (ou les affaires) soient à portée de ses griffes pour les croquer.

Alors que plus jeune et plus *tonique*, c'était de leur courir après qui lui donnait le plus de plaisir. Il a gardé cependant le même appétit, attention !

Au niveau des **Récepteurs**, là aussi, c'est assez simple. S'ils remontent, ils sont *toniques*. S'ils descendent, ils sont *atones*.

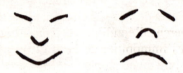

Comme le *Modelé*, ils nous donnent la même signification, mais cette fois-ci, au niveau de la **communication**, de l'**activité** ou de la réceptivité de l'émetteur-récepteur d'un étage.

L'*atonie* du *Modelé* ou des *Récepteurs* nous renseigne donc sur le degré d'implication dans la vie et le mouvement d'une personne et sur son degré de fatigue ou de désenchantement. Les zones atones seraient en quelque sorte « pré-fatiguées » ou « pré-déprimées », la personne étant plus réceptive et passive dans cette zone si l'atonie est légère, et très passive ou paresseuse, épuisée si la zone est très *atone*.

3. L'ÉQUILIBRE DYNAMIQUE :
LA LOI D'ÉQUILIBRE ET D'HARMONIE

La vie implique la recherche permanente d'un *équilibre*. Cet équilibre est toujours remis en question et l'être humain, comme tous les organismes vivants, doit trouver une *harmonie* relative par le jeu des forces antagonistes.

En pratique, nous allons chercher, dans un visage, les déséquilibres et les *disharmonies*. En effet, très peu de visages répondent aux canons de la beauté grecque. Heureusement, ce serait assez lassant de vivre au milieu de personnes identiques, aux réactions identiques.

Ce sont ces déséquilibres qui font la personnalité, le mouvement de la vie. Comme la marche est une suite de chutes en avant et de rétablissements, la vie est une perpétuelle recherche d'équilibre. Si jamais l'équilibre est atteint, c'est l'immobilité de la mort où plus rien ne bouge, ne respire ou ne palpite.

En fait, dans cette loi, nous allons surtout expliciter les *disharmonies* du visage, celles qui existent entre les trois étages du visage qui ne sont que rarement de taille équivalente, celles qui existent entre le côté droit et le côté gauche du visage, celles qui existent entre l'avant du crâne et l'arrière et les *disharmonies* possibles entre le *Cadre* et les *Récepteurs*.

a – Les disharmonies horizontales : notion d'étage en expansion

Vous avez remarqué que certaines personnes ont un grand front, d'autres un grand nez ou une mâchoire très large **par rapport à** d'autres parties du visage. Quand un étage est **proportionnellement** plus en *Dilatation* que les deux autres, on dit que c'est l'étage en **expansion**.

L'énergie y étant plus abondante que dans les deux autres, c'est cet étage qui entraîne la personnalité, qui est le siège de ses pulsions et de ses motivations prédominantes. Les deux autres étages se mettent alors à son service et le secondent.

• ***Expansion instinctive :***

L'Étage instinctif correspond à la zone basse du visage, aux fondations de notre personnalité. C'est la partie la plus terrienne, la plus ancrée dans la réalité et dans les instincts fondamendaux (nutrition-excrétion-sexualité). Lorsqu'elle est en expansion, elle donne donc un fort appui au sol concret de la réalité, du bon sens, un appétit matériel d'accumuler, de posséder, d'emmagasiner (de la nourriture comme de la culture).

Les gens qui ont une *expansion instinctive* ont un solide bon sens, savent ce que coûtent les choses en énergie et en travail comme en argent, aiment mettre la main à la pâte et fabriquer les choses. **Ce sont des réalisateurs.**

Le visage a une forme trapèzoïdale

• ***Expansion affective***

La Zone respiratoire, zone des affects, est alors ce qui entraîne la personnalité, c'est le monde des sentiments qui motive. La vie sentimentale passe avant le travail et tout le reste. Les personnes ayant des *expansions affectives* font des progrès en mathématiques quand le professeur est sympathique, perdent tout intérêt pour l'algèbre si le professeur est antipathique. <u>Elles agissent et pensent pour faire plaisir, être reconnues, aimées, appréciées</u>. Nous avons tous un Étage affectif et donc tous besoin d'amour mais le besoin est primordial si la zone est en expansion, et de moins en moins important au fur et à mesure que cet étage se rétracte ou devient secondaire par rapport aux autres étages.

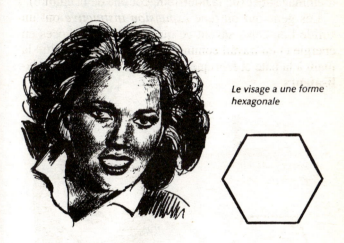

Le visage a une forme hexagonale

• *Expansion cérébrale*

La Zone mentale est prédominante. C'est-à-dire que tout est passé au crible de la pensée, tout est mentalisé parfois aux dépens des sentiments ou de la réalisation.

La personne étant attirée par ce qui est mental a de bonnes chances de devenir un intellectuel puisque c'est la fonction intellectuelle qui va être la plus sollicitée, exercée.

Mais cela ne veut pas dire que quelqu'un qui a un

grand front est plus intelligent que les autres, comme certains pourraient le penser. On dit souvent «un grand front intelligent». Nous connaissons tous des grands fronts qui ne le sont pas.

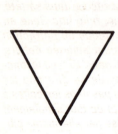

Le visage a une forme triangulaire
pointe en bas

Christophe Lambert

La créature de Frankenstein

LA BELLE AU BOIS DORMANT
Une expansion cérébrale

Cette jeune fille romantique de la fin du siècle dernier passa sa vie à broder son trousseau derrière ses rideaux, à lire des romans à l'eau de rose lui décrivant l'arrivée d'un Prince charmant descendu d'on ne sait quel nuage. Toute sa vie, elle est restée dans sa tête, sans jamais rencontrer personne, telle une Belle au bois dormant. Cela à cause du manque de Rétraction latérale et de tonicité qui l'auraient amenée dehors, rencontrer des amis et des jeunes gens. L'Étage instinctif lui aurait donné le bons sens de se dire que les princes charmants ne se trouvent pas dans les boîtes à ouvrage, mais dans le monde actif ou tout simplement qu'elle pouvait faire quelque chose par elle-même plutôt que d'attendre qu'on le lui apporte.

b – Dissymétries verticales (droite/gauche)

Vous vous êtes déjà rendu compte qu'un côté de votre visage était plus large que l'autre, qu'un œil est plus ouvert ou plus fermé que l'autre, que votre sourire partait plutôt d'un côté et parfois le nez de l'autre et que sans ressembler à celui du monstre de Frankenstein, votre visage n'était pas symétrique.

Prenons par exemple le visage de ce monsieur, un entrepreneur, qui réussit très bien et, par un montage photographique, assemblons les deux parties droites et les deux parties gauches de son visage.

Visage normal

Les deux demi-visage droits

Les deux hémifaces gauches

Avant de vous expliquer pourquoi plus longuement (chap. III, p. 409), retenez, à ce stade, que pour les droitiers le côté gauche correspond au passé, à l'enfance et que le côté droit correspond plus à la confrontation à la réalité[1].

En partant de cette hypothèse, la plupart des gens qui ont été plus protégés dans leur enfance, ont donc le côté gauche plus dilaté. Puis, lorsqu'ils ont dû se confronter à la réalité sans protection, ils se sont alors défendus et leur côté droit s'est rétracté.

Si vous rencontrez l'inverse, ne pleurez pas tout de suite sur l'enfance martyre de votre interlocuteur. C'est peut être un vrai gaucher et le côté gauche plus rétracté est alors celui de la confrontation à la réalité. Ou, sans avoir eu une enfance à la Dickens, il a peut-être eu une enfance avec des parents d'une sensibilité différente de la sienne, ne respectant pas sa façon d'être à lui.

---

1. Ce n'est pas un axiome, mais une hypothèse statistique, c'est-à-dire qu'il y a beaucoup d'exceptions, ne serait-ce que par le simple fait que la plupart des droitiers ne le sont pas vraiment. (Voir dans la bibliographie les ouvrages sur la latéralité.)

Par exemple, un enfant manuel né dans une famille d'intellectuels n'est pas approuvé pour ce qu'il est le plus fier de faire, si ses parents veulent à toute force qu'il leur ressemble. De même, un petit poète né dans une solide famille paysanne va se sentir comme un petit cygne parmi une couvée de canards. Son père voudra l'aguerrir, « en faire un homme », et il le terrorisera en l'installant sur un grand cheval ou un tracteur. Ne se reconnaissant pas dans cette « femmelette », il pourra blesser gravement son « Petit Prince » à la sensibilité de fleur fragile qui aspire au rêve et à la délicatesse d'un milieu choisi dans lequel il pourra s'épanouir lorsqu'il aura quitté le milieu familial.

Comme nous verrons, au cours du chapitre IV (p. 476) qui traite de la *dissymétrie* verticale, cette *dissymétrie*, si elle se place sur un *Cadre* suffisamment sthénique, est favorable à l'évolution de l'être, créant une tension entre deux faces de la personnalité (une plus introvertie, l'autre plus extravertie). Elle provoque « **une différence de potentiel** » qui oblige la personne à chercher des solutions nouvelles aux problèmes qui se posent à elle, et donc d'évoluer. Un visage très symétrique signerait un statisme de la personnalité qui resterait à un stade peu évolué où l'apparence que l'on donne est plus importante que ce que l'on est.

*La dissymétrie alimente le besoin d'évoluer
par sa « différence de niveau » de personnalité*

c – Les disharmonies avant/arrière

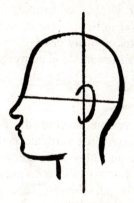

Si l'on fait passer une verticale par le trou de l'oreille de façon à faire une séparation entre la face et le crâne sur le profil, on remarque que chez l'adulte, il y a en moyenne 2/3 de volume en avant de cette ligne et 1/3 en arrière.

Cette proportion était inversée chez le fœtus.

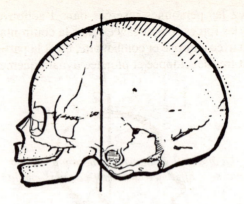

Crâne de fœtus

Pendant la croissance et, en particulier, sous l'influence de la *Rétraction latérale*, la masse du crâne semble se projeter en avant des oreilles portant la zone des *Récepteurs* au-devant de la communication.

 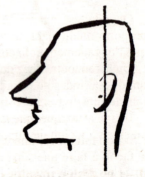

Chez l'enfant le volume occipital est important   *Chez le rétracté latéral, la zone occipitale est très réduite.*

Chez les personnes insérées dans l'action et dont toutes les forces sont engagées dans la confrontation au milieu avec emprise et combativité, c'est la partie avant qui est très développée et projetée dynamiquement.

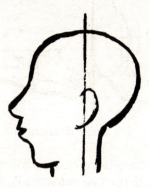

*Chez certaines personnes,
le volume occipital reste important.
(L'énergie n'est pas toute au service de l'action.)*

Quand c'est la partie arrière qui est plus développée, proportionnellement, la réceptivité est plus importante que l'engagement et la confrontation.

On la rencontre chez des personnes plus solitaires qui ont des périodes de retraite et de méditation, qui préfèrent administrer et gérer que combattre et s'exposer.

Il est à remarquer que les créateurs ont pour la plupart une bosse occipitale importante.

d – Les disharmonies cadre/récepteur

Au début de la courte introduction de la loi de DILATATION-RÉTRACTION, nous avons vu que le *Dilaté* avait un grand *Cadre* et de grands *Récepteurs*, le *Rétracté* a, lui, un petit *Cadre* et de petits *Récepteurs*.

Cependant, nous voyons tous les jours des exemples inverses.

Nous appellerons **Concentré** le personnage du 1er dessin parce que les Récepteurs sont concentrés au centre du visage. Le deuxième **Réagissant** car cette ouverture de grands Récepteurs sur un Cadre fin donne au caractère une vivacité de réaction très caractéristique.

Réagissante : Sade

Le **Concentré** se comporte, par rapport à son énergie, comme un avare qui aurait beaucoup d'argent et ne le dépenserait que parcimonieusement. Alors que le **Réagissant** se comporterait comme quelqu'un qui, bien que n'ayant pas beaucoup d'argent, le dépenserait sans compter ni penser au lendemain, c'est « la Cigale et la Fourmi ».

91

Le **Concentré** se comporte comme une pièce vaste mais bien chauffée et très bien isolée, donc faisant des économies d'énergie. Le *Réagissant*, est, lui, comme une petite pièce avec de grandes baies vitrées qui dilapide cette énergie, comme dans la publicité sur les économies d'énergie où l'on voit la chaleur s'envoler par les fenêtres.

Les économies d'énergie

Les caractéristiques du *Concentré* sont donc d'allier une grande vitalité (de par le *Cadre*) à une canalisation très forte de son extraversion sur des objectifs précis (par les *Récepteurs*).

En effet, la finesse et la fermeture des *Récepteurs* annoncent une sélectivité des objectifs et une gestion parcimonieuse de l'énergie.

Ce sont des *Expansions instinctives* ou *cérébrales* (puisque pour être *Concentré*, il faut que l'*Étage affectif* soit réduit). C'est pour cela que l'on rencontre beaucoup de *Concentrés* qui ont « réussi » dans le monde des affaires, des idées, ou de l'entreprise car toute leur vitalité a été mobilisée en vue d'un objectif unique : cette réussite. Pour cela, ils n'ont pas eu de mal à sacrifier leur vie privée et leurs autres intérêts puisque ceux-ci étaient secondaires.

F. Dalle

Le Réagissant

À l'inverse, le *Réagissant* se comporte, nous l'avons vu, comme un « nouveau riche » de l'énergie. Il l'étale, alors qu'il n'en n'a pas beaucoup. Le *Cadre* fin du *Rétracté* offre un blindage en profondeur qui empêche les impressions de trop pénétrer derrière la surface tendre de ses *Récepteurs* grand ouverts.

C'est ce qui donne ce caractère **superficiel** aux *Réagissants* qui, de par l'ouverture de leurs *Récepteurs* sont avides d'informations, de sensations et de stimulations qui doivent être toujours renouvelées puisqu'elles ne peuvent pas dépasser le blindage du cadre.

En fait les *Réagissants* ont les «yeux plus grands que le ventre», au sens propre du terme. Ils ont les grands yeux des enfants qui veulent une grosse glace et ont un petit estomac (Le *Cadre* est *Rétracté*) qui ne pourra en contenir que deux bouchées.

Les impressions s'arrêtent à la superficie.

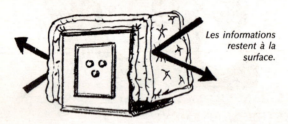

Blindage + Capiton

Quand on diagnostique un type *Réagissant*, il faut toujours rechercher s'il y a des signes de ***compensation*** à cette tendance. C'est-à-dire s'il y a de la *Rétraction frontale* (tenue ou abritement des récepteurs) qui apporterait du contrôle et de la mesure à cette extraversion. Si oui, alors la *tendance réagissante* va apporter un fort besoin de communication à la personne, mais elle saura s'arrêter avant d'épuiser ses batteries.

Le **Concentré** et le **Réagissant** sont aussi des *types jalons* comme les quatre premiers que nous avons vus plus haut. De l'une à l'autre de ces tendances de la personne, il y a une infinité de combinaisons, c'est-à-dire que plus la personne est concentrée, plus elle mobilise ses efforts sur des objectifs précis; plus elle est réagissante, plus elle se disperse dans la communication.

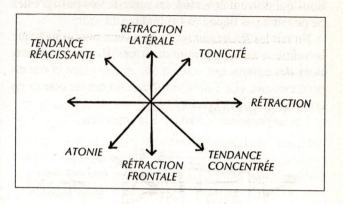

4. CHANGER : LA LOI D'ÉVOLUTION ET DE MOUVEMENT

L'être humain est en mouvement dans l'espace et le temps. Son visage est en mouvement permanent (mimique) et il se modifie dans le temps (maturation, vieillissement). «On se baigne et on ne se baigne pas dans le même fleuve» disait déjà Héraclite.

Cette loi regroupe beaucoup d'éléments qui vont de la mimique à l'évolution dans le temps du visage.

a – La Mimique

En effet, le visage bouge et change, il bouge déjà à l'état de repos, puisque c'est une tension de certains muscles qui modèle nos traits. En éveil, notre visage peut être très mobile ou statique et cela va nous donner des indications importantes sur ce que nous exprimons dans le registre non verbal, on parle de visage expressif ou de mimique figée (voir p. 275).

Notre visage change au cours de la journée, en fonction de la *tonicité*, la fatigue s'imprime, les déceptions et les joies aussi.

b – « Avec le temps... »

Et puis il change au cours de la vie, si notre vie est épanouissante, le visage va se dilater, les muscles plus sollicités vont élargir les os de la face et c'est ainsi que sans prendre forcément du poids, les visages peuvent se dilater comme celui de Franz Liszt par exemple.

Franz Liszt jeune *L'abbé Liszt âgé*

Par contre, si la vie est dure et pénible, les forces de *rétraction* vont alors devenir prépondérantes et le visage de la personne va se rétracter, s'amenuiser pour ne pas être mangée toute crue (surtout qu'il n'y a plus rien à manger quand on s'est rétracté).

Bette Davis

Jeune *Âgée*

Le concept de **Maturité** entre aussi en jeu dans cette loi d'évolution. En effet, les traits enfantins qui rendent les enfants et les jeunes gens si mignons, mais aussi si naïfs et vulnérables devant la vie, doivent céder le pas au cours de l'éducation vers une prise en charge progressive de la personne par elle-même.

En effet, à l'enfance on peut associer les traits de la *Dilatation*, du *Modelé rond* et de l'ouverture des *Récepteurs* (en particulier du petit nez retroussé) qui donnent une grande perméabilité aux informations et aux sensations, beaucoup de souplesse d'adaptation, d'optimisme et d'extraversion.

À l'adolescence la *Rétraction latérale* va apporter le dynamisme et l'impulsivité avec la Projection dynamisante du profil, le nez devenant plus grand, et les *Récepteurs toniques*.

Cette *Rétraction latérale* donne la possibilité d'aller chercher ce dont on a besoin et de se battre pour sa sécurité mais aussi la fuite en avant.

C'est avec les difficultés que va naître la *Rétraction frontale* : l'affermissement des traits et donc la capacité de contrôler, et son environnement et soi-même.

Les récepteurs sont maintenant tenus et abrités, en particulier le nez repose sur une plage légèrement enfoncée, la bouche aussi est contrôlée ; signe que les instincts et les sentiments sont soumis « au **principe de réalité** », que la personne a appris à se conduire comme un membre d'un groupe social et non comme le centre du monde, ce dont elle avait l'habitude toute petite.

Les traits du visage peuvent être modifiés de façon radicale par des accidents traumatiques, la stomatologie et la chirurgie réparatrice ou esthétique. Il est important de voir si ces changements brutaux vont bien s'intégrer dans l'ensemble de la personnalité ou bien se heurter et créer un déséquilibre que la personne aura du mal à comprendre. Mais il est certain que quand un stomatologue entreprend un travail qui va permettre à toute la face d'un enfant de se développer de façon harmonieuse, qu'un dentiste, avec un appareillage approprié,

permet à la bouche, donc à la respiration, de faire normalement son travail, l'enfant va avoir des probabilités de développement psychologiques bien meilleures.

*D'après « Croissance crânio-faciale et orthodontie »
de M.-J. Deshayes (Masson).*

a) Promaxillie constitutionnelle et déséquilibre facial avant traitement.
b) Modification esthétique après traitement fonctionnel de 7 mois chez une jeune fille de 13 ans.

De même une personne qui ne supporte pas le nez qu'un accident a déformé, et que le chirurgien rend agréable à l'œil en respectant la personnalité de sa cliente, a toutes les chances de se sentir mieux dans sa peau.

En faisant très rapidement le tour de la théorie de la **Morphopsychologie**, je tenais à vous montrer que cette théorie était relativement simple et qu'on pouvait toujours l'expliquer avec des exemples quotidiens. Cette théorie peut s'apprendre assez facilement. Ce qui va être plus difficile c'est plutôt d'**éduquer votre regard** à bien voir, à tenir compte de ses distorsions, de ses préjugés et de ses projections.

On peut comparer la réunion des différents paramètres que nous venons d'étudier à l'art d'utiliser **une table de mixage**.

Un paramètre morphopsychologique doit toujours être intégré dans la **Globalité** de la personnalité et modulé avec les autres éléments qui la constituent.

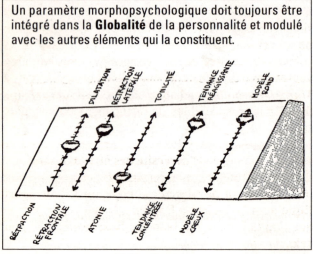

Table de mixage

Pour obtenir le résultat recherché, il faut savoir graduer, **moduler**, opposer et joindre différents sons entre eux, augmenter les graves, diminuer les aigus, etc.

En fait, il faudrait avoir la possibilité mentale d'imaginer un tableau aux multiples entrées, et évidemment, en plus, il faudrait introduire les paramètres :

Récepteurs fins-épais
Cadre sthénique-atone.
Récepteurs toniques-atones.
Modelé tonique-atone.
Étage instinctif/Étage affectif/Étage cérébral
Symétrique/Dissymétrique
Expression : Joie-Tristesse
               Sérénité-Amertume, etc.
Expressivité/Maturité/Épanouissement/Épuisement

C'est une gymnastique mentale qui s'apprend avec le temps et beaucoup d'exercice, mais qui est toujours passionnante car dès que l'on a attrapé le virus de la **Morphopsychologie**, on passe son temps à essayer de comprendre tout ce que les visages qui nous entourent veulent dire, chaque rencontre devient une leçon de *Morphopsychologie*, chaque conversation un exemple donné par un spécialiste de lui-même depuis sa naissance.

Plus nous avançons dans cette étude, plus nous nous rendons compte de la **diversité des êtres humains**, des qualités différentes que chacun propose et qu'il n'a pas souvent su développer comme **un talent spécifique** dont la société a besoin, car quand on aime ce que l'on fait, on le fait bien et l'on est recherché pour cela.

Les spécialistes en prospective sont persuadés que

dans le futur ce seront les qualités particulières des individus qui créeront la richesse d'une société.

Le système éducatif devra favoriser et épanouir ces différences.

« L'école, au lieu d'écraser la moindre parcelle de créativité chez les enfants, devra permettre une plus grande diversité. Il y a une interaction entre la liberté individuelle et la percée économique. Les entreprises savent qu'elles doivent produire un courant continu d'élévation vers le haut. La créativité, chacun le sait, ne peut venir que de gens très individualistes, qui discutent, protestent, donnent des coups de pied à l'ordre établi, proposent des idées folles parfois. Les écoles actuelles sont faites sur le modèle des usines et préparent les enfants pour les usines. Seulement voilà, lorsque les enfants sortiront de l'école, les usines ne seront plus là. »

Alvin Toffler*

> Les biologistes savent déjà depuis longtemps que **la santé écologique d'un lac se mesure à la diversité des espèces qui le** *composent*.

5. Résumé de la théorie de la Morphopsychologie

Les paramètres interagissent, s'atténuent ou se renforcent les uns les autres.

I – LOI DE DILATATION – RÉTRACTION

DILATATION : VIVRE

– Expansion vitale tous azimuts
– Adaptation, souplesse
– Extraversion, optimisme
– Hyposensibilité

RÉTRACTION : SURVIVRE

– Expansion vitale en milieu d'élection
– Système de défense, protection
– Introversion, pessimisme
– Hypersensibilité

RÉTRACTION LATÉRALE : AVANCER

(Projection dynamisante)
– Élan
– Tonus, dynamisme
– Désir de changement
– « Esprit jeune »

RÉTRACTION FRONTALE : CONTRÔLER

(Redressement et tenue)
– Contrôle
– Maîtrise, frein
– Obstination
– Maturité

MODÈLE : ROND

– Chaleur, empathie
– Met les formes
– Adaptation facile et souple

MODÈLE : CREUX

– Froideur, distance
– Impose « son style »
– Contact raide

MODÈLE : PLAT

– Réservé
– Attitude « juste » (adaptée au milieu)

MODÈLE : RÉTRACTÉ BOSSUÉ

– Passionné
– Réagit en tout ou rien

II – LOI DE TONICITÉ

TONICITÉ : AGIR

– Activité soutenue
– Emprise, directivité
– Besoin de transformer

ATONIE : SUBIR

– Aptitude à déléguer
– Non-directivité
– Intuition, sens artistique

III – LOI D'ÉQUILIBRE ET D'HARMONIE

LES DISHARMONIES

A) Disharmonies Cadre/Récepteurs :

CADRE	RÉCEPTEURS
– Forces inconscientes – Buts profonds	– Zone de la conscience – Mode de communication

TENDANCE CONCENTRÉE	TENDANCE RÉAGISSANTE
– Vitalité concentrée sur objectif précis – Temps de réflexion – Résistance – Flegme	– Vitalité extravertie sur objectifs dispersés – Vivacité de réaction – Fatigabilité – Nervosité

B) Disharmonies horizontales : les 3 étages du visage

– Notion d'expansion	– Étage instinctif → – Faire – Étage affectif → – Aimer – Étage cérébral → – Penser

C) Dissymétries verticales :

CÔTÉ GAUCHE	CÔTÉ DROIT
– Le passé, la protection	– Le présent, la réalité

IV – LOI D'ÉVOLUTION ET DE MOUVEMENT

– Mimiques --------------------→ Expressivité
– Évolution quotidienne ------→ Fatigabilité
– Évolution dans le temps ----→ Épanouissement, maturité
(chirurgie plastique, maquillage, etc.)

Plan indicatif pour faire un premier portrait morphopsychologique

Pour étudier le visage, nous allons **adopter un plan** qui nous donnera une **grille méthodologique**. Ce plan est surtout prévu pour procéder logiquement et ne rien oublier. Quand vous aurez bien assimilé la Morphopsychologie et fait de nombreux « portraits », vous étudierez les visages de façon chaque fois différente, en vous laissant guider par la complexité du personnage, mais bien sûr en ayant été rigoureux dans votre analyse.

PORTRAIT MORPHOPSYCHOLOGIQUE	
SIGNES MORPHOLOGIQUES	SIGNES PSYCHOLOGIQUES
INTRODUCTION 1er coup d'œil IMPRESSION GÉNÉRALE	 Par exemple

I – CADRE
 	
 • Type Jalon : Mixte
               Dilaté -------------------- extraverti
               Rétracté latéral
               Rétracté frontal
               Rétracté Réagissant   réagit aux stimu-
             (compensation)   lations du milieu
               Concentré
 • Sthénicité
 • Degré de Rétraction latérale
   = les signes
 • Degré de rétraction frontale
   = les signes
 • Rétracté latéral/Rétracté frontal
	
	 ex. : plus actif que contrôlé

SIGNES MORPHOLOGIQUES	SIGNES PSYCHOLOGIQUES

II – LE MODELÉ
• Forme   Rond
             Plat-ondulé
             Rétracté-bossué
             Creux
• Tonicité
• Capiton
	conciliant
	« posé »
	passionné
	distant

III – RAPPORT CADRE/ RÉCEPTEUR • Taille • Finesse • Tonicité	ex. : rapidité de réactions sur un fond de flegme
IV – ÉTAGE DOMINANT • Rapport des étages • Lequel est le plus en expansion et ensuite quel est celui qui suit, par exemple : Cérébral › Affectif › Instinctif.	ex. : Tout ce qui est vécu est d'abord mentalisé
V – LES DISHARMONIES (Plus il y en a, plus la personne est riche et complexe.)	
VI – RECOMMENCER POUR CHAQUE ÉTAGE En commençant par l'étage dominant	
VII – SYNTHÈSE qui reprend l'introduction	

SIGNES MORPHOLOGIQUES	SIGNES PSYCHOLOGIQUES
VIII – ORIENTATION PROFESSIONNELLE	ex. : métier exigeant du mouvement, du renouvellement, une adaptation rapide de surface, où l'on doit trouver des solutions originales rapidement

Deuxième partie

APPLIQUER

I.

Vivre la dilatation

Le doux paradis de l'Enfance

> *De toutes les matières*
> *C'est la ouate qu'elle préfère*
> *Passive, elle est pensive*
> *En négligé de soie.*
>
> (Caroline Loeb/Grillet)

• *Portraits*

Cléo est adorable et Max, qui se sent fort et protecteur auprès d'elle, fait tout son possible pour lui épargner un contact violent avec la réalité. Il faut dire qu'elle est si mignonne avec son visage de petite fille, son nez retroussé et ses grands yeux candides, sa bouche pulpeuse et généreuse comme un fruit tropical.

Et c'est un joli fruit qu'il croque avec délice. Elle, elle croque les cadeaux qu'il lui rapporte et doucement son compte en banque. Elle ne sait pas résister à une envie ! Elle bat des mains quand elle est contente, piétine et fait un caprice si on la contrarie. Elle pleure, elle boude et Max finit toujours par s'attendrir.

Elle s'arrange pour toujours être le centre de l'attention, qu'on lui dise combien elle est jolie et que tout le monde l'aime. Comme un enfant, elle a besoin de regards admiratifs et amoureux pour avoir la sensation qu'elle existe.

Thérèse est ce qu'on appelle une maîtresse femme. Depuis qu'elle est petite elle a appris à diriger sa vie, obtenir ce qu'elle veut par ses efforts, son courage et sa détermination.

C'est une travailleuse infatigable, la première levée, la dernière couchée, elle mène son exploitation agricole avec une main de fer, jamais malade, dehors par tous les temps.

Son médecin lui a pourtant dit qu'elle demandait trop à la machine, qu'un jour le cœur s'arrêterait d'un seul coup, sans prévenir et bien trop jeune. On ne se mène pas ainsi à la cravache impunément.

Léo est un bon vivant. Il a hérité de la fabrique de textile parentale que le bras droit de son père continue à gérer fort bien sans avoir besoin de son intervention.

Léo, lui, s'occupe de gastronomie. Il fait partie de plusieurs confréries de gastronomes et d'œnologues. Il déteste la nouvelle cuisine et ses arrangements artistico-maigrichons. Il révère celle des « Mères », la solide cuisine bourgeoise, faite avec des produits savoureux, de la cuisine mitonnée longuement où l'on n'a pas « pleuré » sur le vin, le beurre et la crème.

Évidemment le taux de cholestérol de Léo est assez inquiétant. Il a du mal à se déplacer. Il y a longtemps qu'il a renoncé aux femmes. De toute façon, il n'a jamais été un grand actif « dans ce domaine ». Il préfère nettement en parler, c'est bien moins fatigant.

Jules Maillet est un homme arrivé. Il a toujours su d'où venait le vent avec un flair que lui envient beaucoup de ses collègues députés.

Dès son retour du service militaire, il a épousé la fille d'un notable du pays et s'est mis à militer dans un parti plutôt conservateur et traditionaliste.

Il s'est mis au service du député de sa circonscription et l'a secondé avec efficacité, ardeur et souplesse, comprenant très vite la règle du jeu et s'adaptant avec une stupéfiante rapidité aux mœurs politiques qu'il découvrait, absorbant vocabulaire et culture nécessaires pour être à l'aise et ne pas faire de faux pas.

Il a tissé un réseau d'amitiés et de relations dans tous les milieux. Noceur quand il le fallait, travailleur et efficace quand il y avait un coup de collier à donner. Il sait à la fois faire rire et se faire respecter, négocier et faire de la voltige, se rétablir dans une situation difficile tout en donnant l'impression que c'était une stratégie longuement préparée à l'avance.

Il prit naturellement la suite de son « père en politique » quand celui-ci se retira à son profit. Seuls quelques initiés savent à la suite de quelles tractations. Homme riche, prospère et influent, il jouit de son pouvoir et se sent inamovible.

• *Correspondances*

Nous venons de décrire quatre personnalités bien différentes et qui pourtant ont bien des points communs.

Essayons de trouver lesquels.

Appréciez la largeur du visage, l'ouverture des yeux, du nez et de la bouche. La relative épaisseur de la chair, douce et enfantine chez Cléo, dure et tonique chez Thérèse, franchement flasque chez Léo, « moelleuse » chez Jules Maillet.

Ne retenons que ces paramètres communs.

Ensuite, voyons les expressions que nous avons trouvées dans ces quatre courts portraits : grande énergie, souplesse, adaptation, ne sent pas ses limites, traditionaliste, enfantin, etc., ne résiste pas à ses envies, capricieux, égocentrique, extraverti, diplomate, chaleureux.

Ces caractéristiques morphologiques et psychologiques appartiennent à ce que nous appellerons le **Type expansif**, ou **Dilaté**, c'est-à-dire chez lequel prédominent les forces d'expansion sur les forces de conservation. *Dilaté*, vous vous en souvenez, ne veut pas dire gros. Par exemple Ornella Muti, Gina Lollobrigida, sont des Dilatées. Regardez comme leurs visages semblent faits de courbes douces. Elles sont pulpeuses de visage et de corps.

Gina Lollobrigida *Ornella Muti*

• *Genèse de la Dilatation*

Voyons plus profondément ce que **Dilatation veut dire sur un plan biologique et morphospychologique**.

L'expansion caractérise tout ce qui est vivant. Tout animal, toute cellule tend à grandir, prendre plus de place, agrandir son territoire. « Croissez et multipliez. » L'homme, dans ce désir d'expansion, a d'abord essaimé ses rejetons sur toute la surface de la planète et maintenant il tend son effort vers les étoiles, dans un besoin irrépressible d'envahir un volume nouveau.

Cet instinct est, bien sûr, maintenu dans des limites raisonnables (mais pas toujours) par l'expansion des autres et par l'instinct de conservation que nous verrons au chapitre suivant.

On voit le travail de l'expansion à son niveau maximum chez le bébé nouveau-né qui va devoir brutalement s'adapter avec une stupéfiante rapidité et plasticité à un milieu nouveau, l'air. Il va doubler son poids en 5 mois, évoluer et se transformer presque chaque jour.

Ces caractéristiques physiques, que l'on retrouve chez certains adultes qui en ont gardé du coup les caractéristiques psychologiques, sont les suivantes.

Le visage est rond, bien en chair, épanoui dans toutes les directions comme si un **rayonnement**, une pression intérieure repoussait la surface vers l'extérieur : la chair est rose et tendre, bien irriguée (capillaires sanguins en vasodilatation[1]), pleine de vitalité et de chaleur.

---

1. Vasodilatation : les vaisseaux sanguins se dilatent. Vasoconstriction : les vaisseaux sanguins se contractent.

Les organes des sens, organes de communication, les portes et les fenêtres de notre maison intérieure, sont grands ouverts et reposent sur des surfaces bombées, des saillants, dans une confiance totale, un désir d'assimilation égal à la faim de l'enfant.

*Récepteurs
sur des saillants*

Récepteurs sur des rentrants (on le verra dans le Rétracté)

Cette faim n'est pas que de nourriture, mais de tout ce qui permet à un bébé de se développer harmonieusement, les sensations multiples et variées, chaleur de la peau maternelle, bruits douillets ou nouveaux, impressions lumineuses, tous ces goûts sur la langue, ces odeurs de maman, de lait, de propre après la toilette, d'avant quand on n'est pas bien (ça pique les fesses), de tendresse et d'amour bien sûr, **fusion** avec l'autre qui est soi-même.

Bébé contre le sein de sa mère...

C'est d'ailleurs à partir de l'abondance et de la diversité de ces sensations que l'enfant pourra constituer des sortes de «circuits préimprimés», blocs vierges qui se rempliront par la suite des schèmes de la connaissance. Plus l'environnement est riche en stimuli, plus l'enfant aura de ces «circuits». Donc la potentialité maximum (par rapport à ses possibilités génétiques) d'acquérir des informations dans tous les domaines.

Si par contre le milieu est peu stimulant, l'intelligence dès le départ aura moins de chances de se diversifier.

Ainsi les petits Africains, élevés dans un milieu traditionnel, en contact étroit avec leur maman et participant à toutes ses tâches, sont très en avance au niveau de la «débrouillardise», de la vivacité dans leurs réactions et de leur curiosité intellectuelle. Ceci, contrairement aux petits Européens élevés dans des conditions plus calmes. Cependant, les choses se gâtent à la naissance d'un deuxième enfant car, alors, l'aîné n'est plus aussi stimulé que sur le dos de sa maman.

Ces mots, sur la *Dilatation*, que vous venez de lire, sont des mots que vous ressentez quand vous êtes bien, heureux de vivre ces moments d'optimisme où tout semble possible, peut-être ceux où, complètement amoureux, vous ne ressentez plus de séparation d'avec l'être aimé et que vous ne lui trouvez que des qualités.

Vous avez la sensation de tout comprendre. Les bruits sont agréables. Les odeurs de la vie vous enchantent. La nourriture est délicieuse et abondante. Tout baigne dans la beauté de la nature.

Douce chaleur du paradis où tout est « luxe, calme et volupté ».

Des parties en *Dilatation* de notre visage, nous gardons la nostalgie d'un paradis. Ce sont les parties les plus vivantes aussi, car porteuses d'espoir, d'optimisme et d'évolution.

Luxe, calme et volupté

Les Philosophes de l'Utopie

Il est intéressant, à ce sujet, de noter que les philosophes sociaux du XIXe siècle dernier avaient l'espoir de fabriquer un système social qui rendrait heureux tous les hommes. Avec optimisme et candeur, sans tenir compte de la nature humaine, ils bâtirent des utopies séduisantes à lire, mais aucune n'a jusqu'ici prouvé son efficacité. Parfois, au contraire, le système s'est retourné contre l'homme. Regardez ces portraits.

COMTE *MARX* *FOURIER*

Leur Dilatation cérébrale les avait rendus un peu trop confiants. Ils n'avaient pas tenu compte des besoins de pouvoir qu'ont les hommes[1].

(À ce sujet, lire la conférence du Dr Corman sur « L'homme intérieur et l'homme extérieur », *Revue de morphopsychologie*, n° 2, 1985.)

---

1. Nous verrons en étudiant l'Étage cérébral (chap. III, p. 369) que cette structure : grand front, yeux enfoncés, donne une pensée d'idéologue : plus intéressée par ses présupposés théoriques que par la réalité observée.

Pour étudier le *Type jalon* du *Dilaté,* nous allons adopter le plan type qui est imprimé p. 105 à la fin du chap. II. Nous aurons ainsi une démarche systématique pour chaque type jalon.

À chaque fois que nous étudierons un **type jalon**, il ne faut pas oublier que nous avons affaire à une **caricature**, un type extrême que l'on ne rencontre qu'en de très rares exceptions.

• *Portrait Type*

L'utilité de décrire un type jalon est de voir ce que donne le maximum d'une tendance pour pouvoir la moduler avec les autres éléments qui vont donc la modifier et parfois l'inverser même. Par exemple, entre Thérèse et Léo, c'était la tonicité qui faisait la plus grande différence.

À partir de maintenant pour suivre notre plan nous décrirons les signes morphologiques sur la page de gauche et la traduction psychologique sur la page de droite.

Voici donc ce portrait type

1. Cadre

Large, épais, solide, compact, arrondi, étalé, puissant (s'épanouit dans toutes les directions) Le crâne est bombé et rond. Le cou est trapu, large, fort, épais.

Le **corps** est massif, large, épais. L'ossature est importante. Le corps s'étale en largeur. Il y a beaucoup de muscles et de graisse. Il est rond avec de petites jambes.

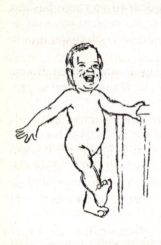 

Le dilaté à un an et à 40 ans

*Le Dilaté
est expansif,
optimiste et ouvert*

Extraverti, ouvert, expansif, il s'affirme sans complexe, va volontiers vers les autres, s'impose en souriant, hyposensible en profondeur (il ne réagit pas aux agressions avec vivacité et ne les ressent pas tout de suite), gai, caractère facile, souple, optimiste, dionysiaque, profite de la vie.

Très bonne vitalité qu'il dilapide sans retenue. Bonne «santé», se sent fort et solide, ne craint rien, ne se protège pas, caractère placide.

Caractère terrien, bien enraciné. Comme un «culbuto», il retombe toujours sur son assise avec bon sens.

Il est bien inséré dans son milieu, auquel il a été «conditionné», plutôt qu'éduqué. En effet, dans son désir de participation totale avec son entourage, il obéit à toutes les injonctions de ses parents. Il est «facile» et ne s'oppose jamais.

C'est pour cela qu'il est très traditionaliste car il veut conserver inchangées les valeurs qu'il a connues dans son enfance, même si certaines l'ont rendu malheureux, car n'ayant pas de *Rétraction latérale* il ne peut fuir. Sans *Rétraction frontale*, il ne peut élaborer de valeurs pour lui-même.

Bibi

Signes de Rétraction latérale aucun

Signes de Rétraction frontale aucun

2. Modèle : rond

Peau : fine et tendre comme un bébé, claire et rose, bien irriguée (vasodilatation), rougit facilement (quelle que soit la couleur de la peau, celle d'un *Dilaté* est claire comme un ballon que l'on gonfle et qui éclaircit sa couleur).

Capiton (épaisseur de la chair graisse + muscles, entre peau et os) bien développé, épais, rond. La chair, moelleuse, estompe tous les angles.

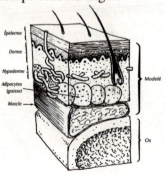

Pas d'élan et le tonus n'est pas rapide. Il marche à son pas, fait les choses à un rythme régulier sans se presser mais longtemps (la tonicité du *Modelé* va beaucoup influer sur ce point).

Il n'a pas beaucoup de contrôle sur ses appétits, ses élans, sa force. Il ne se protège pas, ne fait pas attention à sa sécurité.

N'ayant pas de *Moi*, il dépend de l'opinion des autres pour évaluer sa propre valeur. Cela peut le rendre vantard et « m'as-tu-vu ».

Contact chaleureux, envahissant et naïf, arrondit les angles, cherche la conciliation.

Va au-devant des autres, plein de confiance et de naïveté, comme un animal qui n'aurait jamais été agressé. Côté béat qui le rend très vulnérable.

Hyposensibilité de surface. Il prend tout du bon côté car rien ne l'agresse, mais au contraire le fait plutôt rire. Il ne cherche pas l'affrontement, se soumet au plus fort, ou à la majorité, aux circonstances ou aux éléments naturels.

Tonicité
Si le Modelé est atone

Si le Modelé est tonique

---

3. Rapport Cadre/Récepteurs

Taille : grands *Récepteurs* par rapport à un grand *Cadre*. Les Récepteurs sont grands, larges, épais, ouverts, sur des saillants.

Ils sont sensoriels, le *Cadre* et le *Modelé* aussi.

Finesse :
Ils ne sont pas fins, mais au contraire, épais.

Tonicité des *Récepteurs* :

Si atone

Si *toniques* : c'est déjà un signe de *Rétraction frontale*, ils s'écartent donc du *type jalon*.

Se laisse faire, ne sait pas résister à son entourage ni à ses désirs. Caractère mou, souvent peureux, ne s'expose jamais. (Comme Léo.)

Force de la nature, infatigable, dur à la tâche, un rythme régulier de montagnard, «rustique» (ne craint pas de rester dehors dans des conditions climatiques difficiles), résistant à la fatigue et au stress (parce qu'il les ressent peu). (Comme Thérèse.)

La vitalité intérieure s'extravertit dans toute sa latitude. Tout ce qui est éprouvé est immédiatement exprimé sans retenue, souvent avec une certaine théâtralité comme Tartarin de Tarascon.

Forte sensualité, appétit de vivre et de jouir de tous les plaisirs, aime le contact humain. Instinct grégaire, a besoin d'être entouré physiquement de chaleur et d'attention.

Pas de raffinements ou de délicatesse : avidité, goinfrerie.

Pas d'emprise sur ses instincts ou les sollicitations extérieures : «**Ne peut pas s'empêcher de...**». Pas de volonté, se laisse aller, **ne se donne pas le mal de**...

Il n'y a pas de canalisation des désirs en fonction d'un but prédéterminé, ce qui est éprouvé est exprimé tel quel.

4. ÉTAGE DOMINANT

En général les trois sont équilibrés, grands et en expansion. Il y a souvent une double expansion instinctive et affective.

5. LES DISHARMONIES

Il n'y en a pas par définition, puisqu'à un Cadre en *dilatation*, correspondent des Récepteurs *en dilatation* eux aussi.

6. ÉTUDE PAR ÉTAGE

a – Étage instinctif

• *Cadre*
   Dilaté, mâchoire large, menton fort, cou épais et rouge.

Le dilaté s'intéresse beaucoup à la nourriture et sa profession est souvent liée à l'alimentation.

Les motivations de la personne sont triples : faire communiquer, aimer, absorber le plus d'informations possibles.

Personnalité tout d'un bloc, sans nuances et sans richesse. L'évolution de la personne n'est aiguillonnée par aucune «différence de potentiel» et a tendance à rester statique.

Il est possessif car il s'identifie à sa propriété. Comme il ne se reconnaît pas de valeur intérieure de personnalité ou d'intelligence, il **vaut parce qu'il possède**. Ce sont des *Dilatés* qui, lors du «Krach» boursier de 1929, se sont suicidés ; en perdant leur fortune, ils perdaient leur statut et ne pouvaient y survivre.

Instincts forts.
Bonne insertion dans la réalité.
Aime faire, posséder, la nature et la campagne, la terre.

Il accumule beaucoup.

Personnalité stable et rustique.

La sthénicité de la mandibule est forte

Pas de *Rétraction latérale*.

Pas de *Rétraction frontale*.

- *Le Modelé*

    Forme : rond

Bonne résistance physique dans l'effort – Ténacité. Les *pulsions* instinctives inconscientes sont très puissantes.

Ne s'expose pas, attend plutôt qu'on lui dise quoi faire. Ne prend pas d'initiatives.

Ne contrôle pas ses instincts. Prend ce dont il a envie, exprime ce qu'il éprouve. Parle et rit beaucoup.

Bonhomie, convivialité, aime le confort, ce qui est chaud et douillet. N'aime pas heurter.

Tonicité:
Si tonique

Si le Modelé est atone

Nombreuses réalisations, activité manuelle souvent recherchée. Aime transformer, fabriquer.

Préfère laisser faire. Jouisseur, tendance à la paresse sur le plan physique.

Capiton épais, en *Dilatation*

• **Rapport Cadre/Récepteurs**

Bouche : large, grande, charnue, entrouverte. Béate, souriante.

Chaleureux, sensuel. Besoin de quantité. «Elle aime à rire, elle aime à boire» de la Madelon.

Pulsions importantes et extériorisation tout aussi importante. Vaste appétit, goulu. Ne peut résister à la tentation. Consomme avec avidité.

Sensualité «orale» (passive, se fait prendre en charge, a besoin qu'on s'occupe de lui tout le temps).

Finesse: épaisse et mal dessinée

Bouche peu tonique

---

b – Étage affectif

• **Cadre** large et sthénique.
Les pommettes sont larges, épaisses, et couvrent toute la surface de la joue.

Il n'y a pas de *Rétraction latérale*.

L'enfant et le cercle de famille

Appétit d'abondance de «ce qui tient au corps», recherche de quantité. Le raffinement le gêne (Bérurier ou Gargantua).

Ne se refuse rien. Caprice s'il n'a pas tout de suite ce qu'il veut. Volonté faible (dans le sens: maîtrise de ses appétits).

Les besoins affectifs de donner et de recevoir de l'amour sont très importants. Ce sont des besoins là aussi en quantité. D'être avec ceux qu'on aime, baigner dans une atmosphère d'acceptation totale; que tous ceux qu'on aime s'occupent de vous, tout le temps, à tout instant et que de soi-même on fasse la même chose.

On a un amour pour l'humanité tout entière, un sentiment de faire partie de la même pâte.

On ne va pas chercher les autres activement. On s'attend à ce qu'ils s'occupent de vous, comme si cela était un dû (d'ailleurs tout manque d'attention est ressenti comme une agression). Comme le dirait le petit enfant: «Quelqu'un d'égoïste, c'est quelqu'un qui ne s'occupe pas de moi.»

L'affection est centripète.

Il n'y a pas de *Rétraction frontale*. Les sinus maxillaires ont atteint le maximum de leur développement, les joues sont très rondes et gonflées et semblent remonter sur le nez.

Bibi

Emma Kirby

Wilheminia Fernandez

Les besoins affectifs ne connaissent pas de limites. On a autant besoin d'aimer que de respirer et comme ce besoin ne rencontre aucun frein, le *Dilaté* est tout le temps amoureux, pas forcément de la même personne, mais très fort.

On ne peut supporter aucune séparation ou distance des personnes aimées, comme l'écrit Laurent Voulzy dans sa chanson « Song of You » « C'est de la colle chantée, pour que tu ne partes jamais. »

Il n'y a pas de Moi qui régule les besoins affectifs avec la réalité de ce qui peut être reçu ou de ce que l'on peut donner en telles circonstances, avec telles personnes.

Pas d'intériorisation. Tout est exprimé.

Il y a beaucoup de souffle et de coffre : les pulsions affectives sont fortes et ne rencontrent pas de freins.

Cela donne aussi de bonnes capacités pour le chant et c'est ce qui explique aussi les caprices des Divas qui ne savent pas limiter leurs demandes.

- *Le Modelé*
  Forme : ronde
  Capiton : épais
  Sthénicité : moyenne

- *Rapport Cadre/Récepteurs*

Le nez est important, lourd, charnu. Les narines sont épaisses, béantes et sans mobilité. La respiration est facile et profonde.

c – L'Étage cérébral

- **Le Cadre :** large, haut et rond, Dilaté

Gérard Jugnot.

Les cheveux sont clairsemés et les hommes ont tendance à la calvitie précoce (puisque les cheveux suivent les lignes de *Rétraction*) (voir à *Étage cérébral* p. 378).

Les contacts affectifs sont très fusionnels. On a besoin d'être contre les autres, de les toucher le plus possible. La retenue et la réserve ne sont pas possibles.

L'expression des sentiments est abondante, généreuse, simple et chaleureuse. Il n'y a pas de réserve mais un « bon cœur » qui ne peut pas s'empêcher de déverser ce qu'il ressent.

L'affectivité est, là aussi, passive. Le dilaté affectif demande à ce que l'on s'occupe de lui, que l'on fasse toujours attention à lui.

Ses opinions sont dictées par les représentations simples, en blanc et noir de l'enfance : « Nous, nous sommes des gens biens, eux ce sont les brebis galeuses. » Ce qui peut le rendre xénophobe ou raciste par projection de cette part de lui-même qu'il n'accepte pas, sur les personnes qui ne font pas partie de son entourage.

Sa vie privée ne l'est pas, il vit au grand air, raconte tout à tout le monde, fait ses scènes de ménage dans la cage d'escalier. Son linge sèche dehors.

S'intéresse à tout ce qui est extérieur (aborde tout ce qui se passe autour de lui).

Pensée en images de l'enfant.

Facilité d'emmagasinement des informations dans tous les domaines sans tri préalable.

Beaucoup d'imagination, besoin de tout comprendre et de tout assimiler comme une éponge absorbe un liquide.

- **Modelé rond**

Rapport Cadre/Récepteurs
Les yeux sont grands, globuleux, à «fleur de peau», écartés.

 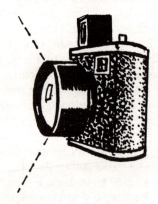

Vision globale   *Objectif avec grand angle*

Il n'y a pas de réflexion ou de structure logique. Mais une intuition très développée.

Les relations logiques n'étant pas toujours bien établies, on cherche la raison des événements souvent dans des causes magiques. Il y a une forte crédulité et une recherche de merveilleux.

Pensée « sensori-motrice » par associations rapides.

Vision en grand angle, il voit tout globalement mais sans détailler et sans précision. La vue est une autre sorte de toucher, de caresse. C'est la rétine qui saisit les couleurs et le mouvement.

Cet ensemble « grand front rond, grands yeux » donne, selon les autres éléments du visage, une intelligence pratique. Ce qui intéresse le Dilaté c'est surtout la **causalité extérieure** (À quoi cela sert ? Qu'est-ce que l'on peut faire avec ? Combien cela rapporte-t-il ? etc.) C'est ce qui le rend **débrouillard**, sachant tout de suite ce que l'on peut faire, avec quoi et comment s'en servir.

Il se **disperse** tous azimuts tellement il est affamé d'informations. Il est **réaliste**, **concret**, **matérialiste**.

Avec des signes de finesse dans d'autres parties du visage, cela peut donner ce que l'on appelle une intelligence encyclopédique, c'est-à-dire qui touche à tous les domaines de la connaissance.

La boulimie de quantité trouvée dans les autres étages se retrouve ici en désir d'incorporation mentale. De plus, l'**excellente mémoire** et la capacité d'emmagasinement, de rappel lui donnent une culture variée.

Cependant, cette culture, reposant sur un manque de personnalité, n'est pas « digérée » et est ressortie telle quelle, dans un style un peu perroquet.

Le « Débile » de bonne famille

On rencontrait ainsi souvent, autrefois, dans les salons (la culture n'est plus à la mode, les salons non plus), des personnes extrêmement cultivées qui savaient citer les grands auteurs avec à-propos, mais ne donnaient jamais leur propre opinion. Très bien élevées, il fallait un certain temps pour se rendre compte qu'en fait leur intelligence était proche de la débilité. Bien insérées dans leur milieu, par mimétisme, elles en connaissaient tous les tics et les usages, et faisaient fort honorablement illusion. C'est la plasticité du Dilaté, sa mémoire sans faille qui le leur permettait.

Ces fronts ronds font de bons compilateurs. Par exemple, ce scientifique que la recherche passionne moins que de réunir des collègues de la même spécialité (plus *Rétractés*), de les faire s'entendre ensemble, de créer une synergie entre eux. Il sera méprisé par les *Rétractés* alors que c'est grâce à lui qu'ils peuvent communiquer et être au courant de leurs travaux respectifs.

« Savant diplomate ».

Les Dilatés ont une **spiritualité** qui se rapporte à des valeurs de protection : une bonne mère ou un bon père (très maternant) qui les protège et leur veut du bien. En Occident, ils sont souvent panthéistes, voyant la présence de Dieu dans tout ce qui est créé.

Ils se fabriquent souvent une religion fataliste qui prend en charge leur passivité devant leur propre destin, car les choses « leur arrivent » sans qu'ils aient l'impression d'y être pour quelque chose. Dieu est donc quelqu'un d'important qui les prend en charge.

7. Synthèse

Ce portrait de Dilaté est évidemment outré. Puisque le type pur n'existe pas nous avons préféré illustrer le *Dilaté* type par l'histoire de M. Émile, à la fin de ce chapitre plutôt que de faire une synthèse qui ne serait pas crédible.

Le *Dilaté* pur est une espèce en voie de disparition. Comment affronter la vie moderne sans aucun système de défense, ne serait-ce que contre la pollution ?

À RETENIR :

Dans un visage, lorsqu'un grand nombre de traits sont en Dilatation, la personnalité se rapproche de celle du *Dilaté*. Par contre, les traits en *Rétraction* seront ressentis avec beaucoup plus de violence, car ils sont le résultat de « **frustrations** ». Et le *Dilaté*, non seulement ne s'attend pas à en subir mais en plus, il les « encaisse » mal.

(Pour un *Rétracté*, ils passent pour ainsi dire « dans le bruit de l'orchestre », *et se* perdent parmi les autres *Rétractions*.)

L'ensemble de ces traits de *Dilatation* donne une caricature. Alors qu'une partie d'entre eux, avec d'autres traits, au contraire, apporteront de l'expansion, de l'ouverture. Ce seront les parties optimistes et ouvertes de la personnalité, celles qui sont heureuses de vivre et de fonctionner.

Si on étudie seulement l'étage instinctif de Marianne, on peut avoir l'impression qu'elle a une vive sensualité, une gourmandise non contrôlée et qu'elle ne met aucun frein à l'assouvissement de ses pulsions. Or, un « **élément du visage ne veut jamais rien dire à lui tout seul. Il tire sa signification de l'ensemble du visage** ».

Ici le front est en Rétraction par rapport au reste du visage. Il est debout, c'est-à-dire en Rétraction frontale. Il dit non quand l'Étage instinctif dit oui. Or le Cérébral est le siège du système nerveux central. Il contrôle, en dernier ressort, la personnalité.

Le front en *Rétraction* va donc empêcher l'*Étage instinctif* de se satisfaire en puisant l'énergie pour le faire dans ce même étage.

Il s'agit là d'une loi psychologique: « L'interdit se nourrit de l'énergie de la *pulsion* dont il empêche l'assouvissement. »

En voici un exemple: Si vous faites un régime, que vous

> avez très faim et que vous adorez les sucreries, en passant devant une pâtisserie, les effluves de gâteaux frais, l'étalage coloré vont vous mettre à rude épreuve.
> Pour ne pas entrer dans cette pâtisserie et « craquer » pour un bon gâteau, il vous faut une force égale ou supérieure à celle du désir que vous avez de manger.
> Alors que si vous sortez de table un peu barbouillé et que vous détestez tout ce qui est sucré, il n'y a besoin d'aucune force pour vous empêcher d'entrer.
> Donc, ne tirez **pas de conclusions hâtives**: « Cette jeune fille a une grosse bouche, donc elle est gourmande. » En fait, elle est peut-être extrêmement ascétique, et se prive de tout plaisir, car, inconsciemment, la puissance de ses *pulsions* la **terrorise**.

Dès qu'il y a des signes de *sensibilité* (Récepteurs plus fins, *Cadre* rond mais pas trop lourd), le *Dilaté* qui a besoin d'être entouré d'amis, de se sentir enraciné dans leur affection, va rechercher des amis plus choisis, va sélectionner.

Marylin Monroe

D'autre part, cette *sensibilité* va lui faire ressentir la souffrance de façon intolérable puisqu'il n'a pas de *système de défense*, de tolérance à la souffrance, qu'elle soit physique ou morale. Et, il fera tout et n'importe quoi pour y échapper : médicaments, alcool, drogue, ce qui va le mettre dans une passivité encore plus grande que celle existant déjà au départ. Le *Dilaté* n'aura alors aucune chance de s'endurcir et de résister. C'est le triste sort des femmes de la « Vallée des poupées[1] » qui prenaient de petites pilules de toutes les couleurs, qu'elles avalaient avec de l'alcool pour ne pas ressentir le vide de leur vie, avec des conséquences souvent fatales.

On voit un autre alliage de Dilatation dans les personnages de « Jean de Florette », de Marcel Pagnol, qu'il décrit comme des « paysans retors et cruels sous l'apparence joviale et bienveillante ». Ces paysans matois, dans un cadre *Dilaté*, avec un *Modelé rond* qui donne cette apparence de bonhomie, ont sans doute des *Récepteurs* plus secs, des yeux enfoncés et rapprochés.

Ne pas oublier que le modelé est le « papier cadeau », la façon dont on se présente et qu'il ne préjuge en rien de ce qu'il y a derrière.

• L'HISTOIRE DE M. ÉMILE

M. Émile était le boucher du village. C'était une force de la nature, le premier levé, toujours le plus dur à la tâche. Il perpétuait la tradition familiale avec dévotion.

---

1. Roman des années 1960, qui raconte le sort des « anciennes belles » de Hollywood.

Émile avait toujours été un bon garçon. Enfant, il était « facile », comme disait sa mère, toujours souriant, câlin et de bonne humeur. Il avait poussé comme un champignon vorace et avide. C'était plutôt bien vu dans la famille où la nourriture était presque l'objet d'un culte. Le père d'Émile était aussi un gros mangeur qui exigeait de manger comme autrefois, avec deux services de viande. La faculté de manger et de boire beaucoup était d'ailleurs considérée comme une preuve de puissance et de virilité. Et Émile, qui voulait ressembler à son père en tout, en avait hérité la forte constitution. Il vivait ce programme avec révérence.

Les études ne l'avaient pas passionné. En classe, il s'ennuyait. Écouter sans rien faire l'endormait. Il avait besoin de faire, de regarder, de parler et rire avec ses camarades. La discipline était difficile mais le silence impossible. De plus, cela ne tracassait pas ses parents. Sa mère l'accueillait avec un solide goûter, lui disait que toutes ces sornettes d'instituteur ou de curé gâtaient la bonne volonté et faisaient des fainéants.

Émile préférait se lever tôt avec son père, le voir travailler la viande avec son commis. Il admirait leur force quand ils soulevaient d'énormes pièces de viande. Les hommes en rajoutaient un peu, heureux d'avoir un public admiratif. Il observait tous les gestes, les imprimait presque plus dans ses mains que dans sa tête.

Il serait boucher lorsqu'il serait grand. C'était le plus beau métier du monde. Il nourrirait le village. Il serait important. Il aurait du bien. Il serait le plus fort. À la foire, on le respecterait.

Son père mourut « d'un coup de sang » alors qu'Émile faisait son service militaire. Quand il revint, sa mère ne survécut que le temps d'aider à l'installation de son fils, de le voir fréquenter la Fernande, une bonne fille, qui saurait bien soigner son fils chéri. Elle tint d'ailleurs à lui passer les recettes des plats préférés de son Émile et la façon dont elle tenait sa maison, afin que l'on ne lui change pas ses habitudes.

Son mari remplissait Fernande de fierté. Il était le plus beau, le plus gros et le plus fort du village. Son visage ouvert et rieur, à la plaisanterie facile, savait flatter la clientèle, se souvenir de leur morceau préféré mais aussi demander des nouvelles de la rougeole du petit dernier. Fernande admirait la vitalité de son mari et l'aisance qu'il lui procurait. C'est elle qui faisait les comptes et tenait la caisse. Elle avait vite compris que son colosse avait des pieds d'argile, qu'il avait toujours besoin d'être rassuré sur sa valeur et sa force, qu'après s'être reposé sur la solide affection un peu bourrue de ses parents, il s'appuyait sur elle en tout.

Elle dut s'absenter un mois pour soigner une vieille tante. Ce fut un calvaire pour M. Émile. Il n'avait plus de goût à rien. Il était même de mauvaise humeur, ne supportant pas du tout le changement d'habitudes, de ne plus avoir sa présence chaude dans le nid douillet de leur lit.

D'ailleurs, dès qu'ils eurent leur premier enfant, il appela sa femme Maman comme le mot le plus affectueux qu'il connût. Mais devant les clients ou les représentants, il disait toujours : « Demandez donc à la patronne, c'est elle qui tient les cordons de la bourse. »

Il eut plus de mal avec ses enfants qui ne suivirent pas la piste ancestrale.

Il ne comprenait pas qu'ils refusent d'aller à la messe le dimanche. Pour lui, le problème ne s'était jamais posé. Tout le monde allait à la messe sauf les mal-pensants, les malveillants. Il aimait les odeurs de l'église, le rite immuable et le sentiment d'appartenance à sa communauté. Dieu était pour lui un maître boucher supérieur qui le guidait de la même façon que l'aurait fait son père.

M. Émile ne comprit pas non plus la mutation de la société. L'église n'avait plus la même atmosphère. Une usine vint s'implanter à côté du village, puis un supermarché qui vendait de la « mauvaise viande » à des prix qui ne respectaient pas le travail de l'homme.

Tout changeait. M. Émile avait voté comme son père pour le maire, qui avait, lui aussi, succédé à son père et dont la bonhomie bienveillante correspondait à l'idée qu'il se faisait du pouvoir. Maintenant l'apport de voix des nouveaux venus avait élu un jeune maire qui ne connaissait rien aux affaires et troublait l'endormissement paisible du village, par des réformes et des travaux de modernisation.

Fernande, moins traditionaliste, lut des revues professionnelles et adhéra à un syndicat de défense de leurs intérêts. Cela lui permit d'acquérir une formation complémentaire en gestion.

La boutique survécut car les habitants du village continuèrent toujours à lui acheter une partie au moins de leur viande, et une vague de nouveaux venus, qui avaient acheté des maisons de campagne, trouvaient sa boutique plus pittoresque que le supermarché.

M. Émile forçait un peu sur la bouteille maintenant, car il n'y avait qu'au café qu'il retrouvait l'atmosphère d'accueil et d'écoute dont il avait besoin. Contre une tournée, il avait tout le public qu'il désirait pour chanter ses louanges et l'aider à se sentir important, admiré, écouté.

II.

Survivre – la Rétraction

• *Portraits*

Georges est professeur de yoga. Il avait commencé des études scientifiques et découvert le yoga à cette époque. Il fut immédiatement séduit par cette méthode qui lui apprenait à se retirer en lui-même et à faire le silence autour de lui et en lui.

Grâce au yoga, il réussit à faire taire la souffrance permanente dans laquelle il vivait, se sentant toujours à côté de la plaque, mal à l'aise avec les autres étudiants, maladroit avec les jeunes filles qu'il trouvait bavardes et envahissantes. Il avait constitué ensuite un yoga qui lui ressemblait, contraignant et difficile, qu'il appuyait sur une philosophie de renoncement aux illusions des plaisirs de ce monde. Sa sœur, qui n'appréciait pas son côté marginal, disait qu'il ne renonçait pas à grand-chose puisqu'il n'avait jamais osé, de sa vie, prendre de plaisir.

Auriane était longue et mince, presque transparente.

Elle donnait l'impression d'être une princesse tombée d'un livre d'images et égarée dans ce siècle. La ville la heurtait par son bruit et sa pollution. Elle n'était pas à l'aise à la campagne non plus, les chemins étaient boueux.

Le monde qu'elle aimait était celui de la musique. Elle avait appris le piano et jouait des pièces très romantiques et aériennes. Et le reste du temps, elle écoutait les disques de ses interprètes favoris.

Elle avait une petite santé fragile. Aussi, n'avait-elle pas fait d'études et pas travaillé le piano suffisamment pour en faire une profession.

Elle mangeait très peu, chipotait dans son assiette depuis son enfance. Ses parents désespéraient de la faire grossir un peu pour lui donner quelque force. Elle restait frileusement dans leur appartement, n'ayant que quelques amis qui partageaient son amour du raffinement et de la musique.

Edmond était pâtissier. Il aimait son métier qui pourtant lui donnait un rythme inverse à celui de sa famille et de la société. En effet, il travaillait la nuit pour que tout soit prêt et frais pour le matin. Ses journées étaient réglées à la minute près. Elles commençaient à une heure du matin. Il descendait dans son «laboratoire» qui brillait de propreté et de modernisme. La pâtisserie est une science exacte où l'on dose au gramme près des pâtes que les robots malaxent tant de minutes.

En fait, regarder Edmond travailler était fascinant. Chaque geste était parfait et juste. Il réussissait à faire très proprement son métier comme un chimiste, sans jamais se salir lui-même ou ses plans de travail. Il confectionnait ensuite artistiquement gâteaux et petits fours avec les instruments adéquats et ne touchait pratiquement rien de ses mains.

Edmond avait toujours été un solitaire. Il aimait ces longues nuits de création et de silence. Son travail fini, son laboratoire nettoyé comme s'il était neuf, il allait réveiller ses enfants et sa femme. Ils prenaient le petit déjeuner ensemble. Puis il allait aider à ouvrir la boutique et disposer les gâteaux en vitrine. Ensuite seulement, il allait se coucher.

Il se réveillait lorsque les enfants revenaient de l'école, surveillait sévèrement leurs progrès scolaires et leur inculquait des principes rigides d'ordre et de travail bien fait.

Après le dîner, il faisait la caisse avec sa femme et la comptabilité, avant de se coucher un peu avec elle, pour leur courte nuit commune.

Le couple s'entendait bien. Sa femme était aussi une

travailleuse aimant la propreté de sa boutique, qu'elle arrangeait avec art. Elle était cependant moins sauvage que son mari et avait un contact sympathique avec les clientes.

Comme lui, elle préférait ne pas avoir d'employée et faire de très longues journées plutôt que d'engager une « aide qui prendrait dans la caisse, ne serait pas propre et qui m'énerverait à bayer aux corneilles ».

Jan Maoundé habitait seul dans une villa isolée. Une dizaine de robots androïdes assuraient son confort en cette fin du XXIe siècle.

Le mouvement d'introversion du monde occidental qui s'amorça vers la fin du XXe siècle, avec le rétrécissement de la cellule familiale, avait continué avec les progrès de l'électronique et de l'hologramme.

Cela s'était accentué quand les villes s'étaient vidées des administrations, des bureaux, des universités et des bureaux de recherche, tout ce travail pouvant être fait chez soi, sur un terminal.

La robotisation avait supprimé tout travail en usine.

Après les grandes épidémies qui avaient ravagé la planète, les gens préféraient éviter le plus possible les contacts. On pouvait dîner ensemble ; chacun chez soi physiquement, et ensemble en image, par transmission de l'hologramme de chacun.

La vie culturelle et artistique s'était développée, donnant une civilisation d'êtres raffinés et délicats, très individualistes et centrés sur eux-mêmes. Les sociologues se posaient des questions sur la courbe de natalité qui continuait à décroître de façon alarmante.

(D'après une idée d'Asimov)*

• *Correspondances*

Les quatre personnalités dont nous avons brossé un bref portrait ont des traits communs qui sont à l'opposé de ceux du *Dilaté*.

Leurs traits sont fins et leurs visages émaciés. Les *Récepteurs* sont petits et enfoncés dans le visage.

Psychologiquement, ils se caractérisent par leur besoin d'isolement, leur méfiance, que ce soit vis-à-vis des autres humains ou de tout ce qui les met en contact avec les sens, la brutalité évidente de la vie. Ils sont délicats et raffinés et se sentent faire partie d'une élite.

Ces portraits morphologiques appartiennent au *Type rétracté*, c'est-à-dire chez lequel **prédominent les forces de conservation** sur les forces d'expansion. Ils n'ont d'expansion qu'en milieu d'élection.

Erich Segal.

Analysons la genèse de la Rétraction.

• *Genèse de la Rétraction*

La vie se déroule entre deux étapes : la naissance et la mort, et nous mettons tout en œuvre pour augmenter nos forces de vie et nous protéger de la mort. La première étape est objectivée par les forces d'expansion qui dilatent les volumes, la seconde par la *Rétraction* qui les contracte.

Revenons à notre bébé du chapitre précédent, nous avons brossé un tableau paradisiaque d'une croissance sans obstacles. Or les obstacles et les dangers sont aussi le corollaire de la vie, et notre bébé ne survivra que s'il apprend à s'en défendre.

Que fait un enfant quand il est menacé ? Son premier réflexe est de se replier sur lui-même, pour offrir le moins de surface possible à l'agression.

Cellule turgescente *Cellule déshydratée*
(gonflée d'eau) *(plasmolyse)*

Que fait la bactérie qui baignait heureuse dans une solution nutritive à la lumière si on y ajoute un peu de Javel ? Elle se contracte immédiatement pour se défendre, comme nous l'avons vu plus haut.

Cette défense est donc une défensive active, qui permet la survie de l'espèce.

Les enfants de Bogota, des survivants

Donc, pour se protéger, il faut offrir le moins de surface possible, se construire une carapace protectrice (des os et une peau solides), mais il faut surtout se garder des lieux dangereux, se protéger par avance, être vigilant contre les menaces, avant qu'elles ne deviennent dangereuses, savoir se reposer avant d'être trop fatigué, etc.

Tout ce travail est effectué par nos **systèmes de défense**, que l'on voit sur le corps et le visage par les **éléments de Rétraction**.

Évidemment si l'individu le plus proche du type *Dilaté* est le jeune enfant bien portant, le type le plus proche du *Rétracté* est le grand vieillard. Il est, hélas, des enfants qui ont l'air de vieillards, mais des jeunes gens ou des adultes aussi.

Pour illustrer l'efficacité de la *Rétraction*, on peut prendre l'exemple suivant : ce ne sont pas les plus forts qui ont survécu dans les camps de concentration. Au contraire, ils ont dépéri très vite par manque de défense, la vie n'avait plus de goût et ne valait plus la peine d'être vécue. Alors que les *Rétractés*, « entraînés » à souffrir et à se défendre, à s'économiser, faire le gros dos et laisser passer l'orage sans s'exposer, avaient beaucoup plus de « chances » de s'en sortir.

Pour étudier les *Rétractés*, il faut éviter le contresens de leur attribuer un manque de « vitalité ». Effectivement, vue de l'extérieur, leur façon de s'économiser peut faire penser qu'ils ont moins de force.

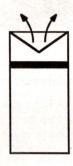

Le Rétracté gère une énergie « compactée »

En fait, si leur capacité d'expansion est retenue, toute leur vitalité est concentrée sur une prévention active contre les agressions extérieures, qu'elles proviennent des autres, de la maladie, du climat ou de toute autre source d'inconvénients.

Ce que les *Dilatés* utilisent pour rayonner dans plus de volume, les *Rétractés* **en font une sensibilité active de défense**. Ils développent des « antennes » qui vont les prévenir de tout danger, de toute menace (voir encadré).

C'est la *Rétraction* qui va leur permettre de sélectionner ce qui est bon ou non pour eux (notre bébé, lui, suçait tout ce qui passait à sa portée, y compris les médicaments). Elle va les fortifier et les structurer, durcir leurs os, leur peau et, peut-être aussi, leur cœur que les *Dilatés* offraient dans toute son ouverture et sa naïveté à leur première expérience amoureuse.

Les parties molles correspondent à la Dilatation et elles peuvent grandir. La coquille correspond à la Rétraction où il peut se réfugier pour survivre.

Florence Arthaud et Jean-Yves Terlain dans la tempête

Un autre exemple de l'utilité de la Rétraction m'a été donné par Florence Arthaud. Cette frêle jeune femme, au corps très léger de Rétractée, traverse la mer sur des bateaux que six hommes aguerris auraient du mal à manœuvrer.

Je me demandais comment elle pouvait survivre dans des tempêtes dantesques telles que les décrivait Jean-Yves Terlain, un Dilaté sthénique à la tête de taureau.

Il décrivait des scènes d'épouvante, les déferlantes balayant le pont et les hommes, les voiles se déchirant. Je me demandais ce que pouvait faire une jeune femme dans cette fin du monde.

« Un coup de vent cela se sent. Je prévois, je suis quelqu'un de très instinctif : je ressens physiquement des choses que je ne peux pas expliquer tout de suite et je réagis en conséquence ; ainsi en mer, je prévois le temps qu'il va faire. Si c'est un coup de vent, je le sens bien deux heures à l'avance, j'ai le temps de tout préparer, de vérifier l'étanchéité du bateau. Puis je descends dans l'habitacle et j'attends dans ma coquille que cela passe, un bateau qui n'offre pas de prise au vent ou à l'eau est insubmersible. »

Florence Arthaud.   *Jean-Yves Terlain*

Dans les mêmes circonstances, le Dilaté hyposensible qu'est Jean-Yves Terlain, quand il sentait le vent forcir, devait dire : « Sortez la toile, on va foncer et rattraper notre retard. » De plus, c'est un homme qui aime se battre contre les éléments, du moins au temps des monocoques qui étaient moins fragiles que ne le sont les multicoques. Le Rétracté considère une telle attitude comme de l'inconscience. Le Dilaté sthénique trouve que la prudence du Rétracté manque de panache.

Étudions maintenant plus précisément, en reprenant notre plan de portrait morphopsychologique, les traits morphologiques et psychologiques du *Rétracté*.

Nous allons donc parler du *Rétracté extrême*, ce que le Dr Corman appelle la *Rétraction amenuisante* ou *desséchante* dans le cas extrême. C'est donc une caricature comme tout ce qui est extrême et que l'on rencontre très rarement puisque pour survivre il faut qu'il y ait un minimum de contact avec la vie et le plaisir, donc une

Dilatation quelque part. Un *Rétracté* total ressemblerait un peu au croque-mort de Painfull Gulch dans *Lucky Luke*, à un corbeau déplumé et bien malade.

Louis de Funès.

Louis de Funès était un grand *Rétracté* (surtout dans la zone basse de son visage). Il garde un nez et un front *Dilatés*. C'est là où sont ses *Zones d'expansion* et de plaisir.

Les personnages que nous avons décrits depuis le début de ce chapitre ont des caractéristiques communes. Ce sont des solitaires. Ils se défendent de la vie et ont une attitude fermée et frileuse. Ils n'ont que peu de contacts avec leurs contemporains.

Voyons, en reprenant notre portrait type, comment les traits de *Rétraction* se ventilent dans le visage.

PORTRAIT TYPE

1. Cadre

fragile, étroit, léger, fin, osseux, anguleux

François Mauriac.

pas de Rétraction latérale

Hypersensible, défensif, introverti, difficulté d'adaptation, centré sur sa vie intérieure. Toute contrainte extérieure le hérisse. Sentiment intérieur de fragilité et de vulnérabilité donc utilise toute son énergie pour se défendre des agressions et paraît froid et distant. Exigence – délicatesse – sélectivité.

N'est pas dynamique, ne va pas de l'avant, précautionneux, prudent, sans impulsivité, au contraire prévoit tout, planifie tout pour éviter les surprises. Il suit le rythme qu'il s'est constitué et qui lui convient avec un manque de souplesse vis-à-vis des circonstances extérieures qui pourraient perturber ce rythme.

Rétraction frontale: Il est difficile de faire la part entre la *Rétraction frontale* et la *Rétraction*. Mais elle est **très forte** puisque les *Récepteurs* sont encavés et très fermés, la *Rétraction latéro-nasale* forte, et le front très *différencié*.

2. MODELÉ

a – Forme : Plat à creux

b – Capiton : pas de chair. La peau est collée sur les os, elle est d'aspect foncé et grisâtre, mal irriguée (vasoconstriction) (voir p. 112).

c – Tonicité : en général forte (il résiste, est en alerte).

C'est donc une inhibition de toute spontanéité, un extrême contrôle, des amis très sélectionnés, une pensée défensive, en alerte permanente sur ce qui pourrait le mettre en danger ou à la merci des événements. Il a besoin de toujours garder une certaine distance par rapport à ceux qu'il aime.

Caractère renfermé, difficile, contrasté, a du mal à s'adapter. Cassant, n'arrondit pas les angles.

Contact peu souple, angoissé et tendu, ne sait pas être diplomate et mettre de l'huile dans les rouages. Cherche la finesse et la qualité. Pas de sensualité de contact, se maintient à distance, froid et sec, n'aime pas toucher, sauf en milieu d'élection.

Le contact avec le milieu extérieur se fait sur un mode tendu, comme un animal prêt à bondir.

3. Rapport cadre/récepteurs

Taille: *Récepteurs* petits, encavés

Charles Fourier âgé

Récepteurs fins

Récepteurs toniques

4. Étage dominant

En général le *Cérébral* domine sur l'*Affectif* et l'*Instinctif*

5. Diharmonies

On est dans un «*type jalon*», donc tous les traits concourent dans le même sens.

Le *Cadre* est dans la défense active, les *Récepteurs* aussi. On «ferme les écoutilles» pour être étanche à l'extérieur et ne pas souffrir. L'expression est difficile, elle n'est pas recherchée, toute l'énergie est concentrée vers la vie intérieure.

Délicatesse de l'expression, hypersensibilité de contact, réagit et ressent les choses avec une intensité douloureuse, cherche la qualité et non la quantité.

Renforce la mise en alerte permanente. Ne se laisse jamais aller. Contrôle tout le temps.

En effet lors de sa construction, l'enfant ayant été obligé de se replier sur lui-même, s'est réfugié dans la pensée et le rêve intérieur, ce qui lui a permis de survivre à ces conditions difficiles.

Quand il n'y a pas de disharmonie, il n'y a pas de déséquilibre qui pousse la personne à évoluer, elle a tendance alors à rigidifier son attitude.

6. ÉTUDE PAR ÉTAGE

a – Étage cérébral

• *Cadre*

Le front est étroit, *Rétracté*, les cheveux suivent les lignes de *Rétraction*, marquant bien la *Zone de Réflexion* et *l'épi saturnien* (voir p. 378).

Front rétracté

Le front est *sthénique*, en harmonie avec le *Cadre* étroit.

• Pas de **Dilatation**

• Pas de **Rétraction latérale**

La pensée est très spécialisée sur des sujets précis d'intérêts.
Le reste ne l'intéresse pas.
La pensée est défensive, on recherche d'abord la faille, ce qui ne va pas pour s'en défendre.

La mise en alerte est permanente, ce qui entraîne une certaine fatigabilité.

N'ayant pas de *Dilatation*, la pensée n'est pas adaptative, et n'assimile pas facilement.
Il apprend difficilement, après avoir fait subir à cet apprentissage un chemin labyrinthique que lui imposent ses défenses.
La pensée est circonscrite à des domaines précis, c'est un **spécialiste**. Il a un champ de conscience étroit et profond.

La pensée est lente, tourne souvent sur elle-même, se bute. Elle n'est pas curieuse de nouveauté, tend à rester sur ses positions.

• ***Rétraction frontale :*** le front est différencié avec une *barre d'arrêt.*

• ***Modelé*** est *Rétracté bossué*

• *Les yeux et leur rapport au Cadre*

Les yeux sont petits, enfoncés dans l'orbite et rapprochés de la racine du nez.

La pensée est analytique :
La pensée bute sur les domaines où elle n'est pas familière. Elle reste sur son domaine très rationaliste, mesurable très précisément. Tout ce qui n'est pas bien ordonné, bien énoncé, précis, se basant sur des principes scientifiques solides (si possible euclidiens, après Einstein, la relativité ne lui plaît guère), n'a droit qu'à son mépris.

Très intolérant pour d'autres systèmes de pensée que ceux qu'il a adoptés ou créés.

A une démarche souvent assez fanatique pour défendre son point de vue.

Scepticisme, mépris et haine du compromis.

Il a du mal à communiquer ce qu'il pense et à comprendre une pensée différente de la sienne.

Il repère d'abord le **détail** avant l'ensemble.

Vision très précise des détails, **esprit critique**, voit les choses par le petit bout de la lorgnette, méticuleux.

Se **fatigue** vite d'observer, préfère réfléchir sur ce qu'il a vu que de continuer cette observation.

Le *Rétracté* n'aimant pas le contact concret voit sa pensée se porter plus volontiers sur ce qui est **abstrait**, les idées qu'il trouve objectives, schématiques, qui n'ont plus de substance physique.

Un *Rétracté* m'exprimait ainsi sa façon de voir : « Je ne peux pas m'intéresser à un fait concret, je le relie immédiatement dans ma mémoire à d'autres faits et j'en déduis une loi générale. Je me rends compte que ma femme (une *Dilatée*) est comme un poisson dans l'eau dans les faits concrets, alors que moi je vais toujours à l'essentiel. »

Si la pensée se **spécialise**, elle peut pénétrer profondément dans le sujet qui l'intéresse. Il ne faut pas oublier que les mots clés de la *Rétraction* sont **sélectivité et qualité**. Donc quand il étudie, il le fait bien et à fond.

b – Étage affectif

• *Cadre*

Il est *rétracté*.
Les pommettes sont écrasées
et rentrent (en guitare).

Le nez repose sur une cuvette *(Rétraction latéro-nasale)*. Les fosses nasales sont écrasées.

Comme c'est un *introverti*, il s'intéresse souvent à la psychologie qui lui explique comment lui-même fonctionne. Si c'est une *Expansion cérébrale*, comme c'est souvent le cas, il pourra s'y intéresser dans toute son étendue. Cependant si l'*Étage cérébral* est en *Rétraction*, il refusera toute notion d'*Inconscient*, comme tout ce qui n'est pas saisissable objectivement. Il se méfie même de son imagination à laquelle il ne veut avoir aucun recours. Il ne peut pas s'en servir pour s'évader de la réalité, quand celle-ci est trop pénible à vivre. Aussi, dans des cas extrêmes, sa pensée peut-elle tourner à la **rumination mentale**, à l'idée fixe.

La construction affective du *Rétracté* s'est faite dans la difficulté. Il n'a pas eu l'amour dont il avait besoin pour pouvoir respirer le bonheur de vivre. De forts problèmes de santé au niveau de la sphère otho-rhino-laryngologique (problèmes respiratoires, otites, maux de gorge, asthme, etc.) n'ont pas permis un développement satisfaisant des cavités aériennes, provoquant un creusement qui fait que le nez repose sur une surface plate ou creuse.

Cette *Rétraction latéro-nasale* (des côtés du nez, que nous étudierons en profondeur dans l'Étage affectif p. 232-338) provoque une intériorisation de la vie affective, un repli sur soi-même, une conscience de soi-même et une perception aiguë du réel.

Il y a une forte indépendance de sentiments et, en même temps, un sentiment de solitude intérieure et de coupure vis-à-vis des autres.

• La **Rétraction frontale** se confond avec la *Rétraction*.

Virginia Woolf.

• *Modelé*
Plat et sec vers le *creux*, il ne faut pas le confondre avec le *Rétracté bossué* qui a de larges pommettes et des creux forts qui les entourent.

• Il est **tonique**

• Il n'a pas de **capiton**

• **Le nez et son rapport au cadre**
Le nez est fin, étroit avec des narines très découpées, souvent elles sont collées et très fines.

Yehudi Menuhin

Cette *Rétraction* de l'*Étage affectif* donne un aspect froid et sec, comme si le *Rétracté* était desséché et manquait de sentiments.

Or, Rétraction ne veut pas dire «manque de» mais «difficulté à» et expansion dans un milieu électif.

Donc, le Rétracté est un introverti qui a une vie sentimentale difficile et compliquée, qui lui pose beaucoup de problèmes, mais qui aime et a besoin d'amour comme tout le monde. Il a du mal à l'exprimer et à le vivre.

La sensibilité de défense est toujours en alerte dans le contact avec le milieu, la personne ne sait pas se mettre en valeur, a une attitude très réservée, froide et distante, souvent maladroite.

Il a besoin d'emprise permanente sur la réalité en ayant peur de «se laisser faire».

Les rapports affectifs sont un peu brutaux. Il n'y a pas de souplesse mais au contraire beaucoup d'exigence.

Les contacts sont extrêmement électifs, la sensibilité est exacerbée.

Il va donc rechercher le raffinement, la qualité, ce qui est sensible et fin, et fuir tout ce qui est grossier ou lourd et il va se fermer à tous les contacts susceptibles de le faire souffrir.

David Bowie.

---

c – Étage instinctif

• *Cadre*

La mâchoire est étroite, faible, légèrement en retrait par rapport à la ligne du profil.

Le contact est souvent si électif qu'à la limite, le Rétracté ne se sent bien qu'avec lui-même, à revivre des moments heureux dont il n'a pas apprécié le bonheur sur le moment.

Il marquera son affection par des attentions raffinées et subtiles plutôt que par des baisers ou des câlins.

De par sa *Rétraction*, de toute façon, même le bonheur le fatigue. C'est-à-dire que quand tout est proche de la **perfection** qu'il recherche, il a besoin de moments d'*introversion* pour se reposer puisque l'*extraversion* épuise vite son potentiel d'ouverture.

Quand la *Rétraction* est trop forte, le *Rétracté* est si centré sur lui-même qu'il développe une structure «*narcissique*» où il devient l'objet unique de son intérêt.

Il doit donc se «mettre en scène» pour justifier sans cesse l'adoration qu'il se porte (car il n'a pas trouvé de personne aimante pour recevoir cet amour dans sa toute petite enfance, et cette «disponibilité» d'amour, par manque d'objet extérieur à aimer, revient en ricochet sur lui-même).

Il prend des «airs grandioses» comme le décrivait Maupassant*, et se sent très supérieur à la foule qu'il méprise. Cette attitude, due à ce qui est devenu une incapacité à communiquer, est très douloureuse.

Hervé Bazin qui a de fortes *Rétractions* à l'*Étage affectif* sur un *Cadre* pourtant *dilaté* décrivait qu'il n'y avait rien de plus douloureux que d'être «ignifugé» contre l'amour.

Les intérêts pour ce qui est concret, naturel, corporel, sensuel sont très secondaires. Ils seraient même considérés comme suspects. Il est puritain et très ascète.

• Il n'y a pas de **Rétraction latérale**

• La **Rétraction frontale** se confond avec la *Rétraction*.

• *Modelé*
  Sec
  Plat
  Sans capiton

• **La bouche et son rapport au cadre**
La bouche est petite, fine, encavée

---

7. Synthèse

Les tendances que nous avons décrites avec le *Rétracté* ne peuvent toutes appartenir au même homme : à ce point de *Rétraction*, il n'y a plus de vie possible. Il faut se servir de ce chapitre en sachant que, dans un visage plus contrasté, un *Étage* en *Rétraction* va apporter à la personnalité ses qualités d'introversion, de sensibilité, de sélectivité, de gestion parcimonieuse de sa vitalité et ses problèmes de communication, de complication et de susceptibilité.

Il n'a pas la volonté d'entreprendre, d'aller de l'avant, mais celle de **résister** et de ne se laisser faire ni par les autres ni par ses propres besoins.

Cela le rend assez **défaitiste**. Il est **maladroit** dans la réalisation et dans ce qui est manuel. Par contre, il est très **minutieux**, scrupuleux dans les tâches qu'il sait faire.

Il n'y a pas de rondeur dans le geste. Les choses ne passent pas en souplesse et posent problème. La sensualité est réduite au minimum, en général, le *Rétracté* n'aime pas toucher et le contact physique lui répugne, sauf dans des conditions d'extrême électivité et pas trop longtemps.

Il s'agit d'un filtre extrêmement sélectif. La nourriture est choisie en fonction de critères très précis et est souvent le sujet de préoccupations très fortes.

L'instinct de possession est important mais pas du tout dans le sens du *Dilaté* qui voulait posséder pour montrer « sa surface sociale » (lui c'est **pour « ne pas manquer »**). L'angoisse de manquer, en effet, le tenaille. C'est pour cela qu'il va faire des provisions de façon à ne jamais être pris de court. Il est aussi **avare** de ce qu'il possède et, telle la Fourmi de La Fontaine, n'est pas partageur. Il ne comprend pas que les autres ne prennent pas les mêmes précautions que lui.

Il est un très bon **gestionnaire** de ses avoirs et de sa santé.

« La zone la plus *rétractée* est une zone de perception aiguë du réel et de conscience de soi, et tout en même temps une zone de fatigabilité qui, lorsqu'il y a surmenage général est celle qui accuse le plus nettement la fatigue » (Dr Corman).

Il faut toujours laisser un plus Rétracté que soi gérer la distance à laquelle il veut maintenir la relation puisqu'un élan de la part d'un plus *Dilaté* est interprété comme un envahissement, une atteinte à son indépendance. Par contre, quand il est avec quelqu'un qui le respecte, alors le *Rétracté* peut se réchauffer à un feu plus *dilaté* et faire preuve de toute la sensibilité, de la délicatesse, de l'aristocratie de pensée, de sentiments et d'intentions dont il est capable.

Comme nous l'avons fait au chapitre précédent, en guise de synthèse, nous allons vous raconter l'histoire d'une *Rétractée* un peu caricaturale.

---

7. Synthèse : Mlle Tanvier

Mlle Tanvier est maintenant à la retraite. Elle avait régné sur la petite poste du village pendant près de quarante ans. Et le village avait encore du mal à se remettre de la terreur qu'elle y avait instaurée. En fait, sans que l'on en soit jamais sûr, elle avait tissé un réseau de surveillance sur les habitants du village dont elle s'était instauré le Grand Inquisiteur, veillant avec un soin jaloux à leur bonne moralité. Elle savait qui écrivait à qui, et jusque dans les années soixante-dix, qui téléphonait à qui.

Maintenant, sa vie solitaire et étriquée tourne autour de l'envie et de la mesquinerie. Elle en veut, comme s'ils l'avaient fait exprès pour l'embêter, à tous ceux qui ont un peu de beauté ou de joie de vivre en eux.

Il ne faut pas non plus oublier que la *Rétraction* a été engendrée par la souffrance et le manque d'amour, que les blessures sont profondes et marquées dans la chair, ou même dans l'os, de façon indélébile. C'est une raison supplémentaire pour respecter le mode de vie que le *Rétracté* s'est façonné pour survivre dans un monde qui ne lui a pas fait de cadeaux et qui continue de le menacer.

Il faut dire que Mlle Tanvier, avec sa face sèche et son corps plat, ses petits yeux noirs qui vous transpercent de dureté, sa bouche serrée et son nez fin et crochu, n'est pas vraiment attirante pour les paysans des alentours. Eux qui aiment plutôt les «belles» femmes, solides et plantureuses, qui font de bonnes compagnes dures à la tâche et de bonnes mères de famille.

Quand elle était jeune et que l'on aimait plus la plaisanterie, ils lui en avaient montées quelques-unes de splendides, qu'ils racontent encore avec des larmes de rire au coin des yeux.

Justement, lorsqu'elle était jeune et nouvelle arrivée au village, avant la guerre, elle rêvait d'épouser le fils d'un riche fermier qui avait fait des études et qui lui parlait gentiment. Tout le village l'avait remarqué et les réflexions perfides, quand il avait épousé une fille «qui avait du bien», l'avaient définitivement enfoncée dans sa coquille et le ressentiment.

Depuis, tous les matins, elle se réveille la bouche et le regard mauvais, en se demandant qui va payer à son tour.

III

Avancer : la Rétraction latérale

• *Portraits*

Dominique ne vit que pour le ski. Elle a appris à skier à peine savait-elle marcher. Née dans une petite station savoyarde, sa fureur de skier, toute petite, en avait fait la mascotte du village et aussi la plus douée de sa génération. La plus douée du village ne fut cependant pas choisie dans l'équipe régionale : trop indisciplinée, trop casse-cou ; alors elle est devenue monitrice de ski. Elle emmène les bons skieurs dévaler les pentes. On lui a confié une fois des débutants et, devant l'hécatombe, personne n'y resongera jamais plus.

Sa voix franche et rieuse met tout le monde de bonne humeur, elle se lance dans la pente et on suit. Si quelqu'un tombe, elle rit et continue. Elle est appréciée par ses collègues car c'est une bonne camarade qui ne fait ni chichis, ni histoires. On ne l'a jamais vue en jupe mais en montagne c'est, de toute façon, une tenue rare. Sa vie est simple et saine, elle aime être dehors par tous les temps, jouir du vent, de la pente et de ses muscles jusqu'au soir, être entourée de copains aussi sportifs qu'elle, auxquels on lance des défis sportifs ou avec qui on monte des canulars pour faire bouger et rire la station.

Jimmy n'a jamais pu se fixer. Aucune femme, aucun travail n'ont pu lui ôter ce désir au ventre d'aller plus loin, ailleurs. Griserie d'être sur la route, que des choses arrivent, chaque jour différentes. Voir de nouveaux paysages, rencontrer de nouvelles personnes. S'arrêter le temps d'aimer une belle, de faire un petit boulot. Jimmy a plein de « plans » de ces petits boulots qui peuvent gonfler rapidement ses poches et lui permettre de tenir jusqu'au prochain emploi.

De toute façon ses besoins sont tellement minimes qu'il voyage très léger. C'est un félin, un prédateur, ce qu'il possède c'est son sourire, sa débrouillardise en toutes circonstances, et un formidable capital sympathie qui attire les enfants et les adolescents, et fait peur à leurs parents qui craignent que cette instabilité ne «déteigne». Il effleure légèrement la surface du globe, sa trace se referme derrière lui, comme le sillage d'un bateau.

Gilles est ingénieur pétrolier sur le terrain, à l'étranger, depuis vingt ans. C'est très rare. Ce sont des missions que l'on confie en général à de jeunes ingénieurs à peine sortis de l'école, que l'on peut envoyer se dessécher dans les déserts, se faire dévorer par les insectes des forêts vierges et qui en ont rapidement «plein les bottes» et désirent revenir à la civilisation.

Mais Gilles, lui, est heureux dans ces conditions difficiles. Il y exorcise une sorte de rage contre l'humanité et se bat contre les instruments et les conditions parfois incroyables de la recherche pétrolière. Réussir, trouver du pétrole, installer un puits expérimental dans des conditions héroïques sont les satisfactions de sa vie. Il est entouré par des hommes énergiques, des «locaux», durs comme lui à la tâche, mettant leur énergie dans la lutte contre les éléments et les difficultés du travail plutôt que les échanges mondains. Leurs rapports sont assez brutaux mais faits d'une estime réciproque pour la résistance physique et morale qu'ils déploient.

Janie est spéléologue, extrêmement menue et fine. Elle a pourtant une résistance et un courage physique extraordinaires. Sa vie, c'est préparer des expéditions, trouver de l'argent pour réunir le matériel, ne rêver qu'à ça, et puis vivre ces descentes dans le ventre de la Terre complètement, chaque cellule de son être absolument là, présente à la prise, à la difficulté.

C'est cette tension totale et la focalisation de toute son énergie et de son intelligence autant physique que mentale sur l'instant précis qui sont sa drogue et son plaisir.

Le « truc » de Marc c'est la moto. Elle hante ses rêves. Sa vie est au service de la moto, des échappées pendant les fins de semaine où l'on traverse la campagne le plus vite possible avec la bande de copains. Le vent qui vous fouette, les bras de la copine autour de la taille et surtout cette puissance incroyable entre ses jambes, le rugissement sensuel de la moto qui vous remplit les oreilles et ne laisse de place pour aucune autre pensée.

Pendant la semaine, la vie de Marc est terne, il fait un travail en usine, abrutissant. Il habite toujours chez ses parents car la totalité de son salaire passe dans les traites de la moto, les assurances, les gadgets indispensables et le petit budget week-end. Il n'y a plus de place pour aucune sortie autre que celle, chiche, du dimanche. Pas de place non plus pour un projet professionnel plus satisfaisant. Le dieu Kawasaki est un dieu jaloux qui possède littéralement la vie de Marc, réinventant une nouvelle forme d'esclavage consentant.

«Nougat» est irrésistible, il entre dans une pièce et déjà son seul air ahuri et sa façon de se tenir vous donnent le fou rire. On ne sait pas comment il fait, car il ne le fait pas exprès, mais il se prend les pieds dans le tapis, les doigts dans la porte et tous les soirs, au cabaret où il passe, la tarte à la crème sur la figure.

Pourtant dans sa tête, Lucien (c'est son vrai nom) est un preux chevalier. Il sauve les belles princesses, trouve le Saint Graal et la recette de la paix universelle.

À l'école déjà, il était moitié la coqueluche, moitié le souffre-douleur. Cela avait commencé par la diction bégayante des leçons qu'il récitait, en tirant sur les fils de son pull, qu'il dévidait consciencieusement ; et puis les fleurs qu'il avait amenées pour la jolie institutrice et qu'il avait tellement tripotées en allant les lui porter qu'elles étaient chauves quand elle prit le bouquet ; sans parler du magnifique but marqué contre son équipe au collège...

De ce cauchemar permanent, il avait fait une arme – les filles craquaient de rire pour lui – puis un métier, car tout ce qu'il avait essayé de faire d'autre s'était terminé en pièce burlesque.

• *Correspondances*

Nos personnages ont tous en commun : l'amour de l'action pour l'action ; ils sont éminemment vivants, dynamiques, pleins de fougue, toujours en mouvement, donnant raison au proverbe gitan : « Chaque goutte de sueur qui tombe au même endroit creuse ta tombe. »

Il y a évidemment des différences. Dominique et Gilles ont un *cadre* très large, Jimmy et Marc sont plus étroits, Janie est très mince, quand à Nougat, il est beaucoup plus long, son *modelé* et ses yeux sont atones comme Woody Allen ou Rufus.

• *Genèse de la Rétraction latérale*

Reprenons l'exemple de notre petit bébé dont l'entourage satisfait tous les besoins. Il est dans une phase relativement passive de son développement, puisqu'il est impuissant à satisfaire ses propres besoins. Il ne peut que pleurer son désespoir d'être seul ou sa colère s'il est gêné par un phénomène physiologique (faim, mal au ventre, aux fesses qui sont mouillées). Mais dans son évolution vers l'autonomie, chaque jour, sa vitalité et sa mobilité vont s'accroître. L'enfant va tendre la main pour attraper le jouet de couleur suspendu au-dessus de son berceau. Il va ramper, puis marcher à quatre pattes : sa motricité se développe. Pour pouvoir se mouvoir, il faut avoir des muscles, et il faut qu'ils soient bien oxygénés. Si vous avez repris une activité sportive après une longue coupure, vous avez dû remarquer que c'était d'abord le souffle qui vous manquait, avec de l'entraînement, ce souffle « revient », c'est-à-dire que la cage thoracique se développe, et les muscles, alors bien oxygénés, peuvent se développer aussi.

De même chez le bébé, la cage thoracique, le système respiratoire et la musculature vont prendre de l'ampleur. Le corps va changer assez rapidement. Les membres vont s'allonger, la poitrine et les épaules s'élargir.

C'est pour cela que le Dr Corman a

appelé cette modification: *Rétraction latérale*, puisque l'on a l'impression que les côtés (latéral) du visage ont été aplatis.

Si vous aviez à modeler un *Rétracté latéral* en terre glaise, il suffirait de partir d'une boule toute ronde de *Dilaté*, et de presser sur les côtés du visage, il s'allongerait légèrement, mais surtout la masse du crâne jaillirait sur l'avant, c'est de la mécanique des fluides !

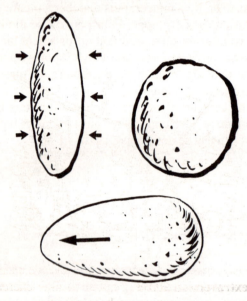

Vu de profil, on a l'impression d'une projection dynamisante, qui déplace toute la masse du crâne (qui était répartie autant en avant qu'en arrière des oreilles) en avant de ces oreilles dans un mouvement aérodynamique. Il y a saillie d'un museau, et c'est un processus que l'on retrouve chez tous les animaux: au cours de leur évolution vers la forme adulte, on voit leur visage assez aplati de profil, s'allonger en museau.

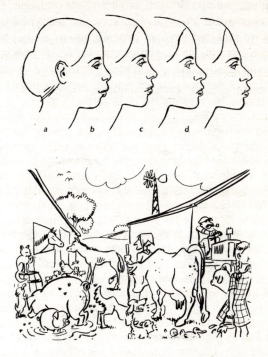

Le visage passe d'une extraversion passive, réceptive, à une **extraversion active** : l'enfant va aller chercher ce qu'il veut pour ses propres besoins, par ses propres moyens. Au lieu de pleurer dans sa solitude, on va chercher Maman, on la suit partout. Au lieu de laisser faire pour soi, on fait tout seul : d'ailleurs, à cet âge (vers 18 mois), les enfants répètent « **tout seul** » avec beaucoup de force et de conviction ; **cette autonomie, ils l'exigent**.

Et si le milieu le permet et l'encourage, le travail de projection dynamisante, donc d'évolution vers l'activité autonome, va prendre son maximum d'expansion.

Par contre, si, pour une raison ou une autre (mère qui supporte mal que l'enfant dépende moins d'elle, habitudes culturelles de langer les enfants, de les laisser sur le dos ou attachés sur une chaise), l'enfant voit sa liberté d'action et de mouvement bridée, son dynamisme ne sera jamais aussi grand qu'il aurait pu l'être.

Il est intéressant de remarquer que les enfants que l'on couche sur le ventre, alors que les os du crâne sont très malléables et s'aplatissent donc sur les côtés, prennent très rapidement une forme Rétractée latérale. Ces enfants, expérimentant ainsi le bien-fondé du principe de la Morphopsychologie, sont beaucoup plus actifs et « débrouillés » que les enfants toujours couchés sur le dos. Ils lèvent leur tête beaucoup plus vite, se déplacent en rampant dès les premiers jours et sont plus précoces pour marcher à quatre pattes et se lancer dans l'aventure de la vie. Pour cela, il faut évidemment que leur impétuosité ne leur ait pas fait rencontrer d'obstacles trop dangereux. À cet âge, l'enfant ne fait pas encore attention à sa propre sécurité : c'est un « Dilaté aérodynamique » qui n'a pas de signes de Rétraction frontale qui lui donneraient la vigilance et la prudence nécessaire pour assurer sa propre sécurité.

Il faut donc que ses parents aménagent son territoire d'exploration de façon à ce qu'il puisse le faire en toute sécurité.

Ensuite, plus l'enfant va grandir, plus son «entraînement» physique va s'accentuer. Dans les sociétés nomades comme les Indiens d'Amérique du Nord ou chez les Gitans, cette activité est très valorisée. On apprend aux enfants à se débrouiller seuls le plus possible, à faire comme les chasseurs, reconnaître une piste, courir vite, grimper aux arbres, se conduire avec l'instinct d'un animal sauvage malin. Par exemple, dans la Grèce antique, les petits Spartiates, lorsqu'ils avaient survécu à l'exposition[1], étaient entraînés très tôt à se débrouiller seuls et même à chaparder pour assurer leur propre subsistance, la seule condition étant de ne pas se faire prendre, ce qui aurait été la suprême humiliation.

La dynamisation va culminer à l'adolescence, où le profil va acquérir le maximum de ses possibilités de projection avec la croissance des *sinus frontaux* qui vont donner son obliquité au front.

Cette croissance est en général plus remarquable chez les garçons que chez les filles. Elle constitue un **caractère sexuel secondaire**. D'ailleurs, les os du crâne masculin sont beaucoup plus épais que ceux du crâne féminin, c'est à cette caractéristique que les ethnologues reconnaissent le sexe de très anciens habitants de la Terre, comme la petite Lucie (découverte française dans la vallée de l'Homo).

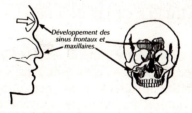
Développement des sinus frontaux et maxillaires.

---

1. Les Spartiates ne voulant avoir que des enfants extrêmement solides les exposaient nus, à leur naissance, trois jours sur un rocher en plein vent, soleil ou pluie et n'étaient élevés que ceux qui survivaient.

Si nous détaillons maintenant notre «*Dynamique*» pur: il a toujours l'expansivité, la «santé» du *Dilaté*, mais la puissance de sa vitalité, qui s'exerçait tous azimuts, est maintenant au service de l'action, focalisée vers l'avant, le futur.

1. Cadre

Son visage est donc plus étroit, un peu plus long, c'est au niveau des pommettes qu'il est le plus large. Il est hexagonal, mais les joues se sont aplaties ainsi que les tempes.

Le visage un peu plus **long du Rétracté latéral** le projette dans le besoin de se mouvoir alors que celui plus **compact du Dilaté sthénique** l'incite plutôt à «faire utile», construire sur place plutôt qu'à dilapider son énergie en mouvements.

2. Le Modelé et les Récepteurs

Le *Modelé* s'est affirmé, il est très *tonique* maintenant, et de forme *plate*, c'est-à-dire que par ces méplats la sensibilité de défense a été alertée. La défense du *Rétracté latéral* étant la fuite en avant, mais toujours avec l'instinct de l'animal sauvage, qui sait brouiller ses pistes. Ailleurs, l'herbe est toujours plus verte. C'est aussi d'en faire toujours plus, parfois trop.

Gérard Depardieu.

De profil, la masse du visage est projetée en avant, laissant derrière les oreilles un crâne assez plat : les oreilles ont suivi le mouvement et sont obliques. Le nez et le menton sont projetés en avant et tous les *Récepteurs*, tendus pour l'action, frémissants de désir, sont relevés de façon *tonique* et sont légèrement obliques dans le sens remontant. Les yeux et les sourcils remontent dans un regard ardent. Les narines sont obliques et semblent humer avec délice les grands espaces comme les naseaux d'un coursier, ou une proie alléchante comme un prédateur. La bouche s'étire dans un sourire de plaisir ; comme pour le *Dilaté* dont il partage le manque de retenue, les *Récepteurs* sont toujours sur des *saillants*. C'est-à-dire que le « petit visage » est projeté vers l'extérieur » (Dr Corman, voir p. 57).

Général Custer.

Son **corps** va être long et musclé, avec des épaules larges et des hanches minces, l'allure nonchalante du cow-boy qui en a vu d'autres.

Il a le pas souple et délié du félin.

« Souple et délié », Fred Astaire.

3. COMPORTEMENT INSTINCTIF-ACTIF

Si vous rencontrez un «*Dynamique*» qui a tous ces signes, sans aucune marque de contrôle, vous verrez passer une tornade et il faudrait que vous ayez un rythme aussi rapide que lui pour avoir une chance de l'observer.

Cet être actif n'a pas besoin de posséder comme le *Dilaté*, qui s'identifiait d'ailleurs à ce qu'il possédait. Il veut être dans le «faire», dans le **désir**, et s'identifiera plutôt à ses actions et ses exploits parfois un peu «arrangés».

Sur le plan de son comportement, c'est un être impétueux et **impulsif**, très impulsif même, qui se conduit comme un cheval sauvage, ivre de sa liberté, du mouvement, de faire jouer ses muscles de la façon la plus ample possible. Il y a une urgence interne qui le pousse à toujours aller plus loin, plus vite. Il a besoin de difficultés pour vivre pleinement, de **se confronter aux éléments**, aux autres. «Les influences du milieu sont pour lui des excitants» (Dr Corman). Il aime la **compétition**, le **défi**. Il prend des **initiatives**, il a l'esprit d'entreprise. Il a besoin d'avoir toujours une encolure d'avance sur ses concurrents. Il veut toujours être le premier, le chef. C'est un bagarreur, qui aime prendre des risques. Il est plein de joie et d'exubérance, et garde toujours sa **jeunesse de cœur et d'esprit**. Il aime ce qui est nouveau, en avance sur son temps. Dans sa spécialité, c'est toujours un **innovateur**. Il est très **entier**, ne fait pas de demi-mesure et ses jugements sont à l'emporte-pièce.

Il est, en fait, assez **primaire**. Il aime être avec les autres, mais dans le mouvement. Il a le sens de la camaraderie et de l'entraide. Comme d'Artagnan, *Dyna-*

mique célèbre, c'est «un pour tous, tous pour un». L'intensité de ses instincts, tels ceux d'un cheval fougueux, qui a du sang, ne lui permet aucune prudence. Il monte à l'assaut, **l'esprit héroïque**, au mépris du danger, sans égards pour sa vie, les lents, les mous ou les velléitaires qu'il ne tolère pas. Et, comme un capitaine courageux, ce bouillant Achille, pétri de récits héroïques, du temps de la chevalerie ou du western, pourfend les lâches, défend la veuve et l'orphelin, sauve les princesses captives, cherche une cause à défendre dans laquelle il puisse s'investir totalement sans se poser de questions.

Pétri de récits héroïques.

C'est la tête brûlée qui monte à l'assaut, sans faire attention à sa sécurité. C'est un héros, et comme dans les récits épiques de son enfance, les héros ne meurent jamais. Il a encore la **pensée magique de l'enfance**.

Il se meut dans le réel, qu'il veut voir à sa façon, comme quelque chose en perpétuelle transformation, où il existe encore de grands espaces à conquérir. Il est Christophe Colomb, Marco Polo et Gengis Khan. Et dans son imaginaire, il est déjà le **conquérant** des espaces intergalactiques. Si l'on cherche à le retenir, le fixer, lui imposer une routine ou une vie monotone sans aventures, il cherchera très vite le **salut dans la fuite**. Pour se reposer, il fera du sport ou changera d'activité, mais si on l'obligeait à se reposer sur une chaise longue, sans bouger, c'est là qu'il fatiguerait vraiment. On est si bien dans la tempête, bravant les vagues et les vents déchaînés ; on aura tant de choses à raconter en revenant au port, et on n'hésitera d'ailleurs pas à se faire un peu « mousser », les événements seront tellement plus savoureux à écouter. C'est comme cela que naissent les contes héroïques. Qu'est-il vraiment arrivé à Ulysse ou à Roland de Roncevaux ?

Conquérant des grands espaces.

Cet **être de mouvement** est évidemment un grand **sportif**. Il aime la camaraderie qui naît dans un jeu d'équipe. Il aime la franche et saine **bagarre**, la joute, comme au Moyen Âge. Pour paraphraser Claude Nougaro « même les mémés aiment la castagne » ! Quand ce sont des *Rétractées latérales* que la vie n'a pas assagies, « de vieilles dames indignes » bien sympathiques.

C'est un bon meneur de jeux et un meneur d'hommes, si l'on entend par là qu'il s'élance au-devant d'eux, les stimule par son exemple de **bravoure** et de **loyauté** : « Qui m'aime me suive ! » Il sera toujours le premier à aller de l'avant, le dernier à revenir. C'est lui qui ira rechercher ses camarades en difficulté sans mesurer ses efforts, sans tenir compte du danger. Il est « sport », « fair-play » et chevaleresque.

Il est **franc**, direct et sans détour. Il vous regarde bien au fond des yeux en vous donnant une poignée de main vigoureuse. Il vous dira franchement et sans détour si vous lui plaisez ou non. Et si c'est oui ce sera très démonstratif ; par son *expansion affective*, il a **bon cœur** et sa **loyauté** en fait un ami sûr (ne vous mettez tout de même pas en compétition avec lui). Les sociétés qu'il fréquente sont composées de gens qui lui ressemblent, font la même activité que lui et avec lesquels il peut échanger des récits d'exploits pittoresques qui le mettront en valeur et flatteront sa vanité, car il tient très fort à la considération de ses pairs. C'est d'eux qu'il tire son estime de lui-même, et évidemment s'il déméritait, son image s'écroulerait.

Gregory Peck, qui a toujours cherché dans ses rôles à donner une image de courage et de droiture.

Ce n'est pas un être qui réfléchit. Il se laisse guider par son **instinct** qu'il a aiguisé, comme un chien de chasse et qui ne le déçoit pas. Il a le geste sûr, il **impro-**

vise et c'est là qu'il est le meilleur. D'ailleurs, il trouve des solutions intelligentes dans le feu de l'action alors qu'il s'empêtre et devient maladroit si l'on ralentit son rythme, si on lui demande de réfléchir à ce qu'il est en train de faire. Alors qu'il est précis et adroit au premier jet, il manque le second quand il s'applique. Il aime faire vite et bien mais il se contente le plus souvent de l'à-peu-près.

Cependant, il n'a pas beaucoup de patience. Il manque de continuité dans l'effort. Il lance des actions et **le suivi le lasse**. Il a besoin de quelqu'un de moins dynamique à ses côtés, qui le «leste», assure le suivi de ce qu'il a entrepris souvent un peu trop vite, sans même vérifier si l'intendance suivrait. Il ne supporte pas l'inertie, les espaces fermés, l'inaction. **Sortir un Rétracté latéral du mouvement c'est sortir un poisson de l'eau**.

Il est **indépendant** comme un cheval qui a besoin de grands espaces pour pouvoir galoper librement, sans qu'aucun lien ne bride sa course. Mais ce n'est pas l'indépendance de la personne qui ne dépend que d'elle-même sur tous les plans. Alors il revient vers l'écurie au moment de la faim, de la tendresse, du désir ou de la fatigue: «c'est l'heure où les lions vont boire» (Catherine Lara). Et si le point d'eau a fini par se dessécher dans l'attente de l'éternel voyageur, eh bien! on retrouvera de l'eau ailleurs, et en avant pour de nouvelles aventures!

Sa **sexualité** est à l'image du reste de son comportement, tendre, mais pas longtemps, impétueuse et rapide, ne s'embarrassant pas de chichis, l'autre devant se contenter de l'honneur d'avoir été élu. Évidemment, toute complication ou reddition trop rapide aura tendance à lui couper ses moyens. Son partenaire doit aimer les hussards ou les Dianes chasseresses. Il est **directif**, là aussi, c'est une sexualité d'**emprise** sur l'autre. Il prend son plaisir sans trop se préoccuper de l'autre et de ses états d'âme, mais il sera sincèrement désolé d'apprendre que l'autre n'a pas éprouvé la même chose que lui. Il ne pensera même pas que c'est possible, puisque si c'est bon pour lui, c'est forcément bon pour l'autre. Ainsi, ce violeur explique très tranquillement au juge, très sincèrement, que sa victime a eu bien de la chance de rencontrer un homme tel que lui et que si elle n'ose pas l'avouer, cependant elle était bien contente. Coluche a fait un sketch sordide sur ce sujet.

Il a aussi une mentalité de « chien-loup » comme le décrit Konrad Lorentz* dans son livre sur la rencontre de l'Homme et du chien, par rapport au chien-chacal qui a plié l'échine. C'est-à-dire qu'il reconnaît la loi du plus fort, du plus courageux ou du plus malin, et que dans ces conditions il acceptera de suivre le « chef de meute », mais toujours prêt à remettre son autorité en question. En fait, il vit dans une hiérarchie animale, en perpétuelle mouvance, car les défis à l'échelon supérieur sont incessants. Il cherche toujours à s'élever, à prouver sa bravoure, sa force, qu'il est le plus « macho ».

4. COMPORTEMENT AFFECTIF

Sur le plan affectif, c'est certes un grand **sentimental** (ne pas oublier que, par l'expansion prépondérante de l'étage médian, c'est une *expansion affective*), mais ce n'est plus un sentimental réceptif comme le *Dilaté* (celui-ci avait besoin qu'on le prenne dans les bras, le

Rétracté latéral, lui, veut que ce soit lui qui prenne dans ses bras et quand c'est lui qui le décide). Par la *projection dynamisante* de cet étage et du reste du visage, son affectivité est assez conquérante.

C'est d'ailleurs un vocabulaire guerrier, très XVIIIe siècle, qu'il va employer à propos de ses conquêtes : il va faire le siège, monter à l'assaut, prendre la forteresse, réduire la place, « le seul montagnard de tes Monts-Blancs » (Julien Clerc).

Ce qui lui importe c'est de **désirer**, d'avoir à **conquérir**. La conquête effectuée, celle-ci perd de son prix. Quand on a conquis, de haute lutte, la main de la princesse lointaine, être heureux et avoir beaucoup d'enfants n'est pas vraiment exaltant, on préfère repartir pour de nouvelles croisades.

De même, quand la dame a trouvé son Prince charmant, s'il devient « pantoufles et pot-au-feu », il perdra vite de son attrait et la dame se demandera bien ce qu'elle avait pu lui trouver, lorsqu'il était inaccessible. Sans doute le fait, justement, d'être inaccessible. « Si je ne t'ai pas, je te veux, si je t'ai, tu ne m'intéresses plus. »

Son **adaptation facile**, dans un milieu dynamique, se fait grosso modo, quand il se sent mal à l'aise. Il ne cherche pas à améliorer la situation, il s'en va : « Si tu n'es pas contente, je change de crèmerie. » Il émet, déclare sa flamme, sans vraiment tenir compte de l'entourage et de ses réactions. Il s'exprime, il n'écoute pas.

Alors, évidemment, ils ont une mentalité de **grands adolescents**. Et cette mentalité « tire des bords » entre le louveteau et le légionnaire.

Ils croient bien faire, font trop vite sans vraiment réfléchir aux conséquences de leurs actes. Ils réagissent en tout ou rien : c'est blanc ou noir. On détruit d'abord tout ce qui n'est pas conforme à ce que l'on pense être la justice et la générosité. Et comme l'on n'est plus là pour voir les conséquences à long terme de ses actes, on n'apprend pas par ses erreurs et on les recommence éternellement, génération après génération.

« Ariane, ma sœur, de quel amour blessée vous mourûtes aux bords où vous fûtes laissée » Phèdre (Racine).

Il est prisonnier d'images héroïques, n'ayant pas de *Moi*, il s'identifie à des héros, comme un petit garçon qui parade devant sa maman, s'en fait le défenseur et lui est aussi lié que le *Dilaté*.

> Est-ce pour cela que les *peuples des «Longs Nez»*, comme les appelaient les Japonais ou les Indiens qui accueillirent les premiers explorateurs blancs, n'ont eu de cesse de conquérir la terre entière pour diffuser leurs idées, leur religion et leur idéologie, persuadés qu'elles ne pouvaient que faire le bonheur de ceux qui les recevraient, sans jamais écouter ce que les «heureux bénéficiaires» de tant de sollicitude en pensaient?
>
>
> *Cortez*
>
> Sans se demander si le mode de vie qu'ils avaient développé jusque-là n'était pas plus conforme à leur mentalité, leurs conditions de vie ou leur géographie.
> Et ainsi, de la chrétienté à l'islam, de croisades en guerres saintes, du communisme en «American way of life», les «Longs Nez», pleins du prosélytisme ardent des Rétractés latéraux, ont «converti» les peuples, en ne faisant pas vraiment dans la dentelle et la subtilité psychologique.

Plus tard, s'il acquiert un peu de *Rétraction frontale*, il y aura une possibilité de couper le cordon. De même, son perpétuel besoin de dépasser les autres deviendra un besoin de se dépasser lui-même, d'aller toujours plus loin dans son évolution. C'est ce qui le rendra **perfectible**.

5. Comportement cérébral

Sur le plan intellectuel, c'est donc un être d'instinct et de flair, plus que d'intuition (le **flair** est sensoriel et correspond bien au *Rétracté latéral* aux *Récepteurs* charnus, alors que l'intuition serait plus mentale, dans la *Dilatation* ronde d'un front lisse et réceptif), aux décisions rapides sans réflexion préalable.

La pensée est rapide, active et primesautière (qui prend sa résolution du premier mouvement, sans délibération), c'est un **improvisateur**. «J'ai un esprit primesautier ; ce que je ne vois pas de la première charge, je le vois moins en m'obstinant» (Montaigne). Il agit par tâtonnements, par **essais et erreurs**[1]. C'est l'intelligence, dont on se sert tous les jours, qui vous fait exécuter les tâches quotidiennes sans trop y réfléchir, qui donne le bon réflexe, au bon moment. C'est ce que l'on appelle l'**intelligence sensori-motrice**. Les *bosses sus-orbitaires* qu'il semble avoir héritées des grands singes, dont il descendrait un peu vite, lui donnent l'intelligence pratique et l'**odorat qui est le sens le plus utilisé par le** *Rétracté latéral*. Ces bosses lui donnent aussi un sens très aigu de l'observation, elle est vitale, par intérêt et par plaisir. Sa pensée est **positive** et il voit les choses du bon côté. Le *Dilaté* se laissait impressionner par les informations comme une pellicule photographique par la lumière. Le dynamique, devenant actif, devient **curieux**. Il recherche les informations, si celles-ci sont utiles à son action. Ses **jugements sont tranchés** et sans nuances. Il généralise hâtivement, surtout si cela l'arrange dans ses besoins de justicier au grand cœur.

---

1. Les animaux sauvages aussi ; avez-vous déjà vu une bande de loups, dans un film ou à la télévision, attaquer une grande proie, la tactique extraordinaire qu'ils ont mise au point, la louve qui fait semblant d'être blessée pour attirer la proie vers un piège où cette dernière va se précipiter et être dévorée.

Il est **ingénieux** et **débrouillard**, il ne s'embarrasse pas de logique. Aussi arrivera-t-il toujours à « bricoler » pour réparer un outil de travail avec ce qu'il a sous la main, le résultat étant souvent assez pittoresque et la solution « peu élégante ». Mais il n'en à rien à faire du moment que c'est efficace. Il pourra aussi donner un coup de pied dedans, ce qui d'une façon fort peu logique réussit souvent à remettre en marche un appareil électrique récalcitrant.

Il ne marque aucun intérêt pour l'abstraction, la méthode ou le raisonnement.

Le **Rétracté latéral jalon**, caricatural donc, possède un front oblique et relativement court. La *Zone imaginative* n'est pas particulièrement développée, ce qui ne veut pas dire qu'il n'a pas d'Imagination mais que celle-ci est au service de la **Zone d'Observation, Zone de l'Intelligence pratique.**

L'imagination en prison

C'est-à-dire, pour vous donner un exemple de différence entre deux Dynamiques enfermés dans une prison, dont l'un aurait un front court et l'autre une Zone imaginative développée. Ce dernier, pour échapper au sordide de sa situation de prisonnier, rêverait qu'il est libre, à toutes les choses merveilleuses qu'il pourrait faire en liberté ; sa Zone imaginative lui servirait de zone de refuge.

Le premier, lui, se servirait de son imagination pratique pour bien rester dans la réalité et construire un plan d'évasion.

Quand la *Zone imaginative* est développée, cela va poser des problèmes de dispersion. En effet, le *Rétracté latéral* déborde de projets dont il ne pourra jamais réaliser le quart et cela lui cause évidemment une insatisfaction.

Demandez à un *Dynamique* s'il est content de sa journée, il vous répondra toujours qu'il est très mécontent, qu'il n'a rien fait. Et alors de vous énumérer une liste ahurissante des actions qu'il a menées dans cette journée, sans jamais s'arrêter une seconde. Et ce n'est rien à côté de ce qu'il voulait faire ! Que les journées n'aient que 24 heures est une offense personnelle faite par le Créateur à tous les *Rétractés latéraux*.

Il partage avec le *Dilaté* cette absence de *Moi* (sensation d'avoir un juge intérieur qui décide de ce qui est bon ou non pour nous en tenant compte de la réalité extérieure à laquelle il permet une adaptation ; plus le Moi est solide plus c'est notre propre jugement sur nous-même qui nous importe. Comme on le verra plus tard, il naît avec la Rétraction frontale) qui le rend très dépendant du jugement des autres. Aussi, pour être bien considéré, reconnu, va-t-il **enjoliver** avec son imaginaire ses récits, faire comme Tartarin de Tarascon, ou raconter une histoire de pêche fabuleuse, comme celle de la sardine qui avait bouché le port de Marseille.

S'il lit, c'est assez rare, ce seront des récits d'aventures, des articles sur les exploits d'autres *Rétractés latéraux*. Il aimera les épopées, les contes mythiques, la science-fiction, ce que l'on appelle l'« heroic fantasy », et qui raconte des récits chevaleresques et légendaires de guerre des étoiles et de pouvoirs mystérieux.

Mais le *Rétracté latéral* pur n'a pas vraiment le temps ni l'envie de lire, il a trop à faire.

Dans une interview, Florence Arthaud, la navigatrice solitaire, me déclarait : « Je déteste lire, je ne sais pas pourquoi, mais je déteste lire. Ainsi je n'ai jamais lu de livres sur la navigation, ni sur les aventures des autres navigateurs ; cela ne m'intéresse pas ; seul m'intéresse ce que moi je fais. »

6. Synthèse : le comportement professionnel

Du point de vue professionnel, c'est plutôt un **homme de terrain**, il a besoin d'espace, de **voyager**, que les tâches se renouvellent rapidement. Dans un bureau, enfermé, englué dans une routine, il dépérit et perd le goût de vivre, ou explose rapidement et part sur un coup de tête. Une profession qui l'amène au **grand air**, dans la **nature** sera toujours la meilleure pour lui. D'ailleurs il sait très jeune où est sa vocation, celle qui, souvent, alliera les grands espaces et la générosité.

Haroun Tazieff, vulcanologue, est un très bon exemple de la vie que désire mener un *Rétracté latéral*.

Dans son travail il va être rapide, bien sûr, mais aussi très directif et **interventionniste**. Il préférera faire le travail à la place d'un collègue un peu plus lent que d'attendre que celui-ci ait fini : « Pousse-toi que je te remplace, tu m'énerves. » Évidemment, ce n'est pas très formateur pour le collègue. Comme disait une de mes élèves : « Pour passer, il vous colle au mur. »

Il ne peut d'ailleurs pas s'empêcher d'intervenir. Il faut que ce soit lui qui « l'ait fait ». Par exemple, un jeune médecin très *Rétracté latéral*, appelé au chevet d'une enfant qui fait une angine, avec une grosse fièvre, voudra la « sauver » immédiatement et lui donnera un traitement massif qui attaque la maladie par tous les bouts. Un médecin plus âgé, peut-être un peu plus *atone*, qui en a vu d'autres, qui sait que les fièvres montent très vite chez l'enfant et que c'est une réaction de défense de l'organisme, recommandera sans doute de surveiller la température de très près, de faire des bains plus frais, pour la faire descendre un peu et dira : « Cela m'embête de la bourrer d'antibiotiques, surveillez-la bien, peut-être demain ira-t-elle mieux. Évidemment si cela s'aggravait, rappelez-moi et à ce moment-là seulement, j'interviendrai. »

Ce médecin sera heureux que l'enfant guérisse toute seule, sans médicaments qui déséquilibreraient ses défenses naturelles, alors que le jeune médecin, a besoin de se dire : « C'est moi qui l'ai sauvée. »

Quand la *Rétraction latérale* est sur un *Cadre rétracté*, la personne est plus légère et plus rapide, mais comme un cheval anglais pur-sang il est aussi plus nerveux, fragile et fatigable. C'est un coureur de cent mètres plutôt qu'un coureur de fond[1]. Il préférera peut-être travailler seul et ne devoir ses résultats qu'à lui-même.

Quand la *Rétraction latérale* est sur un *Cadre dilaté* (ce qui correspond au type Jalon du *Rétracté latéral*, le rythme est un peu plus lent, mais prolonge l'action dans le temps, cela donne du «volant», de la solidité, de la rusticité. Il ressemble à ces chevaux de charge, à ces destriers que l'on voyait charger dans les batailles, lourdement chargés, sur des distances parfois très longues. Il aime travailler en équipe, sentir la solidarité autour de lui.

Je pense qu'après toutes ces comparaisons hippiques, vous avez compris que les *Rétractés latéraux* aimaient les **chevaux**. D'ailleurs si vous voulez faire un effet à bon marché, dites à un *Rétracté latéral* qu'il aime certainement les chevaux, que s'il voulait revivre dans la peau d'un animal, ce serait dans celle d'un cheval. Il vous regardera assurément tout étonné en se demandant comment vous avez deviné : les autres choix étant le plus souvent : la panthère noire, l'aigle ou le chien s'il est libre. Il aime les animaux, recherche leur contact et rêve parfois, quand il est petit, qu'il sera vétérinaire, jockey ou entraîneur, dresseur ou cavalier.

---

1. Au point de vue de l'activité quotidienne, car dans ces deux disciplines sportives, ce sont plutôt les poids légers qui sont des coureurs de fond (moins de masse à véhiculer longtemps) et les coureurs de 100 m qui ont des muscles beaucoup plus lourds, car ils doivent fournir un effort physique violent sur un temps très court et tirer brutalement sur le cœur. Les coureurs de fond ont, eux, un cœur qui bat étonnamment lentement.

Rétracté latéral crétois (1900 av. J.-C.).

En fait il aime tout ce qui est aérodynamique comme lui et qui symbolise la **vitesse** à laquelle il consacre un culte dévoué.

Il adore les voitures de course, les avions et les fusées et peut-être par-dessus tout la moto qui a remplacé dans la pensée des jeunes la mythologie qui entourait le cheval, créant une nouvelle chevalerie.

IV.

Contrôler : la Rétraction frontale

• *Portrait*

Delphine jouait avec un magnifique petit ballon rouge, assise bien droite par terre. Elle le serrait gravement, puis quand le ballon tombait sur le sol, elle allait le chercher en riant de le voir rouler tout seul. Elle le poursuivait à quatre pattes et dès qu'elle le touchait, le ballon fuyait un peu plus loin.

Maman était à côté en conversation avec une amie et sa voix chaleureuse permettait de jouer sans s'occuper d'autre chose. Le salon était plein d'embûches. Il fallait se glisser sous une bergère et on finissait toujours par se cogner contre une table basse formée de deux gros cubes massifs supportant un plateau. On pouvait saisir les bords de ce plateau pour se hisser debout et attraper toutes les choses tentantes qui y étaient disposées.

Justement, le ballon roula de l'autre côté de cette table. Delphine prit la ligne droite pour le rejoindre, ce qui l'amena à se cogner violemment contre le bois. Delphine hurlait de frustration et maman la consola puis lui donna son ballon. Furieuse, Delphine jeta le ballon et se remit en marche pour l'atteindre avec une détermination boudeuse, et se cogna de nouveau dans la table. Sa détresse était différente d'une simple douleur, elle voulait son ballon, **aller le chercher toute seule**, et ne pouvait admettre que cette méchante table ne la laisse pas passer.

Assise par terre devant la table, son ballon de l'autre côté, elle suçait un biscuit consolateur, une grosse larme sur la joue et la poitrine tressautant parfois d'un sanglot.

Elle regardait la table et le ballon. Tout d'un coup son visage s'illumina comme d'une découverte intérieure. Et fermement, sans hésitation, elle fit le tour de la table et saisit son ballon avec des roucoulements de joie. Delphine venait d'inventer le détour.

• *Genèse de la Rétraction frontale*

Nous avons tous vu des enfants avoir ce genre de conduite, peut-être ne les avons-nous jamais admirés à leur juste mesure. La capacité d'arrêter une action, de faire un détour est considérée comme la naissance de l'intelligence, de la réflexion. C'est le point où se fait la différence entre une conduite instinctive poussée par le besoin ou une programmation génétique, et une action adaptée à ce que demande la situation, une action inventée, nouvelle.

Pour réfléchir il faut s'arrêter d'agir et ce n'est pas évident du tout.

Devant un embouteillage, poursuivez-vous votre parcours habituel ou vous rangez-vous avant d'être coincé pour prendre un plan et élaborer une stratégie qui vous fasse parcourir un chemin plus long, peut-être, mais plus rapide et sûr en terme d'efficacité ?

1. Repérer la Rétraction frontale

Revenons à la Morphopsychologie. Comment se voit **la capacité de suspension de l'action** sur un visage et qu'entraîne-t-elle ?

Notre visage d'actif était projeté en avant comme une carlingue fuselée rapide. Le visage contrôlé ressemble à cette même carlingue qui aurait rencontré un mur. À force de se cogner dedans, le visage a appris à regarder devant soi, s'il n'y avait pas d'obstacle à sa précipitation.

Le profil s'est redressé, les yeux, le nez et la bouche se sont abrités dans des creux, même les oreilles ne sont plus obliques mais verticales.

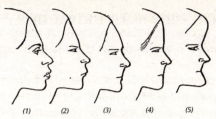

*Progression de la Rétraction latérale
à la Rétraction frontale.*

On appelle ce phénomène la *Rétraction frontale*[1] (pas du front, partie haute du visage mais comme le front d'une vague, d'une armée ; en biologie on parle de coupe frontale, comme si vous tranchiez du pain en partant du croûton).

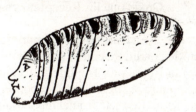

« Coupe frontale »

Front surplombant du bébé

---

1. On trouve souvent le terme de *Rétraction de front*, je ne l'utiliserai pas car il prête à confusion avec la Rétraction du front.

2. Progression de la Rétraction
frontale

Rétraction latérale (1) → tenue (2) → abritement (3) → encavement (4) → surplomb (5) → dessin p. 221.

Repérons maintenant cette *Rétraction frontale* de façon progressive.

D'abord, ce sont les yeux qui s'enfoncent légèrement, les côtés du nez semblent s'aplatir au lieu de se bomber comme chez le bébé dont les joues semblent remonter sur le nez, et les lèvres prennent un dessin plus ferme. On dit que les **Récepteurs sont tenus**, puis **abrités**.

En fait, pour reprendre les travaux de Pavlov sur le conditionnement (un stimulus entraîne une réponse) la Rétraction frontale introduit une distance, un délai entre le stimulus et la réponse. Un chien de Pavlov qui serait Rétracté frontal répondrait à l'expérimentateur qui agiterait la clochette : « Je salive si je veux, avec qui je veux et quand je veux. »

Cet abritement peut s'accentuer, les yeux franchement s'enfoncer, le nez reposer sur une cuvette, la bouche se fermer en fermeture Éclair et s'encaver complètement **(ne pas confondre avec la Rétraction amenuisante)**. Le profil peut se redresser complètement puis la courbure s'inverser et on arrive à un profil en croissant de lune, en banane, avec un front surplombant[1].

---

1. Un front surplombant est un front qui est en saillie par rapport au reste du front.

On peut avoir un front qui surplombe le reste du visage sans qu'il soit surplombant. (C'est la Rétraction frontale des deux étages inférieurs qui provoque ce phénomène.)

Une **Rétraction frontale** moyenne apporte ce contrôle de l'élan **mais si elle est trop forte** cela devient de l'inhibition : « je voudrais bien, mais je ne peux pas », la personne se retient tellement, a tellement peur de ne pas agir conformément à toutes les règles qu'elle s'est fixées qu'elle n'agit plus du tout.

3. Apport de la Rétraction frontale

Il faut toujours garder la **loi d'harmonie** en tête. Le mieux est l'ennemi du bien.

Observons donc ce qu'une *Rétraction frontale moyenne* apporte :

La possibilité de prendre du recul, d'être moins impliqué par rapport à ses instincts :
- l'action
- ses émotions
- son observation, etc.

Donc une conduite réfléchie qui s'adapte **souplement** et trouve un **juste milieu** entre les besoins et les désirs de la personne et ce que son entourage et la réalité permettent. La personne est non seulement capable de s'adapter à son environnement mais aussi de l'adapter progressivement à son désir tout en tenant compte de ce qui est possible.

Par exemple, Robinson Crusoë adapta son milieu de telle façon qu'il réussit à se recréer un îlot civilisé qui convenait à son caractère, et à se maintenir dans des bornes policées afin de ne pas basculer dans la sauvagerie.

En fait, avec la *Rétraction frontale*, on passe du **principe de plaisir** de l'enfant qui se croit le centre du monde, qui croit que tout lui est permis, que tout doit concourir à son plaisir exclusif et qu'on le lui doit, au **principe de réalité**, c'est-à-dire que l'on est une personne parmi les autres, que la terre entière ne tourne pas autour de nous, que rien ne nous est dû, que nous n'obtenons ce que nous voulons que par notre effort et, le plaisir que si nous nous sommes mis dans la possibilité de le recevoir.

En fait, la *Rétraction frontale* apporte la **maturité** (il a fallu, cependant aussi, passer par la *Rétraction latérale* auparavant, c'est-à-dire par l'activité).

On peut remarquer, toutefois, qu'il y a des êtres qui ont une *Rétraction frontale* sur de la *Dilatation* sans que le visage ne soit projeté en avant des oreilles avec la *Rétraction latérale*. Cette *Rétraction frontale* donne l'impression que le visage est écrasé et élargi un peu comme une galette.

C'est le cas de certains groupes ethniques du Cambodge qui se caractérisent par leur placidité et leur art de vivre sans aucune agressivité. Ils ont été envahis de nombreuses fois dans leur histoire et n'ont jamais résisté.

En fait, ils digèrent paisiblement l'envahisseur, dont l'agressivité se dilue au contact de cette non-violence qui l'endort. (Cf. article de M. Jean Hesnard in *Revue de Morphopsychologie*, n° 86, p. 53.)

Voyons comment les choses se passent, en essayant, de façon arbitraire, de définir une progression pour la compréhension du processus de *Rétraction frontale*.

Selon les circonstances de la vie, la rencontre entre les pulsions intérieures et la résistance du milieu sur certains domaines privilégiés va créer des zones de *Rétraction frontale* et en épargner d'autres.

Le visage est l'interface entre notre patrimoine génétique et ce que notre éducation, notre culture en font.

Si votre potentiel est le plus fort et la société suffisamment permissive pour que vous puissiez vous exprimer en elle, elle vous a donc laissé la pénétrer par de l'expansion – *Dilatation* plus *Rétraction latérale*.

Si la société est trop forte, et que vous n'avez pas la puissance pour résister, à ce moment-là, soit votre visage se recule en *Rétraction frontale* forte, soit vous renoncez à vous battre et le visage devient alors atone.

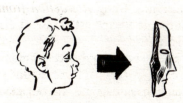

Et si le moule éducatif était trop petit pour les forces natives de l'enfant.

Par exemple, si les parents donnent une éducation très stricte, en particulier sur le plan de la propreté, et que l'enfant la fait sienne jusqu'à vivre comme si c'était lui qui avait décidé, de sa propre initiative, d'être ordonné, propre, régulier et discipliné (un gentil garçon, une gentille petite fille posée), la *Rétraction frontale* s'exercera en premier sur son *Étage instinctif*: lèvres plus fermes, plus tenues. Au fur et à mesure que cette tendance s'accentue psychologiquement, la bouche proéminente va se reculer, parfois même s'encaver et s'amincir jusqu'à devenir fermée comme par une fermeture Éclair: progression de la *Rétraction frontale* sur la bouche.

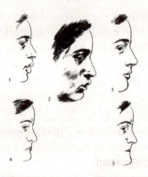

1. Légèrement surplombante, boudeuse, molle, entrouverte.
2. Fermée, molle.
3. Pulpeuse maintenue et fermée.
4. Les lèvres s'amincissent.
5. Recul progressif de la lèvre supérieure, fermeture de plus en plus forte des lèvres. Amincissement de plus en plus fort. Encavement.

Lèvres non différenciées   *Lèvres au dessin esthétique*

L'affinement esthétique des lèvres est un signe de *Rétraction* plus que de *Rétraction frontale*. La sensibilité est éveillée alors par ce qui est beau et élégant.

Il y a donc, pour simplifier, **3 stades de Rétraction frontale** :
• tenue de *Récepteur*
• méplat *(Modelé + Cadre)*
• creusement, encavement ; *Récepteurs* sur *rentrants*, redressement du *Cadre*

Encore une fois, pensez à moduler les paramètres entre eux ; un élément peut en compenser un autre ou même inverser sa signification.

4. Étude par étage

Repérons maintenant la Rétraction frontale aux différents Étages et ce qu'elle apporte.

a – Étage instinctif

• *Cadre*

La *Rétraction frontale* est **moyenne**.

Si la *Rétraction frontale* est **forte**, elle n'a pas permis la projection du menton : il est fuyant.

La *Rétraction latérale* projette le menton en avant.
La *Rétraction frontale* antagoniste peut empêcher cette poussée. C'est le cas ici.
La *Rétraction latérale* peut aussi ne pas se faire par manque de stimulation du milieu à l'autonomie de mouvement. Le cadre est en général peu *sthénique* dans ce cas.

Capacité d'arrêter une action malgré une urgence interne ou externe. L'activité des instincts n'est pas compulsive mais mesurée. Le besoin de faire est subordonné à la volonté.

L'activité manuelle est contrôlée.

La précision est plus recherchée que la rapidité. On veut faire bien les choses.

Le recul du menton crée dans la personnalité une inhibition au niveau des instincts et de la réalisation. Si le reste du visage est *Rétracté latéral* ou *tonique*, cela amène de la prudence, un ralentissement de l'élan, mais si elle est trop forte la personne a du mal à concrétiser. Ses assises dans la réalité sont insuffisantes.

- *La bouche et son rapport au Cadre*

Rapport Cadre/Récepteur
Si elle est tenue

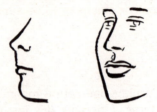

Si elle est fine et dessinée

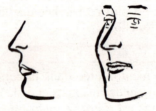

Rentrée, encavée

Contrôle sélectif devant ce qui n'est pas connu. Épanouissement sensuel quand il n'y a pas de danger. Par exemple, on goûte un plat inconnu avec précaution, on mange beaucoup de choses que l'on aime.

Sélectivité, filtrage et raffinement, goût de l'exécution bien faite, de la belle langue, des choses bien présentées, de la subtilité des goûts et des plaisirs (cela donne des bons artisans).

Inhibition des pulsions, refoulement. L'énergie qui ne peut pas être utilisée dans l'Instinctif est :
• soit dérivée vers un autre étage plus en expansion où elle transporte en quelque sorte l'avidité ou la passivité de cet étage,
• soit, si elle ne le peut pas, s'accumule et explose en « passages à l'acte » violents et inattendus.

b – Étage affectif

• *Le Cadre*

La *Rétraction frontale* se marque au niveau de la *Rétraction latéro-nasale*, c'est-à-dire de l'aplatissement des côtés du nez (voir l'explication plus détaillée à *Étage affectif*, p. 338).

Rétraction latéro-nasale moyenne

À ce niveau, la *Rétraction frontale* signe les *frustrations* et leurs *refoulements*, c'est-à-dire que lorsqu'elle n'existe pas, la personne n'exerce aucun contrôle sur ses sentiments et ses émotions. Elle vit littéralement en dehors d'elle-même, en fusion avec les sentiments et les émotions de son entourage.

Son apparition est corrélative au dur apprentissage de la solitude, de l'intériorisation. Mais cela acquis, la personne peut fonctionner avec une relative indépendance de sentiments.

Ceux-ci sont intériorisés, c'est-à-dire que la personne les ressent à partir d'elle-même, de son régulateur intérieur, entre ses *pulsions* et les exigences du milieu et de la réalité. C'est la naissance du *moi*.

Cette *Rétraction latéro-nasale* apporte donc de la réserve, du quant-à-soi, une relative indépendance de sentiments, une tolérance certaine à la frustration. Un sens des limites se crée.

Rétraction latéro-nasale forte

Rétraction latéro-nasale sur un Cadre rétracté
(on le voit en particulier à la fragilité du cou).

Inhibition et *refoulement* des besoins affectifs. La personne est très indépendante de caractère. Elle ne laisse pas approcher son intimité, très pudique sur ses sentiments profonds, dont elle n'est pas forcément consciente : elle a du mal à échanger ses sentiments profonds.

Il est souvent difficile de différencier le travail de *Rétraction frontale* et de *Rétraction*. Par définition, la *Rétraction* affine, amoindrit et rend délicat et la **Rétraction frontale recule et contrôle**.

La Rétraction introvertit la personne, la rend délicate, sélective et raffinée dans ses sentiments.

La Rétraction frontale accentue l'introversion et la prise de conscience par le contrôle qu'elle exerce sur la vie affective.

La *Rétraction frontale* peut être plus ou moins haute dans l'*Étage affectif*, comme si les coups de poing qui reculent les côtés du nez pouvaient s'imprimer sur les yeux ou vers le bas du nez. Évidemment, elle peut reculer toute la surface de la joue.

Rétraction frontale basse

Si elle est basse, ce sont les deux côtés de la base du nez qui sont touchés.

La lèvre supérieure est entraînée en arrière dans le mouvement alors que les yeux restent à fleur de peau.

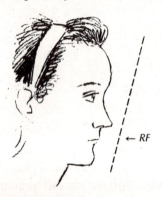

Rétraction frontale haute

Si elle est haute, les yeux et les côtés de la racine du nez sont enfoncés, alors que la base du nez et la bouche restent sur des saillants.

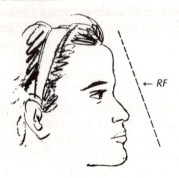

La *Rétraction frontale* s'exerce donc surtout au niveau de l'intériorisation et de la maîtrise des sentiments et des instincts. Alors que sur le plan des échanges intellectuels, la spontanéité reste très vive.

Il y a prise de conscience du problème affectif mais pas forcément d'emprise sur sa manifestation qui est toujours spontanée et vulnérable.

Cela crée de l'angoisse de très bien comprendre les bêtises que l'on fait et de ne pouvoir rien y changer.

La lucidité ne suffit pas, hélas !

• *Le nez et son rapport au cadre*

La *Rétraction* va affiner le nez, les narines et les pincer.

La *Rétraction frontale* va serrer les côtés à la base du nez comme si on essayait d'empêcher une odeur nauséabonde de pénétrer.

Sur le profil, on peut noter le nez qui est en *Rétraction frontale* (par rapport à la *Rétraction latérale*).

(Il faut déjà qu'il ait atteint sa taille adulte, sinon c'est celui d'un *Dilaté* enfantin qui ne s'est pas encore projeté dans l'extraversion.)

Profil grec

Il y a une grande difficulté à partager des sentiments profonds et cette inhibition se traduit souvent par une forte émotivité.

La *Rétraction latéro-nasale* est en train de se constituer, par une mimique volontaire, en même temps, les narines sont fermées, collées, la personne s'empêche d'éprouver des sentiments (comme lorsqu'à la suite d'une déception amoureuse, on ne veut plus jamais aimer).

Cela entraîne une atrophie progressive des *sinus maxillaires* et une augmentation de la *Rétraction latéro-nasale.*

L'expression de l'affectivité est très retenue, elle passe au second plan après la raison.

Nez aquilin

Indienne Osa

Nez rétracté bossué

Nez rétracté bossué et concave du bout

1. Le Nez part en Rétraction latérale (élan)

2 Se casse par la Rétraction frontale (retrait)

3 Se redresse en trompette en demande affective (besoin)

Nastasja Kinski

L'élan de la *Rétraction latérale* qui entraînait la personne dans une communication active a été perçu comme trop fort et la personne a dû en rabattre peu à peu pour avoir plus de mesure.

C'est le même problème, mais là il y a une cassure, le nez est *rétracté-bossué*, donc conflictuel. L'élan vers l'autre et le repli sur soi se heurtent violemment.

La communication devient compliquée : « Je veux t'aimer, mais je veux que tu me laisses tranquille, et pourtant j'ai vraiment besoin de toi. »

J'ai vu un jour, dans le bureau d'une agence de communication, une affiche traduisant un peu cet état d'esprit, qui disait :

« I know you **believe** you understand what you **think** 1 laid, but I am not sure you **realize** that what you **heard** is not what I **meant**[1]. »

On ne peut pas toujours faire simple !

---

1. « Je sais que tu crois comprendre ce que tu penses que j'ai dit, mais je ne suis pas sûr que tu réalises que ce que tu as entendu n'est pas ce que j'ai voulu dire. »

c – Étage cérébral

Nous étudierons beaucoup plus profondément le travail de la *Rétraction frontale* au niveau du front dans l'*Étage cérébral* (p. 382).

Aussi, n'allons-nous aborder ici que trois étapes de la *Rétraction frontale*, au niveau du front et des yeux.

• *Cadre*

Front rond

Front rétracté latéral

Premier stade de *Rétraction frontale* :
Apparition d'un **Méplat de Différenciation**

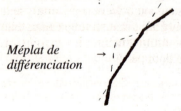

Méplat de différenciation

Il n'y a pas d'arrêt de réflexion dans le travail de la pensée, celle-ci est purement **intuitive**, sans logique ni analyse.

Pensée sensori-motrice, par essais et erreurs, très intuitive aussi. Le *Front rétracté latéral* est malin, vif et débrouillard. La pensée ne peut pas s'arrêter pour régler calmement un problème en examinant les différentes solutions possibles.

La présence de ce méplat est suffisante pour qu'il y ait mise en alerte de la pensée, qu'elle puisse arrêter son fonctionnement pour réfléchir à ce qui se passe. La personne peut avoir recours à l'**analyse**, à la **réflexion** et à l'élaboration d'une stratégie mais elle peut aussi fonctionner intuitivement, en «*insight*» rapide. La pensée globale domine.

Quand le **front** est **finement** *différencié*

Quand le front est creusé d'une *Zone de Rétraction frontale* très **forte** mais qu'il reste oblique.

Le creusement est très fort, le front est droit et sa *Zone imaginative* surplombe le reste du front : c'est la *barre d'arrêt*.

Le recours à l'analyse est plus systématique. Celle-ci est toujours incluse dans l'ensemble plus vaste qui l'englobe. La personne a donc à la fois les possibilités d'analyse et de synthèse.

La pensée est *analytique*, elle voit d'abord le détail avant la globalité.

La pensée est rationnelle et souvent **défensive** pour ce qui est nouveau ou sort du domaine étroitement **rationaliste**.

On se méfie de l'imaginaire et de l'*Inconscient*. Devant les difficultés la pensée peut se bloquer, se buter en incompréhension ou en scrupules.

Cela ne dure jamais longtemps, car la *Rétraction latérale* (la pente) du front oblige à trouver une solution, à concrétiser ou à passer à autre chose. Elle empêche la pensée de tourner en rond et l'oblige à aller de l'avant.

Pensée analytique précise, focalisée sur les détails, ce qui ne va pas, les erreurs : l'appréhension d'ensemble est très difficile.

Devant une difficulté ou quelque chose de nouveau, la pensée devient labyrinthique, pleine de scrupules et bloque. Il «pinaille» sur les détails qui l'arrêtent.

Quand le *front est redressé*, sans pente :

*C'est un **Front debout***

Cas d'un front *Rétracté latéral*

- *Les yeux et leur rapport au Cadre*

Rétraction frontale **insuffisante**

Yeux à fleur de peau →

Front têtu qui dit d'abord non, il recadre ce qu'il intègre en fonction d'un système de pensée très personnel.

Défensif, ne supporte pas que l'on cherche à l'influencer. «C'est un front de chèvre vendéenne» (Dr Corman).

La *Rétraction frontale* apporte de l'individualité, là cela devient de l'individualisme.

Il est à remarquer qu'une *mimique* de contraction très forte, sur un *front rond* ou *Rétracté latéral* peut agir comme une *barre d'arrêt*, c'est-à-dire que pour des raisons psychologiques, la pensée qui devrait être facile et rapide se bloque. La personne n'a pas confiance en ses facultés intellectuelles, bute, patine sur les détails comme si elle avait une structure *Rétracté frontale* inhibitrice. (La *loi de Mouvement* intervient ici pour changer un pronostic **actuel**, puisqu'en profondeur la personne a toujours les mêmes possibilités de pensée rapide si elle «détend» son angoisse.)

Il n'y a pas de tri des informations.

Elles sont emmagasinées avec avidité. Très bonne mémoire, car il n'y a pas de blocage.

Yeux abrités

Yeux enfoncés/encavés

Tri et sélectivité sur les informations. En «collant» moins à l'objet, la pensée peut prendre du recul et devenir **objective**. L'accommodation de l'œil devient importante : on schématise, on voit une «**Gestalt**» (forme reconnaissable à ses lignes générales).

La vision perd en vue d'ensemble ce qu'elle gagne en **précision** et en attention aux détails.

L'idée préconçue devient plus importante que la réalité observée. En se détachant de l'objet, de la sensorialité, la pensée devient capable d'**abstraction**, de jongler avec des symboles au lieu d'images directement issues de la réalité : la pensée est spéculative.

En étudiant l'Étage cérébral, dans la troisième partie de ce livre, nous approfondirons les différentes formes d'intelligence. Le but était ici de montrer comment la capacité de raisonner naissait de la Rétraction frontale, c'est-à-dire de la capacité de suspendre l'agitation mentale, de poser calmement les termes d'un problème et de les étudier.

J'aimerais voir la Rétraction frontale de Vauvenargues, qui a parfaitement exprimé ce que donne une Rétraction frontale modérée :

«La perfection d'une pendule n'est pas d'aller vite, mais d'être réglée.»

5. LA MATURITÉ

C'est la *Rétraction frontale* qui va nous permettre de constater sur un visage le long et pénible parcours vers la *maturité*.

Témoin des chocs affectifs, de leur *intégration* et par conséquent de notre capacité relative à les supporter, le degré de *Rétraction frontale* indique donc notre tolérance à la frustration, notre possibilité de supporter la solitude et la séparation.

Pouvoir être seul et même l'apprécier, être **indépendant**, avoir **confiance en soi**, en sa propre individualité, capacité de s'auto-évaluer sans avoir pour cela besoin de l'approbation inconditionnelle des autres, tout cela provient du travail de la *Rétraction frontale*.

Être **vigilant** et faire preuve de discernement, c'est le travail qu'une véritable éducation devrait enseigner. Cette éducation qui doit d'abord nous séparer du monde flou et pernicieux d'une protection qui n'a plus lieu d'être quand on grandit et que l'on doit apprendre à s'assumer. « Éduquer c'est enseigner à un enfant à se passer de vous » ; cette éducation doit nous faire atterrir et nous prouver durement que nos illusions enfantines de toute-puissance ne résistent pas au choc du jeu de la vérité qu'impose la réalité. « J'suis bidon, j'suis qu'un mec à frime... », chantait Alain Souchon, qui se sentait encore adolescent.

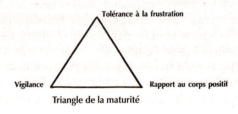

Triangle de la maturité

250

C'est en lui donnant des **limites** incontournables mais **sécurisantes** que les éducateurs vont permettre à l'enfant de reconnaître la valeur de la Loi, de **la règle du jeu** sans lesquelles aucune vie commune n'est possible. Aussi dures qu'elles soient à accepter, ces règles de vie vont constituer l'ossature qui va permettre à l'enfant de se **verticaliser**.

« Le père doit être un mur pour l'enfant sur lequel il va pouvoir appuyer son échelle et grimper ; s'il n'y a pas de mur, l'enfant est perdu » disait cet écrivain dont le fils s'était drogué et qui, en l'aidant à s'en sortir, avait alors compris son véritable rôle de père.

C'est toujours la *Rétraction frontale* qui va nous permettre de faire des **choix de vie**, de **hiérarchiser** l'importance des choses et le temps qu'on doit leur consacrer.

Watzlavick* constatait que « les gens prennent plus de temps pour choisir leur programme de télévision qu'ils n'en prendront jamais pour faire des choix et prendre des décisions dans leur propre vie ».

En fait, la *Rétraction frontale* est corrélative de notre **humanisation** au sens strict du terme (verticalisation et redressement de la face depuis les premiers hominidés, jusqu'à l'homme de Cro-Magnon), mais aussi dans le sens qu'une *Rétraction frontale* apportant ce sens des limites peut nous permettre de respecter les autres hommes, d'être tolérant envers leurs différences et permettre l'échange.

Ces différences, la *Morphopsychologie* apprend à les apprécier. Ainsi, une *Rétraction frontale* très forte va donner des gens rigides, arc-boutés sur la loi. Ce sont ces personnes qui assurent les permanences des structures d'une société, qui en bornent les limites. Et si ce ne sont pas eux les éléments moteurs de la société, ils sont les garants de sa survie, les vigilants ! Évidemment, il faut trouver un équilibre avec les éléments moteurs, les communicateurs, les artistes, etc. **Dans un visage, plus il y a de diversité d'éléments et d'antagonismes, plus la personnalité est riche. Et c'est aussi cette diversité de tempéraments et de fonctions qui montre la richesse et la santé d'une société humaine.**

6. Yourak dans sa caverne

Yourak était en paix. Il respirait profondément et c'était bon cette sensation de ne plus avoir peur.

Yourak aux Eyzies.

Sa horde pelotonnée dormait près du feu en sécurité. Après des années d'errance, de faim et de froid, ils avaient découvert cette vallée et ses falaises qui abritaient des cavernes immenses.

Cela avait été long d'imaginer comment les atteindre, déloger les animaux dont c'était la tanière et puis s'y établir, les fortifier et accumuler des provisions de graines et de noix pour l'hiver.

Yourak était devenu ingénieux, au lieu de fuir chaque fois plus loin, trouver un nouveau terrain de chasse, il avait décidé de rester, après avoir passé un premier hiver dans cette grotte, l'hiver le plus supportable de toute sa vie.

Maintenant, davantage d'enfants survivaient et il se sentait fort et malin.

Yourak aimait être de veille la nuit, il observait les étoiles et avait marqué des points de repère sur les bords de la plate-forme de sa caverne indiquant l'endroit où se couchaient et se levaient le soleil, la lune et les étoiles les plus brillantes.

Il savait maintenant qu'ils revenaient au même endroit à des intervalles réguliers, toujours les mêmes.

Qui faisait tourner ces lumières, qui envoyait la chaleur du soleil et le sourire dans la face de la pleine lune ?

Yourak devenait sage, il était le maître du Temps et tous le respectaient.

V.

Échanger – le Modelé, les Récepteurs et leur Tonicité

• *Portraits*

Marina est professeur d'aérobic dans un club de gymnastique. Elle maintient toute la journée un rythme d'enfer, enchaînant cours sur cours, ne se contentant pas seulement d'indiquer les mouvements et de compter sur le rythme d'une musique endiablée ; en plus, elle sautille et danse tout le temps. Mais ce n'est pas tout.

Elle préside un groupement d'enseignants sportifs et entretient plusieurs relations amoureuses, si l'on peut dire. Les messieurs visités, la voiture en double file, ont l'impression d'être croqués tout crus, comme des souris par une chatte vive et souple qui ne prend même pas le temps de vraiment jouer avec eux.

Laurent écrit des chansons douces et romantiques qui ont beaucoup de succès. L'inspiration lui vient toute seule, il paresse au lit, rêvasse et l'idée est là, toute ronde et mignonne.

Il la travaillera cet après-midi en attendant Agnès au café qui est devant son bureau. Tout serait bien si Agnès ne le bousculait pas autant. Elle ne peut pas comprendre, quand elle revient à la maison, que le lit ne soit même pas fait et que la vaisselle de la journée trempe avec les cendriers pleins de mégots. Elle ne comprend rien à l'inspiration. Alors il la regarde avec ses yeux de chien battu et elle craque, elle le prend dans ses bras et le console en le berçant : « Qu'on est bien contre la poitrine d'Agnès quand elle ne crie pas. »

Shira est tout en rose et mauve, elle tresse ses cheveux à l'indienne et porte toujours des parfums bizarres, un peu bon marché que l'on trouve dans les boutiques qui vendent des vêtements venus des Indes.

Shira évolue dans un monde parallèle et flottant de « gourous de banlieue », de végétarisme loufoque et de soirées fumette et musique planante. En fait, Shira s'appelle Ginette mais cela n'allait pas avec sa haute évolution spirituelle. Elle a arrêté ses études en seconde quand elle a commencé à fréquenter son « barbu liquide » comme l'appelait sa mère. Elle n'a rien lu, ne s'est jamais intéressé à grand-chose. Elle coule doucement sur la pente douce de sa flemme.

Bertrand Duvier n'a jamais épargné sa peine. Il a décidé de « réussir » très jeune, de prendre sa revanche sur un père alcoolique qui lui affirmait que lui aussi n'arriverait jamais à rien. Il a travaillé comme une bête, étudiant et gagnant sa vie en même temps. Il n'a fréquenté que les personnes qui pouvaient lui servir à gravir l'échelle sociale.

Il s'est marié jeune avec la fille unique de son patron.

Celui-ci a fait une très bonne affaire, Bertrand Duvier a dépensé une activité permanente et débordante pour promouvoir cette petite entreprise qui a rapidement pris une importance nationale puis européenne.

Mme Duvier n'a pas l'impression d'avoir fait une aussi bonne affaire. Elle vit comme une sorte d'ordonnance. Elle doit être aux ordres, organiser des dîners pour les clients et les « relations » qu'il faut entretenir.

Elle doit avoir l'allure de l'épouse d'un homme important et elle sait qu'aucun des bijoux qu'elle porte ne lui a été donné par amour mais parce que cela rehausse leur standing. Elle doit être prête le dimanche matin avec les enfants impeccables, la raie bien faite et les ongles propres, pour aller à la messe et démontrer, par leur aisance, que ce sont des gens « arrivés ».

Eh oui, Bertrand Duvier est un homme arrivé, mais dans quel état !

Ces quatre histoires de comportement actif ou passif qui, j'espère, vous ont fait sourire par leur côté caricatural introduisent l'étude du **Modelé**, des **Récepteurs** et de leur **Tonicité**.

Le modelé de Marina va être très *tonique*, la poussant à une hyperactivité, alors que celui de Laurent « le poète » est « moelleux » et ses yeux tombent un peu.

Shira sur un visage très étroit, a de grands yeux de cocker et une bouche très mince. Alors que Bertrand, l'arriviste, sur un cadre large et *sthénique* a un *Modelé tonique* et tendu.

Après avoir étudié ce qui sous-tend **le comportement** avec le **Cadre**, nous allons voir maintenant comment **il s'exprime par la Zone des échanges.**

• *Les fonctions du Cadre*

Nous avons vu que le **Cadre** (charpente osseuse et grands muscles : masséters et temporaux) [fig. 1 p. 30] contenait notre vitalité profonde, le désir inconscient de la dépenser abondamment (*Dilatation*) ou au contraire de la gérer au mieux pour pouvoir se défendre contre les dangers de toutes sortes (*Rétraction*).

Ce qui se passe dans le *Cadre* est *inconscient*, c'est-à-dire qu'à moins d'avoir fait un travail sur soi-même, de recherches sur son contenu, nous ne savons même pas qu'il existe. L'humanité, jusqu'à Freud, s'en était fort bien passé. Mais maintenant nous savons que des forces inconscientes existent en nous, nous faisant agir de façon parfois bizarre, répéter des comportements amoureux qui pourtant nous avaient rendus parfaitement malheureux, faisant fourcher notre langue, mais aussi nous guidant souvent très sûrement si on sait les écouter, comme un ange gardien qui saurait ce qui est bon pour nous et notre évolution.

Car l'**Inconscient désire notre évolution.** Tout ce qui est vivant sur cette terre change et évolue constamment. C'est le signe de la vie, alors que ce qui ne bouge pas, ce qui se répète avec monotonie, est mort. Alors l'*Inconscient* se révolte, nous envoie des signaux de détresse, nous fait «faire des bêtises», ou tomber malade.

Nous avons abordé la *loi de Dilatation-Rétraction*, en la faisant principalement porter sur le *Cadre* (les forces instinctives) et en voyant comment cette charpente se modifiait dans sa projection dynamique vers l'action (*Rétraction latérale*) et dans son redressement pour obtenir du contrôle (*Rétraction frontale*).

• *Les échanges*

Nous allons maintenant faire le point sur la *Zone des échanges*, sur la **surface de contact** entre nos pulsions intimes et le milieu extérieur qui va plus ou moins les tolérer.

Les échanges vont se faire par deux canaux principaux, **le Modelé**, comprenant le jeu des muscles du tissu conjonctif et de la peau, et **les Récepteurs**.

> On pourrait dire que le **Cadre** représente les BUTS profonds que nous poursuivons. Le **Modelé** et les **Récepteurs** sont les MOYENS que nous employons pour les atteindre.

Nous faisons ce point tout particulièrement pour étudier l'impact de *la loi de tonicité* dans ces échanges, mais aussi des trois autres lois.

1. LE MODELÉ

Le *Modelé* est le matelas formé par les muscles peauciers, le derme et la peau, entre le cadre osseux et le milieu extérieur. Il est le lieu de la rencontre entre nos pulsions, nos désirs et l'environnement physique, affectif et social.

Il nous renseigne sur l'attitude (superficielle) de la personne dans ses contacts humains mais aussi sa façon de prendre la vie et les situations avec facilité, ouverture et candeur ou bien vigilance, méfiance ou scepticisme.

Selon la force prédominante de l'une ou de l'autre, c'est-à-dire de l'ouverture ou de la méfiance, le *Modelé* va être le premier à en porter la marque. En effet, le milieu va se comporter comme un moule que le *Modelé* peut remplir, puis repousser si les forces internes sont très vives et persistantes ou bien ce moule va tant serrer la personne que le *Modelé* portera les résultats de sa défaite superficielle mais aussi de son endurcissement.

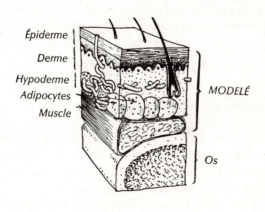

La peau, avec les 2 m² environ de surface qu'elle offre et son système de détection tactile, calorique et sans doute magnétique, nous apporte des quantités d'informations, comme une antenne fidèle.

La *loi de dilatation-rétraction* joue à plein; plus la peau est fine, donc *rétractée*, plus elle est *hypersensible* à la moindre approche de contact ou de variation de température. Plus elle est *dilatée*, épaisse et grossière, plus elle est *hyposensible*, rustique, résistante aux différences de température et aux agressions physiques ou météorologiques.

La chair se compose de l'épiderme, du derme et de l'hypoderme, plus ou moins adipeux que nous appellerons le *capiton*, et des muscles peauciers qui vont donner son expression au visage et sa mimique.

Sa forme va évoluer de même que le *capiton* avec la *Loi de Dilatation-Rétraction*. De rond au maximum de la *Dilatation*, à creux au maximum de la *Rétraction*, en passant par le *plat* qui est au juste milieu entre les forces d'*expansion* et de *conservation*.

Le *capiton* évolue dans le même sens mais on peut trouver des contradictions, par exemple, des *creux* prononcés dans le *Modelé* avec un *capiton* qui peut être épais ou inexistant.

a – Modelé rond

C'est celui du jeune enfant bien portant et heureux de vivre, des jeunes gens que la vie n'a pas encore marqués, qui sont naïfs et confiants comme des animaux que l'homme n'aurait jamais agressés.

Les visiteurs des Galapagos finissent par se plaindre

des oiseaux qui sont, non seulement sans peur et familiers, mais carrément sans-gêne et envahissants.

La personne au *Modelé rond* a cette même absence de réserve. Elle est en sympathie avec tout ce qui l'entoure, s'attend à une relation de confiance et de spontanéité, voit la vie et les êtres en rose. C'est souvent rafraîchissant, même émouvant pour des gens plus mûrs qui savent que l'effondrement de ces illusions et de cette innocence est inéluctable.

« Si tu t'imagines, fillette, fillette,
xa va, xa va,
xa va durer toujours...
Fillette, fillette,
ce que tu te goures... ».

(R. Queneau)

b – Modelé plat

Il signifie, lui, que la *sensibilité de défense* a été alertée, soit pour dynamiser la personne, et ce sont les méplats **latéraux** de la *Rétraction latérale* qui lui permettent de lutter, de peser sur son destin, soit les méplats **frontaux** de la *Rétraction frontale* qui amènent de la réserve, de la circonspection, de la vigilance et permettent de ne pas être surpris.

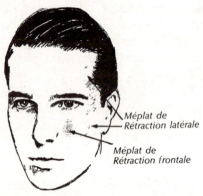

Méplat de Rétraction latérale

Méplat de Rétraction frontale

C'est le rôle de l'éducation, en créant des occasions d'apprendre la vigilance et la mesure, en donnant des limites de conduite et de sécurité, de préparer les jeunes à affronter la vie et ses chausse-trapes, sans s'y laisser prendre.

Lorsqu'un *Modelé* est resté *rond* après l'adolescence, le travail de *Rétraction latérale* et de *Rétraction frontale* n'a pas été fait. On peut en déduire l'immaturité : pas d'autonomie et le travail de mise en garde et de limitation de l'impression magique de toute puissance naïve de l'enfant n'a pas été faite par le père.

Ainsi ce père indien qui enseigne à son fils les subtilités et les dangers de la chasse : il doit lui apprendre à être autant sur ses gardes et silencieux que rapide à la course ou à la détente.

L'entraînement militaire, dispensé par des hommes compétents et qui est si dur, est justement fait pour préparer les jeunes recrues encore pleines de l'insouciance d'une vie facile, à survivre dans les combats, à avoir une **vigilance** telle qu'ils préservent leur vie et celle de leurs compagnons.

Le titre d'affiche du film *Platoon* rendait bien compte de la différence entre le *Modelé* tendre et naïf du jeune conscrit et le visage qui s'est endurci, marqué par les souffrances de la guerre :

« *L'innocence est la première victime de la guerre.* »

c – Modelé creux

C'est justement celui où, non seulement la personne a été entraînée à la *vigilance*, et l'entraînement ne peut se faire que dans la souffrance, mais cette souffrance a été si forte qu'elle a creusé les traits du visage, rétracté la chair.

On est donc au **maximum de la sensibilité de défense**, les coups portant directement sur l'os, ce qui fait très mal. On est en alerte permanente pour **prévenir** tout risque avant qu'il ne se présente.

Les marques de souffrance vont se traduire par une approche plus raide et parfois même un peu agressive des êtres et des situations, si aucun autre trait dans le visage ne vient corriger cette attitude. Ce *Modelé* rend **méfiant**, sceptique et rejetant, a priori, souvent « braque » ou acariâtre. On est dans la *Rétraction*, aussi la solitude est plus recherchée que le contact. On ne sait pas trop comment « prendre » les personnes au *Modelé creux*. On sent qu'à la moindre erreur, ils vont se refermer brutalement comme des huîtres ou être agressifs. Ils sont difficiles à vivre, sans concessions ou compromissions et souvent choisissent la complication plutôt que la simplicité.

d – Modelé rétracté bossué

Nous venons de parler de trois formes de *Modelé*. Pour le *Modelé creux*, le Dr Corman parle de *Modelé rétracté bossué*. Je vais lui faire une place spéciale car ce *Modelé* est plus complexe. Effectivement, il concerne non seulement l'épaisseur de la chair et sa forme mais aussi le cadre qui le sous-tend.

> Le **Modelé rétracté bossué** résulte de la confrontation des zones en forte *Dilatation* avec les zones en *Rétraction*, quel que soit l'*Étage*: *cérébral*, *affectif* ou *instinctif*. L'ossature est fortement impliquée dans ce *Modelé*, ce qui n'est pas le cas des autres *Modelés*.

Au niveau **instinctif**, on repère le *Modelé rétracté bossué* à la netteté du carré *sthénique* que forme l'angle entre la base et la branche montante de la mandibule. À l'*expansion* de cet étage contrastant avec l'*encavement* de la bouche.

Alain Gomez

Jean-Louis Barrault

Quanah Parker, chef comanche

Au niveau *affectif*, on le repère à l'expansion forte des pommettes suivies par un creux fort (comme chez les stars des années 50) et la *Rétraction latéro-nasale* qui creuse les côtés du nez, empêchant les forces inconscientes de s'exprimer.

Au niveau *cérébral*, par la cassure que forme la *barre d'arrêt*, cassure repérée directement sur l'os frontal.

De plus, on peut avoir des *Modelés rétractés bossués* très décharnés ou pleins avec un *capiton* épais.

Les façons de se comporter seront assez différentes même si les tensions internes sont très fortes chez les

e – Capiton

Plus ou moins épais, il va donc influencer l'attitude de la personne en participant à la forme du *Modelé*, évidemment épais pour le *Modelé rond* et inexistant pour le *Modelé creux*.

Je le sépare du *Modelé*, car prêter une attention particulière à son épaisseur est très instructif.

Son **épaisseur** est due à deux facteurs : **la tonicité et le travail des muscles peauciers**, et **l'infiltration** plus ou moins importante de cellules graisseuses qui gonflent le derme.

Pour employer une formule lapidaire, on peut dire que :

> **C'est la couche adipeuse qui « huile » les rapports humains. Ce qui est ROND est CHAUD et en SYMPATHIE. Ce qui est CREUX est FROID et en DISTANCE.**

C'est l'illustration la plus visible de la *loi de dilatation-rétraction*.

N'avez-vous pas remarqué que lorsque vous maigrissiez, votre caractère était plus difficile, que vous étiez plus exigeant pour vous-même et votre entourage, et que quand vous étiez un peu plus rond, vous preniez les choses du bon côté ?

Gérard Depardieu, mince.   *Le même « enrobé ».*

Hypoderme avec peu d'adipocytes et dilatés

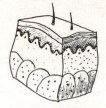
Hypoderme aux adipocytes nombreux

Le *capiton* nous renseigne donc sur les facilités de **socialisation** de la personne, sur sa convivialité, ses dons de diplomate pour enrober les choses, les faire passer en douceur. Cela ne préjuge absolument pas des intentions profondes de la personne.

Cary Grant

Rappelez-vous du charme de Cary Grant dans « Soupçons » de Hitchcock, comment il conduisait sa femme à d'horribles soupçons sur son désir de la tuer.
D'ailleurs ce capiton que les physiognomonistes appelaient vénusien, donne toujours du charme à la personne (la Dilatation s'accompagne du désir de plaire pour être avec l'autre le plus proche possible), Cary Grant, justement, a un capiton moyen que vous remarquez à présent sur le dessin. La séduction, elle, viendrait plutôt d'un mélange de traits réceptifs (capiton, atonie) et de traits actifs (Rétraction latérale ou tonicité). Séduire consiste à attirer (passif) à soi activement.

Tableau modelé

	CAPITON		
ÉPAIS	MOYEN	SEC	
hyposensible	légère vigilance	N'existe pas	ROND
vigilant et buriné donc résistant	vigilant sensible	Rétracté très sensible exigeant	PLAT
N'existe pas	plus grande résistance aux conditions difficiles	Grand Rétracté hypersensible	CREUX

MODELÉ

f – Tonicité du Modelé

C'est un des paramètres les plus importants pour évaluer la **manière d'être actuelle** de la personne étudiée.

Comme nous l'avons vu plus haut, la *Tonicité* est le signe d'une vitalité active, d'un besoin d'agir et de se dépenser, que l'on est en état d'emprise sur la vie et les êtres, que l'on est dans une phase « *yang* » (émettrice).

L'*Atonie*, par contre, montre un état de vitalité amoindrie, le besoin qu'a la personne de se reposer et de suspendre son action. Elle est, à ce moment, réceptive, passive, soumise aux événements et à l'entourage, elle observe passivement sans s'impliquer. C'est une phase « *yin* » (réceptive). Il y a toujours une note de tristesse, de vague à l'âme, de spleen, de dépression dans l'Atonie alors qu'il y a toujours une note d'excitation et de plaisir dans la *tonicité*. Nous retrouverons la même polarité entre l'excitation (*maniaque*) et la passivité (*dépressive*) avec la *tonicité* des *Récepteurs*.

```
A                NON-FAIRE │ FAIRE                    T
T                  Réceptif ←→ Émetteur               O
O                   Passif ←→ Actif                   N
N                    Triste ←→ Joyeux                 I
I              Flegmatique ←→ Ardent                  C
E               Indifférent ←→ Enthousiaste           I
                     Calme ←→ Excité                  T
                Apathique ←→ Agité                    E
                 Dépressif ←→ Maniaque
                   YIN     │    YANG
```

*Les différents degrés d'accroissement de la **Tonicité**
et de l'**Atonie** (des plus faibles en haut à l'extrême en bas)*

Observez-vous heureux :

Actifs et riants, vos traits sont tendus et remontent, vos yeux brillent et votre bouche sourit. Alors que lorsque vous êtes fatigué ou triste, vos traits sont tombants, « le visage s'écroule », les yeux et la bouche descendent aussi.

On peut dire que les zones en *Atonie* constante sont, en quelque sorte, **préfatiguées**, **prédéprimées**. On n'a pas le courage de faire les choses dans les domaines que ces zones recouvrent. Mais plutôt de se laisser bercer, chouchouter :

« T'as mal où
Mal au cœur, mal à la tête,
et tu pleures, et tu t'embêtes.
Tout à coup,
Coup de pompe...

Dodo, enfant do
Coucher là,
Masser le dos... »
(Françoise Hardy)

g – Harmonie

La *Tonicité* peut varier selon les étages.

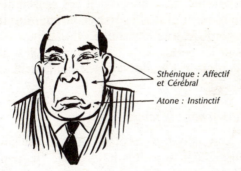

Ce monsieur ne bouge pas beaucoup de son bureau et l'activité physique lui semble insurmontable. Toutefois, dans sa tête, avec le téléphone et le télex, il fait le tour de la planète plusieurs fois dans la journée. **On peut donc être actif dans l'expression d'un étage et passif dans un autre.**

Il peut aussi y avoir des **antagonismes** entre la *Tonicité* du *Cadre*, du *Modelé* et des *Récepteurs*. Il faudra y être très vigilant lors d'un portrait, car la complexité est très importante à ce moment-là. Il faut, à la fois, la décrypter globalement et point par point. Nous en donnerons des exemples au chapitre suivant.

h – Évolution et Mouvement

• *Expression mimique*

Le visage est plus ou moins mobile. Plus il est *tonique*, plus ses possibilités d'**expression** sont grandes. C'est le domaine de la *Prosopologie* du Dr Ermiane* mais aussi de l'école américaine du Dr Ekmann*, d'étudier les significations très riches de la *mimique* qui complètent heureusement les enseignements de la Morphopsychologie en apportant des **renseignements ponctuels sur l'état d'esprit et la communication non verbale d'une personne**. (Beaucoup d'autres études sur les gestes, les attitudes corporelles viennent aussi conforter l'étude de la communication non verbale).

• *Évolution dans le temps*

C'est surtout la *Tonicité* et le vieillissement des tissus qui renseignent sur l'évolution dans le temps du *Modelé*. Plein et tendre comme une prune mûre à point dans la jeunesse, mais aussi dans la maturité quand la personne est en pleine forme et garde la vitalité de la jeunesse, il s'aplatit avec l'expérience puis se creuse avec les soucis, alors qu'il se détend et se dilate dans l'épanouissement des facultés de la personne.

2. Les Récepteurs

Nous irons assez vite dans ce chapitre car les *Récepteurs* sont étudiés en détail à l'intérieur de chacun des chapitres sur les *Étages instinctif*, *affectif* et *cérébral*.

> En effet, il ne faut jamais oublier qu'un élément du visage pris isolément ne veut rien dire, qu'il faut toujours le rapporter d'abord à l'étage dans lequel il s'intègre, puis au visage tout entier. Toute autre démarche est de la *Physiognomonie*, c'est-à-dire que l'on pose des étiquettes arbitraires sur un élément et que l'on ne le fait pas varier par rapport à l'ensemble ; les résultats ne correspondent pas alors à la psychologie de la personne étudiée, car la psychologie a elle aussi une démarche synthétique et dynamique.

Nous allons étudier les *Récepteurs* en suivant, comme toujours, les *Lois de la Morphopsychologie*.

La zone du «*petit visage*» comporte les yeux, le nez, la bouche et les oreilles. Ils sont donc les émetteurs-récepteurs grâce auxquels nous échangeons des informations avec le milieu dans lequel nous vivons. Nous émettons nos sentiments, nos pensées et nos états d'esprit. Puis nous recevons du milieu les sensations et les informations dont nous avons besoin.

Simone Signoret

On peut dire que toute la **Zone médiane du visage est la zone consciente**, ce que nous savons de nous. Nous pouvons déjà déduire que selon les *disharmonies* que nous constaterons entre le *Cadre* et les *Récepteurs*, la personnalité pourra résulter d'*Antagonismes* forts entre les forces *conscientes* et les forces *inconscientes*.

Nous rappelons que le *Cadre* représente les **BUTS** profonds que nous poursuivons. Les *Récepteurs* et le *Modelé* sont les **MOYENS** conscients que nous employons pour les atteindre.

---

a – Axe Dilatation/Rétraction

La *Loi de Dilatation/Rétraction* se traduit sur la largeur, l'épaisseur de chaque *Récepteur*. Plus un Récepteur est large par rapport au *Cadre*, plus il a une **Tendance réagissante** ; c'est-à-dire qu'il est avide d'informations de façon quantitative, il a tendance à avoir « les yeux plus gros que le ventre » et il gère ses moyens de façon désordonnée et excessive.

Les yeux sont grands ouverts et à fleur de peau. Le nez, s'il est dans la passivité enfantine, est petit et retroussé, s'il a atteint son plein stade de développement (après la *Rétraction latérale*), il est projeté et gros. La bouche est large, *réagissante*, épaisse et tendre.

*Vanessa Williams,
Miss America 1983*

Si, au contraire, le *Récepteur* est petit par rapport au *Cadre*, il va avoir une **Tendance concentrée**. Il va préférer échanger peu, mais que ce soit de bonne qualité, il va gérer ses moyens de façon avare, ne les dépensant qu'à bon escient et avec parcimonie. Il va rassembler ses forces pour atteindre des buts précis et présélectionnés.

Si le *Récepteur* est **large et épais**, il est dans la *Dilatation*, il est donc *hyposensible*. Les éléments du milieu ne sont pas perçus comme dangereux, au contraire (*cf.* le petit bébé qui porte tout à la bouche sans distinction). On voudrait tout avaler, tout respirer, tout absorber par les yeux, les oreilles, les sens olfactif, gustatif et tactile aussi.

L'épaisseur des *Récepteurs*, leur charnu vont apporter des **éléments sensation**, le plaisir sensuel à les utiliser : on a envie de toucher, de palper, d'incorporer avec plaisir et gourmandise. Il n'y a pas de dégoût du contact mais, au contraire, une recherche de ce contact à tout prix. Il y a une façon rabelaisienne d'être amoureux de la vie et de profiter de toutes les sensations qu'elle nous procure.

Récepteurs charnus

Si au contraire le *Récepteur* est **petit et fin** il est en *Rétraction* donc en *Hypersensibilité*. Là les éléments du milieu sont perçus comme dangereux et agressifs ; il faut les trier, les **sélectionner** avec soin de façon à ne pas se laisser prendre par surprise, à découvert. Une sensation est a priori dangereuse : on peut être empoisonné, asphyxié, voir ou entendre des choses qui pourraient nous faire souffrir. Alors il vaut mieux « fermer les écoutilles ».

Récepteurs fins

Le contact physique, toucher quelqu'un ou quelque chose que l'on ne connaît pas, est perçu comme répugnant. On n'aime pas la promiscuité, l'abondance mais au contraire on apprécie ce qui est **raffiné**, choisi avec soin, **la qualité à la place de la quantité**.

La communication est filtrée, sélectionnée, l'énergie est conservée pour ne se dépenser que dans des buts choisis. La personne ne se dévoile pas, reste très secrète, garde ses forces pour se défendre ou pour accomplir les tâches qu'elle s'est fixées.

Les yeux sont petits et rapprochés, le nez est fin et sec, les narines très fines et collées contre la cloison nasale, la bouche est petite fine et fermée (en fermeture Éclair).

Si la *Rétraction* n'est pas trop forte, elle donne simplement aux *Récepteurs* de la finesse, un dessin plus élégant entraînant une plus grande **sensibilité** de contact, plus de raffinement et de délicatesse, de **sens esthétique**.

Greta Garbo

b – Axe Action/Contrôle

• *La Rétraction latérale*

Elle va tonifier les *Récepteurs*, relever les yeux, allonger le nez et remonter les narines, étirer la bouche dans un sourire.

L'extraversion devient active, on recherche la compagnie des autres, on leur demande ce dont on a besoin ou on leur impose nos besoins.

Marc Lavoine

• *La Rétraction frontale*

Elle donne de la **tenue** aux *Récepteurs* et, progressivement, les **enfonce** dans le masque du visage.

Ici, on est plus au niveau du contrôle, de la régulation, de la **maîtrise sur l'extraversion des pulsions** qui ne seront permises que dans les conditions que la personne s'est fixées, conditions devenant de plus en plus draconiennes, au fur et à mesure que les *Récepteurs* reculent.

Au niveau de la réception des informations, la *Rétraction frontale* va contrôler, faire prendre de la distance avant de décider si oui ou non, on laisse pénétrer une information, « je goûte un plat nouveau avant de me décider à en manger; j'observe longuement une relation avant de la laisser pénétrer dans le cercle de mes amis; j'étudie une idée avant de l'adopter afin de voir si elle est en cohérence avec mon système de pensée ».

De même, « je suis capable d'émettre des idées ou des sentiments, de faire des choses avec la mesure que permet la tenue de mes *Récepteurs* ».

c – Tonicité

La *Tonicité* relève les *Récepteurs*, l'*atonie* les fait descendre.

Tonicité   *Atonie*

La *Tonicité* des *Récepteurs* nous renseigne aussi sur le désir d'échange de la personne et sur son **état d'emprise sur la réalité** ou bien de passivité, de réceptivité, si ce n'est de fatigue ou de dépression.

Cela est surtout vrai pour la bouche et les yeux, nous pouvons aussi suivre le tableau p. 274.

Par exemple, cet enfant en classe « n'est pas là », elle est distraite et reste dans un monde chimérique, sans attache avec la réalité.

d – Harmonie

Les *disharmonies* et les *antagonismes* jouent à plein et on peut avoir tous les cas de figure :

• *Disharmonies horizontales*

Un *Récepteur* peut être *dilaté* à un étage alors que les deux autres sont *rétractés*, de même la *Tonicité* d'un *Récepteur* est indépendante des deux autres.

• *Disharmonies verticales*

Les *Récepteurs* droits et gauches peuvent être très différents, que ce soit au niveau de la forme, de la *Tonicité* ou même de la hauteur dans le visage. Par exemple, un œil peut être placé plus haut qu'un autre, une narine peut être ouverte et l'autre fermée, la bouche peut remonter d'un côté et descendre de l'autre, et il faut donc réfléchir cas par cas.

La *Tendance réagissante* ou *concentrée* peut aussi varier selon les étages.

Ici, cette personne a une tendance concentrée au niveau cérébral, réagissante au niveau affectif, équilibrée au niveau instinctif, en schématisant beaucoup nous pouvons en déduire que nous avons affaire à un homme plus à l'aise dans l'abstraction, les statistiques et les chiffres que dans le concret (expansion cérébrale, étage instinctif en Rétraction), il a une tendance à privilégier ses idées par rapport à la réalité.

De par son nez important, c'est aussi un homme de contact chaleureux qui sait mettre les gens à l'aise tout en restant très pudique sur lui-même. C'est ce qu'on appelle l'éducation, c'est-à-dire parler de tout sauf de soi-même (Étage affectif en Rétraction). Il peut très bien réussir dans la haute administration de par ses qualités intellectuelles et diplomatiques. Par sa Rétraction de l'Étage instinctif, il ne sera cependant peut-être pas assez ambitieux pour gravir rapidement les échelons. Son ambition, en tout cas, ne sera pas une ambition matérielle ou de pouvoir mais il cherchera à faire passer et adopter ses idées et son point de vue plutôt par persuasion subtile. Il aimera jouer les éminences grises, manipuler discrètement les hommes et les événements et se réjouir secrètement de ses succès.

e – Loi d'évolution et de mouvement

• *La Mimique*

Comme pour le *Modelé*, l'expression donnée par la *Mimique* des *Récepteurs* est ce qui bouge le plus rapidement dans le temps et nous renseignera sur la communication non verbale.

• *Avec le temps*

La *Tonicité* des *Récepteurs* évolue aussi dans la journée selon la fatigue ou les bonnes nouvelles et au long des années selon l'accomplissement ou la déception de la personne par rapport à ses ambitions, ses besoins conscients et inconscients.

On repérera des affaissements très significatifs, par exemple des coins extérieurs de la bouche, d'un œil plutôt que l'autre pour savoir où se sont produites les souffrances de la personne, comment elle y a fait face et comment on peut l'aider à les surmonter (voir *Étage instinctif,* p. 323-324).

3. Synthèse

Vous comprenez maintenant pourquoi nous avons insisté particulièrement sur les *Échanges*, le *Modelé*, les *Récepteurs* et surtout sur la **Tonicité**, car ils peuvent inverser un pronostic, le faire varier de façon extrêmement subtile.

Le travail du Morphopsychologue, une fois qu'il a compris la construction de la personnalité profonde, va être d'étudier ce que la personne laisse voir d'elle-même. C'est **la surface du visage qui forme la partie émergée de l'iceberg de sa personnalité** ; la partie inconsciente, la construction de cette personne se lit dans le *Cadre* qui est sous-jacent à cette surface.

Nous achevons la deuxième partie de ce livre avec davantage de paramètres pour comprendre le fonctionnement humain. Grâce à l'étude du *Modelé*, nous savons comment sa forme détermine notre façon de prendre les choses et de nous placer face aux êtres et aux événements. La description des variations de la forme de notre bouche, de notre nez et de nos yeux nous permet de comprendre combien **ils influent sur la prise d'informations dans notre environnement et colorent, donnent une forme à nos émissions de désirs, de sentiment, de pensée**.

La *Tonicité*, qu'elle s'exerce sur le *Cadre*, le *Modelé* ou les *Récepteurs*, va orienter de façon radicale notre implication dans le courant de la vie. Les subtilités de son étude vont nécessiter une longue pratique de l'entretien morphopsychologique pour apprécier à quel point *Tonicité* et *Atonie* se déclinent en **touches légères et complexes**, inversant leur signification selon l'étage ou le côté du visage, rendant compte de toute l'histoire de la personne qui vous parle avec son langage et qui vous exprime de façon tellement complète, par son visage, la somme de tourments et de joies qui ont constitué son développement et sa vie.

Éléments d'*Atonie* qui vont apporter leur prudence, par rapport à la fougue de la jeunesse, qui vont démontrer que la personne a appris la relativité des choses, que le temps est inexorable et que la sagesse est de faire avec.

« Il est urgent d'attendre », disait Talleyrand quand une situation devenait critique, et Cervantès : « il faut donner du temps au temps ».

Atonie aussi de la tristesse, des yeux qui implorent une aide et que personne n'écoute car on préfère alors voir la bouche *tonique* et courageuse qui lutte encore.

Atonie catastrophique de l'épuisement, de la maladie et de la dépression qui prouve que le fonctionnement du corps et de la tête est entièrement mobilisé pour récupérer et se défendre et qu'il ne permet aucune fatigue supplémentaire « coupant bras et jambes » et même la possibilité de penser.

Tonicité du corps vivant, alerte, souple et vibrant, de la pensée qui est là, curieuse et pleine de plaisir de sa vivacité.

C'est dans les endroits toniques que l'on repère où est le plaisir dans la vie de quelqu'un, où il s'amuse et garde sa jeunesse, son emprise sur la vie, son désir de participer, de faire, de bouger, de bousculer et d'aimer.

La *Tonicité* indique l'ESPOIR.

# Troisième partie

APPROFONDIR ET NUANCER

- *La Loi d'équilibre et d'harmonie*

Jusqu'ici, nous avons survolé la théorie, longuement étudié les conséquences des deux premières lois de la Morphopsychologie *Dilatation/Rétraction* et *Tonicité*, leurs impacts sur la structure de la personnalité et sa façon d'échanger.

Maintenant, nous allons étudier les deux dernières lois (*Loi d'équilibre et d'harmonie* et *Loi de mouvement et d'évolution*). Ces deux lois vont nous permettre d'approfondir encore notre portrait, de continuer à moduler les différents paramètres à l'intérieur de la **globalité** du visage.

J'insiste encore sur cette **globalité** ; le Dr Corman dit souvent que lorsque l'on fait un portrait « **il faut faire la synthèse avant l'analyse** ». Chaque élément doit être ramené à la signification de l'ensemble. Souvenez-vous de ma comparaison au début de ce livre : comme un bon traducteur qui ramène chaque mot au contexte général du texte, le Morphopsychologue ne doit pas faire du mot à mot.

La Loi d'Équilibre et d'Harmonie qui nous a amenés à constater les disharmonies du visage et leurs conséquences sur notre personnalité sera analysée dans les six premiers chapitres de cette troisième partie ; ensuite nous étudierons l'évolution de notre visage dans le temps.

Nous terminerons cette troisième partie en vous donnant plusieurs exemples de portraits morphopsychologiques complets et quelques conseils complémentaires pour réaliser ces portraits.

I.

Réaliser – L'Étage instinctif

• *Portraits*

João Figueiras est en France depuis 20 ans. Il a débuté comme ouvrier dans le bâtiment, et comme une maison bien solide, faite de bons matériaux, reposant sur de vraies fondations, il a construit sa vie.

Pendant ses jeunes années, après sa rude journée, il allait effectuer des réparations chez des particuliers et, tous les week-ends et les vacances, il aidait des constructeurs amateurs qui le payaient à l'heure pour faire le gros œuvre de leur future maison.

Endurant, sobre et courageux, tout ce qu'il gagnait était mis de côté. Il achetait du matériel quand il y avait de bonnes occasions et il put bientôt s'établir en tant qu'artisan dans le bâtiment.

Son acharnement au travail et les résultats rapides et sérieux qu'il obtint entraînèrent rapidement de plus gros marchés. Actuellement, João dirige une P.M.E. avec des ouvriers et des employés aussi durs à la tâche que lui, et tout le monde y trouve son compte. Un bon ouvrier, cela se paie bien. Tout le monde a le droit de s'établir s'il est courageux, c'est sa politique, simple mais efficace.

Fabienne Lerock est un écrivain prolifique, elle est bénie des Muses autant que de Déesse Fortune. Fabienne a deux vies... au moins !

La première, c'est de cinq à dix heures du matin. Elle monte dans son bureau qu'elle a fait aménager sous les toits et là, elle écrit au kilomètre des romans pittoresques et toujours bien documentés. Elle a la recette du cocktail qui se vend bien, une solide intrigue historique et un dosage équilibré d'amour, de sexe et de violence.

Elle « sent bien le vent », actuellement « ils » veulent du spirituel et ses romans s'infléchissent vers l'Orient ou le Moyen Âge. De plus, elle a un style agréable à lire, qu'elle travaille sérieusement et honnêtement.

À dix heures, sa deuxième journée commence. Elle redescend dans son domaine de maîtresse de maison, déjeune avec ses invités très nombreux, autant attirés par sa joie de vivre que par sa culture ou sa bonne table. Là aussi, elle sait faire un « cocktail » d'invités de toutes provenances. En sa compagnie, chaleureuse et drôle, ils vont créer des dîners et des soirées extraordinaires, variées et inventives.

Après avoir jardiné un peu, dressé les menus avec la cuisinière qui lui ressemble comme une sœur et mis la main à la pâte, goûté les sauces ou fait un gâteau, déjeuné rapidement, elle va faire la sieste.

La sieste est une partie de sa vie aussi importante que les autres, son compagnon doit se montrer aussi ardent et sensuel qu'elle. C'est dans la joute amoureuse et le sommeil lourd qui suit qu'elle puise une bonne part de sa joie de vivre et de son équilibre. Elle se ressource dans le plaisir et se réveille en chantant.

Benoît Michu est «un gros dégueulasse», il semble sorti tout droit d'une bande dessinée de Reiser ou faire concurrence au Bérurier de San-Antonio.

Benoît est contremaître dans une usine où il terrorise les ouvrières sous ses ordres. C'était un bon ouvrier jusque vers vingt-cinq ans, quand il a commencé à boire, à tremper dans des histoires louches entre la politique et la délinquance. Il fait partie d'une sorte de mafia qui tient en coupe le «pays», fait le coup de poing dans les manifestations politiques et rançonne tout ce qui peut grossir les fonds de la caisse noire des partis qui l'emploient, et la sienne avec ; il faut être «motivé» dans ce genre de sport.

Benoît est protégé, intouchable et pourtant la police sait bien qu'il a plusieurs histoires très moches à son actif : la petite Mercier dont les parents n'ont pas osé porter plainte, les ouvrières qui ont souvent des «accidents» de travail, les plus jolies, comme par hasard.

Benoît terminera sans doute sa vie comme il a vécu, brutalement et dans un fossé.

Jeanne Martin a dédié sa vie aux malheureux de ce pays africain où elle est arrivée pleine d'illusions et de désirs missionnaires. Jeanne n'était pas jolie, pas très intelligente mais elle était pleine de courage et de bon sens.

Après les premières erreurs de jeunesse où elle avait essayé d'« occidentaliser » les enfants et les femmes dont elle s'occupait, vertement remise en place par les hommes, elle avait compris qu'elle faisait fausse route. Elle avait remonté ses manches et travaillé avec les Africains dans le sens de leurs besoins qui étaient souvent de redresser les erreurs faites par une administration aux habitudes encore coloniales même si le pays était indépendant.

Maintenant dans le village qu'elle habitait, déserté par les hommes partis travailler au loin, elle essayait de sauver les traditions, de reconstruire les maisons comme elles étaient faites autrefois avec quelques aménagements pour améliorer l'hygiène et le confort des femmes. Elle bâtissait une œuvre de longue haleine et ne ménageait pas sa peine. Sa devise était celle de sa sainte patronne, Jeanne d'Arc : « Besognons, Dieu besognera. » Elle allait chercher des fonds en Occident pour son programme de construction et d'irrigation et revenait travailler comme un « ouvrier » et montrer comment s'y prendre.

Elle aimait cette terre et leurs habitants, ils avaient donné un sens à sa vie, elle était reconnue et appréciée par eux, un peu chahutée parfois quand elle se prenait trop au sérieux. Elle leur était reconnaissante de lui avoir permis d'enraciner sa vie dans une œuvre vraiment utile.

• *Correspondances*

C'est par leur *Étage instinctif dominant* que ces quatre personnes ont le goût de la réalisation, la ténacité dans l'effort de longue haleine, le désir de réussir quelque chose et de bâtir une œuvre, mais aussi des appétits matériels et physiques importants.

• *Genèse des fonctions attribuées à l'Étage instinctif*

Dans le survol de la Morphopsychologie des premiers chapitres, nous avons vu que l'*Étage instinctif* communiquait par son *Récepteur* avec la zone basse du corps et les fonctions de nutrition, d'excrétion et de reproduction (p. 33).

Au début de notre vie, tout tourne autour de la bouche, du plaisir de téter, de sucer, de porter tout vers cette bouche avec laquelle se fait notre premier contact avec le monde. C'est véritablement avec la bouche que se fait la base de la connaissance de la réalité extérieure et du plaisir.

Vers un an et demi, l'enfant peut commencer son apprentissage de la propreté et il peut ainsi faciliter le travail de sa maman en allant sur le pot. Il comprend très vite qu'il lui fait plaisir quand ses couches sont propres et la met de mauvaise humeur quand elles sont sales. Il a donc, pour la première fois de sa vie, le pouvoir de faire un cadeau ou de refuser ce que l'on attend de lui. La bouche est devenue un centre d'intérêt secondaire par rapport au nouveau plaisir de ce pouvoir tout nouveau et des sensations agréables que lui procure le soulagement de ses besoins.

C'est d'ailleurs l'âge de la naissance de l'humour. Les premières plaisanteries tournent irrémédiablement autour de «pipi, caca, popo», la plus réussie et qui déclenche le succès le plus franc est sans conteste «cacaboudin».

Vers deux ans et demi, trois ans, l'intérêt va se porter sur le sexe : «Comment c'est fait les garçons et les filles, les papas et les mamans?», et le plaisir que l'on a à explorer la zone génitale.

Ces trois étapes d'évolution de la petite enfance sont oubliées dans les années qui suivent, mais elles constituent la base de la psychologie du futur adulte et de sa structure inconsciente, comme Freud* le démontra.

Ce survol rapide et simplificateur du développement des *pulsions inconscientes* vous montre pourquoi on les rattache à l'*Étage instinctif*.

C'est en étudiant cet Étage que le Morphopsychologue va apprécier l'importance de ces pulsions, leur évolution, comment elles servent la personne ou lui posent des problèmes.

En effet, la psychanalyse a montré comment ces étapes orale/nutrition, anale/excrétion et génitale/sexualité fondaient le caractère et la personnalité humaine. Selon les problèmes rencontrés à ce stade, on est avide ou indifférent, actif ou passif, possessif ou altruiste, jaloux ou tolérant, avare ou généreux, etc.

Ces fondations du caractère, nous allons donc apprendre à les repérer dans l'*Étage instinctif* en sachant qu'un instinct se dérive ou se sublime en des activités très différentes, ou peut aussi se bloquer, être refoulé ou inversé par rapport au sens premier du désir.

Par exemple : tout le monde sait maintenant que le métier de chirurgien est une dérivation vers un but admis et recherché de la société, du désir de l'enfant d'ouvrir pour voir ce qu'il y a dedans et des désirs agressifs. C'est l'acceptation la plus courante du terme de *sublimation*.

Dans l'*Étage instinctif*, nous allons repérer d'abord l'ancrage de la personne dans la **réalité**. En effet, plus cet étage est important, plus il leste en quelque sorte la personne, la rend proche des réalités de la vie, de son fonctionnement matériel et instinctif : « Combien cela coûte, comment cela se fabrique, est-ce qu'il y en a ? », tout le **bon sens** terrien dont on a besoin pour avoir des assises solides et survivre.

Si cette zone est en *expansion*, les trois fonctions naturelles que nous venons de repérer ont besoin d'être vécues dans l'abondance et d'être satisfaites avant de pouvoir faire autre chose. Sinon, la personne ne pense plus qu'à cela.

Elle ne peut plus réfléchir quand elle a faim, par exemple, alors que c'est le contraire pour une *Expansion cérébrale*.

Expansion instinctive
Je n'ai pas mangé,
je ne suis bon à rien
dans le travail.

Expansion cérébrale
Je préfère
ne pas manger
avant de travailler.

Elle a besoin d'une vie sexuelle régulière et abondante qui la ressource en elle-même et augmente son énergie, alors qu'une *Expansion cérébrale* pourra penser que la sexualité lui ôte de l'énergie pour atteindre des buts intellectuels (les études faites à ce sujet tendraient à prouver le contraire). Le passage aux toilettes est aussi un moment de satisfaction où l'on s'assure que tout va bien, «quand la santé va, tout va». Et plein de force, on peut s'attaquer à la réalisation de ses objectifs.

C'est dans cet étage que l'on va trouver les besoins d'avoir et de **posséder** des biens, une terre, une voiture, de belles choses, mais aussi ceux que l'on aime. L'appétit qui, selon les autres expansions, peut se dévier en besoin permanent d'attention et de marques de tendresse, mais aussi en curiosité intellectuelle, désir d'accumuler des connaissances.

Ensuite, vient aussi la **volonté**, la ténacité, la résistance ou l'opposition à l'emprise d'autrui, la **gestion** de sa santé, de ses biens et de ses affections, gestion qui peut être généreuse ou pingre.

L'ambition, qui est la résultante du besoin de réaliser ses potentialités, de passer devant les autres, d'être reconnu et aimé, va être en grande partie déterminée par la sthénicité de cet étage et sa projection dynamisante.

La maturité et l'épanouissement de la **sexualité** peuvent donc aussi y être repérés et, en alliage avec les autres étages, leurs liens avec la tendresse et les sentiments, avec les intérêts intellectuels, spirituels et idéalistes.

La recherche de ces dernières années sur le fonctionnement de la sexualité rejoint les enseignements du Tantra indien et ceux d'autres cultures africaines, orientales ou amérindiennes : elle montre à quel point la sexualité intégrée harmonieusement, ni trop, ni trop peu, dans le fonctionnement de la personne, lui apporte équilibre et confiance en soi, respect de soi-même et des autres et désir de réussir sa vie, non comme une revanche, mais comme l'exercice heureux des talents que chacun a reçu en partage et qui ont besoin de s'exprimer.

Étudions donc cet étage de façon plus technique, en suivant ses transformations, en fonction des lois de la Morphopsychologie.

1. Le Cadre

a – Loi de Dilatation/Rétraction

Étage instinctif *Étage instinctif*
DILATÉ   *RÉTRACTÉ*

La Dilatation nous donne la puissance de la vitalité et des pulsions dans cet étage, le besoin de faire, de réaliser, de mettre la main à la pâte.

La Rétraction nous donne un intérêt moindre pour ce

qui est matériel, manuel, ce qu'il faut toucher, transformer par des actions physiques et concrètes. Les intérêts principaux sont dans les deux autres étages.

N'oubliez pas que *Rétraction* **ne veut pas dire «manque de» mais «difficulté à» et expansion dans un milieu d'élection**. Et chez quelqu'un de suffisamment tonique et Rétracté latéral, la zone en *Rétraction* peut être la **zone de défi**, celle que l'on veut réussir quand on a l'impression que l'on a fait le tour des accomplissements de l'étage en expansion, que l'on a prouvé ce que l'on voulait et que l'on cherche alors de nouveaux défis.

Anatomiquement, **on va repérer son degré d'expansion au volume de cet étage** en regardant, comme on le fait pour un volume, sa hauteur, sa longueur et sa largeur.

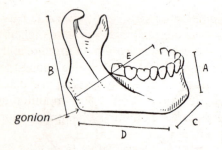

Mandibule

Les **hauteurs** que l'on repérera sont celles : du menton (a) et de la branche montante de la mandibule (b) ; la **longueur** : celle de la base de la mandibule (d) ; les **largeurs** : celles du menton (c) et de toute la mandibule, au niveau de la cassure de la mandibule (gonion) que l'on appelle le diamètre bi-goniaque (e).

D'après ces mesures, on va déterminer la **sthénicité** (force) du Cadre. Plus il est **court** et **compact** (a et b courts, angle carré), plus la mandibule est solide, meilleur est l'ancrage de la personnalité dans le désir de **concrétiser** et plus elle est accrocheuse et tenace.

STHÉNIQUE   *Mâchoire en jugulaire*
               Marc Pajot

Si la mandibule est **longue**, c'est-à-dire si la base (c) et la branche montante sont longues et se rejoignent par un angle ouvert, c'est une *mâchoire en jugulaire*. Il y a alors moins de pugnacité et de résistance à long terme, de «rusticité». La personne se sent plus à l'aise dans les actions de courte durée. Cela est à moduler avec d'autres facteurs car de nombreux champions sportifs ont cette morphologie.

Averell Dalton

Elle est alors le résultat d'une moindre largeur de la mandibule avec projection en avant : c'est la définition de la Rétraction latérale, moins massive, elle donne alors plus de légèreté et de subtilité d'action et le plaisir de dépenser son énergie en mouvement plutôt qu'en construction.

La largeur du menton étant importante, par rapport à celle de la mandibule, cela donne aussi une *tendance réagissante*.

Le résultat est que cette mandibule forme une sorte de **toboggan** qui entraîne la personne à utiliser, brûler activement son énergie dans un domaine physique, sportif par exemple, dont le but n'est pas concret mais, au contraire, du domaine du défi du *Rétracté latéral* : « Toujours plus haut, toujours plus loin », ou comme pour le slogan de Porsche : « Se dépasser, la seule course qui ne se finit jamais ».

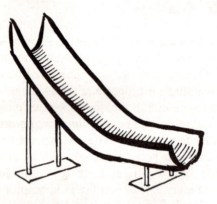

On a envie de **jouer** comme un animal joue du libre exercice de ses muscles. On a besoin de défouler l'énergie plutôt que de l'utiliser de façon constructive, on a donc une capacité de jouer et d'exécuter des actes gratuits.

Une mâchoire plus carrée et large donne un besoin de résultats palpables, qui durent, que l'on peut accumuler, qui servent à bâtir quelque chose. On jouit alors d'un résultat.

Après les rapports en longueur, il faut vérifier les rapports de **largeur** entre le menton (c) et la mandibule (e).

Comme nous venons de le voir quand le menton est large par rapport à la mandibule, cela donne une *tendance réagissante*. Une tendance à commencer les choses plutôt qu'à les terminer.

En effet, la largeur du menton (c) qui va se mettre plus ou moins en *Rétraction latérale*, est ce qui lance, initie une action. La largeur de la mandibule (e), comme siège des forces natives de la personne, est ce qui permet de les mener à bien.

Ainsi, dans une entreprise, celui qui lance un projet, le met en œuvre, entraîne l'équipe avec lui peut avoir ce type de mâchoire. Alors que le contremaître qui va assurer le suivi, activer le travail, sans forcément prendre d'initiative aura un rapport c/e inversé, une tendance concentrée : mettre son énergie au service d'un seul but prédéterminé. C'est de l'exécution et du parachèvement qu'il va être fier.

b – Rétraction latérale

Elle va se voir à la projection du menton par rapport à une ligne virtuelle de *Dilatation* qui serait en arc de cercle (ne pas oublier que dans la *Rétraction latérale*, la bouche est sur un saillant, donc le menton est en retrait par rapport à elle).

Cette *Rétraction latérale* entraîne le désir de faire et d'entreprendre, d'être actif au niveau de la réalisation et de la transformation. Elle donne du courage et si elle est forte de la ténacité, le besoin de relever des défis, de la témérité et de la pugnacité. C'est une des composantes de l'ambition.

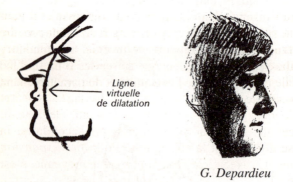

Ligne virtuelle de dilatation

G. Depardieu

c – Rétraction frontale

Au premier degré, c'est donc une **tenue** de la bouche, qui régule le flux des échanges.

Le second degré est son **abritement**. Les échanges sont fortement contrôlés. Le menton peut alors paraître plus saillant que celui du Rétracté latéral. C'est un piège auquel il faut faire attention : des deux, le plus dynamique et impulsif est le premier.

Bouche de RL   *Bouche de RF*
sur un saillant   *le menton paraît plus projeté*

Au troisième degré, le menton se **redresse** et il peut même **reculer** en arrière, de cette ligne de Dilatation. De **contrôlante**, cette *Rétraction frontale* devient alors **inhibante**, la personne a des difficultés à réaliser ce qu'elle a entrepris sur d'autres plans. Par exemple, une Expansion cérébrale va trouver que le passage au concret d'une idée qu'il a eue est la phase la moins élégante du processus. Elle n'a qu'un intérêt très secondaire, la phase noble étant la conception. Pour une *Expansion instinctive*, avec une *Rétraction frontale* moyenne, c'est le résultat qui compte, la conception sans réalisation concrète étant alors considérée comme stérile si ce n'est ridicule.

S'il n'y a pas de *Rétraction frontale* à l'*Étage instinctif*, ne pas en déduire que la personne n'a pas de contrôle sur cette fonction car, comme nous l'avons vu dans l'exemple de la Dilatée au front rétracté (p. 147), le contrôle peut se faire à un autre étage. Jamais de conclusion systématique sur un seul élément en Morphopsychologie, ni dans aucune étude de l'homme. Prenez toujours la précaution de chaque fois vous « **recadrer** » **sur le visage tout entier** et de vous demander si rien ne vient donner une possibilité de modification de votre diagnostic.

Par exemple, cette jeune femme a un menton assez reculé par une forte Rétraction frontale. Elle a choisi un métier de communication qui fait plaisir à sa tendance réagissante et à son expansion affective. On lui reproche souvent de promettre beaucoup plus qu'elle ne tient. Et c'est vrai qu'elle recule toujours l'échéance de s'asseoir à une table et terminer les projets entrepris. Mais si elle aime la personne pour qui elle doit exécuter un projet, elle est alors capable de travailler des nuits entières, assise à sa table et de faire des miracles.

2. LE MODELÉ

Le *Modelé* qui recouvre le *Cadre* osseux va nous montrer comment la personne présente sa façon de réaliser, d'agir, de désirer.

• *Rond*

La volonté, l'ambition, le courage, le désir de réaliser qui peuvent exister vont être présentés de façon diplomatique et séductrice. On ne passe pas en force mais en souplesse, surtout si le *Modelé* est moyennement *tonique*. Cela assouplit la main, le geste est plus onctueux, la parole chaleureuse et le désir perd de sa brutalité au profit d'un contact plus tendre. Attention, le désir reste le même, il est seulement bien présenté (la valeur de «papier cadeau du *Modelé*).

B. Tapie

On remarque aussi que ce *Modelé* a tendance à rendre plus conciliant, plus affable ou plus tolérant.

• *Plat*

La personne cherche la façon adéquate de faire et d'exécuter ; les méplats réveillant la sensibilité, le geste est plus adroit, plus fin, plus précis. La recherche d'efficacité au niveau concret passe en premier. Si l'efficacité est aussi d'être diplomate, on l'est, mais il n'y a pas de problème s'il faut être tranchant et dur alors que le *Modelé rond* considérerait cela comme un manque de savoir-vivre.

B. Vernier-Palliez

- *Creux*

On voit se découper parfaitement la mandibule. Ce *Modelé* est celui de l'intransigeance, de l'exécution forcée et souvent heurtée.

- *Rétracté bossué*

Si le *Modelé* est **rétracté bossué**, c'est-à-dire : une grande Expansion de la mâchoire avec projection du menton et recul de la bouche, des creux, aux joues, c'est le *Modelé* de l'ambition la plus forte de se réaliser, de devenir le « premier » dans sa spécialité – « J'aimerais mieux être le premier dans un village que le second à Rome », disait César, *Rétracté bossué* célèbre –, d'avoir du pouvoir et de l'emprise, d'être celui par lequel les choses se font. Mais elles se font avec l'exigence brutale de quelqu'un qui « a du caractère », qui passe ou qui casse sans considération pour ceux qui l'entourent (toujours si aucun autre trait plus rond dans le visage ne vient corriger ce paramètre). C'est le modelé de la passion, de l'ambition la plus forte.

A. Gomez

Le *capiton* est un de ces paramètres qui peut humaniser un *Modelé rétracté bossué*.

M. Brunet, jeune.   *M. Brunet, vieux.*

M. Brunet jeune était un Rétracté bossué au caractère emporté. Avec l'âge, il a pris de l'embonpoint. Sa secrétaire, avec qui il fait équipe depuis le début de sa vie professionnelle, constate combien il est devenu plus facile de caractère, plus indulgent pour les erreurs de ses collaborateurs, pour les jeunes de l'entreprise. Il a perdu beaucoup du caractère incisif des interventions de sa jeunesse. Pour d'autres, il a pris du savoir-faire, il sait être conciliant en surface et tout à fait aussi intransigeant sur les buts qu'il s'est fixés.

3. La Tonicité

Elle donne le plaisir d'être dans le fonctionnement d'agir, de faire, de réaliser. Une **très grande** *Tonicité* va donner les « Workaholics », les alcooliques du travail. Cette tonicité renforce aussi la volonté d'aboutir réellement, d'être dans le faire et l'avoir.

Une **grande** *Tonicité* de mandibule alliée à la fermeture de la bouche, donne alors un besoin de domination et d'emprise, de revendication permanente dans l'existence. Cela peut donner de la rigidité et de l'entêtement.

Une Atonie légère renverse la vapeur. Elle va permettre de prendre son temps et de ne pas se précipiter. Elle va donner un peu de prudence et un temps pour laisser la réflexion intervenir. Étant donné que l'*Étage instinctif* a moins besoin d'être dans le faire, il apprend à **déléguer**, à faire faire par d'autres, mais le *Cadre* garde le même désir de réalisation. On peut tirer les ficelles plutôt qu'être le pantin que l'on agite.

Si l'*Atonie* est **forte**, on devient paresseux dans l'*Étage instinctif*. L'effort physique est vécu comme trop dur. On n'a plus envie de prendre d'exercice, de monter les étages et de mettre la main à la pâte. C'est alors l'étage «**préfatigué**»; comme il renvoie au corps, il y a de grandes chances que celui-ci ne soit pas très tonique et que la personne néglige sa santé.

Effectivement l'*Atonie* fait que «l'**on ne peut pas s'empêcher de**...» et, en particulier, de profiter du plaisir principal de l'*Étage instinctif* qui ne demande pas d'effort: **manger et boire**. Et l'on ne se refuse pas la boîte de petits gâteaux, ou de chocolat, ou le «petit dernier pour la route» alors que l'on sait bien que l'on ne devrait pas.

Cette **tendance à la facilité** peut aussi entraîner une certaine veulerie ou malhonnêteté.

Attention! Ne pas prendre cette indication pour un syllogisme: «toutes les mandibules atones sont veules et malhonnêtes». Ce serait contraire à la réalité. **Une**

tendance est toujours accentuée, contrôlée, contre-carrée par plusieurs autres éléments psychologiques.

4. LA BOUCHE ET SON RAPPORT AU CADRE

La **bouche** va être le filtre par lequel les pulsions inconscientes instinctives-actives s'extravertissent mais aussi par lequel passe la parole, celui par lequel pénètrent les informations gustatives et sensuelles.

Large et charnue en *Dilatation*, elle donne une forte sensualité de contact, une avidité d'incorporer, de posséder, de profiter, de jouir de ce qui est bon au ventre ou au corps.

Petite et fine, elle réduit les échanges, remplace le besoin de quantité par un besoin de qualité, d'abondance par la sélection des contacts et du plaisir qui va, plus elle se réduit, jusqu'à un dégoût de la nourriture et de ce qui se rattache au corps.

C'est par la bouche que se fait la gestion de notre énergie physique et lorsque l'on cherche à évaluer les potentialités d'une personne, il est important de savoir comment elle se gère, surtout si l'on sait que cette gestion déborde sur celle de la vie de la personne, de ses plaisirs et même de ses finances.

Évidemment une bouche *réagissante*, par rapport au *Cadre*, va donner une gestion présomptueuse et imprudente, une bouche concentrée, une gestion stricte, spartiate et un peu pingre de soi-même. (À moduler avec les autres paramètres.)

5. Harmonie

Le rapport entre la bouche et le *Cadre* va être important au point de vue psychologique. On recherche l'harmonie entre les valeurs de grandeur, finesse (dessin), esthétique et tonicité.

Par exemple, comment se passent les choses lorsque l'on a une bouche qui demande des choses délicates et raffinées et que le Cadre lui, a besoin de quantité, si ce n'est d'extravertir une certaine brutalité ?

Ou bien, si l'on a une mandibule sèche et sthénique et une bouche pulpeuse et plus tendre : on est conscient d'un besoin important et assez réceptif, alors que le *Cadre* est incisif, conquérant et brutal.

Fanny Ardant

Il y a beaucoup de mécanismes par lesquels nous nous efforçons de réduire ces antagonismes. Un des plus courants est la «*projection*». On pense que ce sont les autres qui ont le comportement que l'on porte inconsciemment en soi. Et l'on recherche des gens plus brutaux, agressifs et moins raffinés que ce que l'on se ressent être. On leur reproche donc ce pour quoi on a été les chercher, c'est-à-dire qu'ils fassent vivre cette partie de nous-mêmes que nous ne connaissons pas.

Ainsi, cette jeune femme qui ne travaille pas reproche-t-elle à son compagnon d'être trop terre à terre, de manquer de culture, de raffinement et de trop s'occuper de son entreprise.

Lui,
Récepteurs
plus lourds

Elle,
Récepteurs
fins et
délicats

Couple à Expansions instinctives

Or, si elle partage des amitiés cérébrales avec des relations plus intellectuelles, elle reconnaît aussi qu'ils «planent» souvent et qu'aucun ne l'attire. De plus, elle n'échangerait pas la vie confortable que lui procure son mari pour le salaire aléatoire d'un écrivain ou d'un poète. En simplifiant beaucoup, on pourrait dire que l'ambition et le désir du bien-être physique et matériel que lui donne son Cadre instinctif sont assumés par son mari, alors que consciemment, c'est avec ses Récepteurs fins et délicats qu'elle cherche à s'entourer d'écrivains et d'artistes.

On va pouvoir aussi noter des **disharmonies** au niveau du Cadre, du *Modelé* ou de la bouche.

C'est la dissymétrie au niveau du **Cadre** qui pose le plus de problèmes dans le visage puisque l'Étage instinctif forme la base, les fondations du visage et donc de la personnalité. Si cette fondation est en équilibre instable, cela risque de déstabiliser la personne en entier alors que les dissymétries dans les autres étages seront moins fragilisantes.

Jean-Michel

Dans cet exemple, le côté gauche de la mandibule est beaucoup plus développé que le côté droit. Une dissymétrie légère est courante mais celle-ci est très forte. Elle n'est plus dans les limites de ce qui est facilement gérable, elle va demander beaucoup d'énergie à son propriétaire pour rétablir l'équilibre entre la tendance dilatée du côté gauche et la tendance rétractée du côté droit.

Une partie de la personne se sent expansive et désire faire des choses, réaliser, profiter de la vie et l'autre partie se sent plus réservée, mal à l'aise quand il s'agit de concrétiser, de conclure.

On peut aussi échafauder l'hypothèse que le jeune homme a dû beaucoup se battre dans sa jeunesse (côté gauche) pour affirmer sa volonté, pour avoir le droit à l'autonomie à faire les choses pour lui, par lui-même. Peut-être a-t-il dû lutter contre un milieu familial trop protecteur pour avoir la possibilité de faire les choses comme lui les voulait ou, au contraire, par manque d'aide

> dans l'enfance, a-t-il dû se battre très précocement pour survivre.
> Quoi qu'il en soit, l'arrivée dans le monde adulte ne lui a pas donné les mêmes occasions soit de s'affirmer, soit de lutter contre. Avait-il épuisé toutes ses forces pour acquérir son autonomie et n'a-t-il plus à faire un tel effort ? Et de fait Jean-Michel se plaint d'une distorsion permanente entre ce qu'il désire faire, obtenir et ce qu'il obtient effectivement. Il dit qu'il manque de stabilité, qu'il n'a pas confiance en lui et que souvent, il sait qu'il se laisse envahir par une émotivité qui empêche un bon niveau de réalisation, que la coordination motrice n'est pas excellente. En ressentant ce malaise, il est souvent d'un attentisme que rien d'autre dans sa morphologie ne peut expliquer.

6. Évolution

• *La Mimique*

Au niveau de la bouche elle est extrêmement complexe à saisir et de nombreux paramètres interviennent : du sourire paisible et rayonnant d'un Bouddha à celui, carnassier, d'un « raider », croqueur de sociétés vulnérables. C'est, avec les yeux, la zone la plus mobile du visage et la plus expressive.

Selon la **Tonicité**, elle donne des renseignements précieux sur l'implication de la personne dans la vie : si elle est ferme et relevée, la personne est active, tient le coup et la bouche est la dernière à lâcher quand la personne est atteinte par un choc physique ou moral.

Bouche tonique   *Yeux Atones*   *La bouche lâche*
               Bouche souriante

Quand les yeux sont *atones*, la personne est triste, désemparée et n'a plus de courage moral. Quand la bouche est lâche, c'est que la personne est atteinte au niveau de ses réserves vitales et n'a plus de courage physique pour résister.

Attention de ne pas vous laisser abuser à ce niveau en vous laissant entraîner par la bouche ou le regard d'une personne.

La bouche peut sourire alors que les yeux pleurent. C'est ce que l'on fait lorsque l'on est triste et que l'on essaie de faire face, de tenir le coup.

Si vous cachez le bas du visage avec un écran, vous voyez alors seulement la détresse de la personne dans son regard, sans le courage de la bouche.

À l'inverse, à la télévision, vous pouvez observer parfois une présentatrice vous annoncer très tristement une catastrophe dans un coin du monde, avec la mine de circonstance. Si vous cachez le reste du visage vous pouvez peut être voir ses yeux qui pétillent parce qu'un machiniste lui fait des grimaces pour la déconcentrer.

Avec la *méthode des substitutions*, dont le Dr Corman donne de nombreux exemples dans *Visages et Caractères**, on peut facilement repérer comment la mimique de l'*Étage instinctif* influence l'expression de la personne et le regard (voir p. 411).

• *Évolution dans le temps*

À ce niveau et dans la maturation de la personnalité, l'*Étage instinctif* apporte de nombreuses indications.

La *Dilatation* et l'*Atonie* donnent un côté réceptif au niveau instinctif qui rapproche la personne de la **petite enfance**. Sans *Tonicité* ou *Rétraction latérale*, on a besoin que les autres s'occupent de nous, **nous prennent en charge** non seulement au niveau matériel, mais aussi de la sexualité qui est passive : « Je m'abandonne à vous. » La personne qui attend qu'on lui apporte le plaisir et donne la responsabilité de sa réussite à l'autre, avec lequel elle est aussi tyrannique et exigeante dans sa demande qu'un enfant l'est avec sa maman.

Quand *Rétraction latérale* et *Tonicité* interviennent, de spectateur avide on devient **acteur**, on va chercher ce dont on a besoin, chasseur à l'affût du gibier convoité, consommateur ardent, **directif** et égocentrique.

C'est la *Rétraction frontale*, en reculant la demande avide des lèvres du *Dilaté* ou du *Rétracté latéral* qui exerce une révolution copernicienne. Bébé, il se sentait le centre de l'univers, le petit soleil de sa maman. Il va bien devoir se rendre compte qu'il est un individu parmi des millions d'autres, sans particulièrement plus de droits où de chances et qu'il faut en rabattre de ses prétentions. Aussi dur que soit cet écroulement des illusions, c'est lui qui prépare la **maturité** : « J'ai besoin que l'on s'occupe de moi, j'aime prendre, faire et consommer, mais les **autres** aussi. » Le système ne peut donc fonctionner que s'il y a un échange. « Je suis un membre de la société et pas son nombril, responsable avec les autres humains de sa bonne marche et non plus un numéro impuissant à qui les choses arrivent sans qu'il n'y puissent rien ; **si j'ai des droits, j'ai aussi des devoirs**. »

Responsabilité et **discernement** remplacent demande et vulnérabilité. Le sens de la **mutualité** et de la **solidarité** remplace l'égocentrisme ou la démission. Au lieu de se donner des **excuses**, on se donne les **moyens** de réaliser ses buts, ses ambitions et de mettre ainsi ses talents à leur meilleur niveau, au service de la communauté, de la société qui alors vous reconnaît pour ce que vous lui apportez.

Paul Newman jeune   *Paul Newman mûr*

Regardez comment sa bouche de jeune homme est tendre, un peu molle avec une lèvre supérieure surplombante, l'ardeur de son ambition est bien visible dans la sthénicité de sa mandibule mais il ne devait pas faire de gros efforts à cette époque et se laisser porter par les bonnes fortunes que lui procuraient sa jolie « gueule ». Adulte, regardez comme cette bouche s'est affermie. C'est un homme qui se prend en charge, assume ses désirs, paie ses erreurs.

Un exemple d'une autre évolution nous est donné par ce que l'on appelle la **bouche amère**.

Une telle bouche suppose que l'on ait une fermeture forte et consciente de la bouche dans son centre et que sur les côtés qui rejoignent le *Cadre* inconscient, les coins tombent. C'est-à-dire *l'Inconscient* n'arrive plus à maintenir la tonicité vive et ardente de la jeunesse, des illusions d'avant les déceptions.

Ces déceptions peuvent provenir des aléas de la vie, des deuils qu'elle nous a cruellement infligés mais aussi de la « déception de *l'inconscient* » devant l'échec des besoins d'évoluer et de se réaliser ; nous avons vu que cette évolution se fait de façon parallèle avec la maturité psychologique, l'épanouissement de la sexualité et celle de ses possibilités d'intégration sociale et de réussite dans son domaine d'excellence.

Cet échec abaisse donc la commissure des lèvres alors que le *Moi* conscient tient le choc et continue de persévérer dans le même style de vie qui pourtant fait souffrir la personne.

C'est à l'harmonie générale que l'on va reconnaître l'étape du développement psycho-sexuel de la personne, dont nous avons parlé au début de ce chapitre :

harmonie d'un juste milieu entre la *Tonicité* et l'*Atonie*, la *Dilatation* et la *Rétraction*, la *Rétraction latérale* et la *Rétraction frontale*, chacun apportant, à des degrés divers pour chaque personne, la sensualité, la sensibilité, l'ardeur et le contrôle. Cette harmonie jamais atteinte qui donne l'humilité, et donc un sens de fraternité envers ceux qui sont aussi à sa recherche.

Simone Veil

II.

Aimer – l'Étage affectif

• *Portraits*

Fatima est jolie comme un cœur, douce et fragile comme une gazelle, bonne et gentille, bien trop gentille. Elle est la joie de son père dont elle s'occupe comme une petite épouse. Elle ne lui a jamais désobéi, s'est toujours conformée à la tradition mais elle est trop jolie et elle ne sait pas dire non. Il va vite falloir la marier pour que ce trésor ne soit pas volé par un mécréant.

Mais il n'est pas bien pressé, le père, de lui chercher un mari. Que va devenir ce joli sourire tendre si le mari ne la protège pas aussi sûrement que lui le fait ? Elle ne connaît rien de la vie, Fatima, et ne saurait pas se défendre.

Pourquoi y a-t-il autant de monde dans la boutique de Roger Boukobza ! Les costumes qu'il y taille sont à peu près les mêmes que dans la boutique d'en face, la seule qui reste avec la sienne dans ce quartier qui se modernise. Parce qu'il y fait bon, qu'elle est le dernier bastion de toute une tradition qui meurt et surtout parce que sa boutique est devenue le refuge de tous les mal-aimés des environs.

La cafetière chantonne sur le gros poêle en fonte et les conversations ronronnent tranquillement.

Roger est tailleur parce que son père l'était et que c'était un beau métier. Mais ce n'était pas ce qu'il aurait voulu faire. Il voulait être chanteur. Il a d'ailleurs une très belle voix et c'est un bon musicien. Il joue aussi bien du violon que de la clarinette ou de la guitare pour s'accompagner dans les soirées, les mariages et les fêtes où il va jouer avec une bande de «copains d'abord» ou bien chanter ses belles mélodies anciennes de sa voix profonde, chaleureuse et caressante.

Roger ne fera jamais fortune financièrement, sa fortune est dans son cœur.

Gladys est une femme froide et exigeante. Son air aristocratique fait filer doux les petites shampouineuses qui travaillent sous ses ordres.

Par contre son élégance distante donne à ses clientes des envies d'acquérir sa classe et, peut-être, en se faisant coiffer par elle, y arriveront-elles.

Elle a engagé dernièrement un nouveau coiffeur dans son équipe et a décidé de le prendre en main. Sans s'avouer ses sentiments, elle le «suit» particulièrement, lui trouve beaucoup de talent et le pousse dans les congrès et démonstrations où elle l'emmène avec elle.

Hier, elle a vu son protégé embrasser une adorable apprentie dans les vestiaires et ce matin elle l'a convoqué dans son bureau. Elle lui a expliqué qu'elle était très déçue, qu'il ne se donnait pas du tout le mal qu'elle aurait espéré avec l'aide qu'elle lui apportait et qu'elle préférait arrêter là leur collaboration.

Kasumi, assise sur ses talons, crée une composition florale pour exprimer l'élévation de ses sentiments à l'égard de son bien-aimé.

La position de chaque branchage, le choix et la disposition des fleurs expriment ses sentiments en touches légères et amoureuses.

Elle va y passer de longues heures. L'heureux bénéficiaire de tant d'attentions saura en apprécier toute la subtilité. Il saura déceler les souhaits qu'elle formule pour qu'il conserve sa jeunesse et sa vigueur, son courage dans l'adversité et aussi tous les espoirs et les résolutions que l'on peut formuler au début d'une nouvelle année.

Quand il reviendra ce soir, elle aura une attitude respectueuse et un peu distante. Un œil étranger pourrait-il y déceler toute l'attention amoureuse dont elle fait preuve ?

• *Correspondances*

Ces quatre personnes sont de grands sentimentaux, même si cela n'est pas toujours évident dans le comportement plus introverti des deux dernières. Gladys renvoie son beau coiffeur parce que son amour inavoué pour lui a été trompé ; quant à Kasumi, elle montre ses sentiments en suivant d'autres usages.

• *Genèse des fonctions liées à l'Étage affectif*

Comme pour l'*Étage instinctif*, le développement de l'*Étage affectif* se fait au cours de la petite enfance et il est très influencé par l'expansion que prennent la mandibule et le maxillaire supérieur, leur projection en avant en *Rétraction latérale* qui forme « le museau ». Le développement ou l'aplatissement des cavités aériennes intervient aussi dans la plus ou moins grande expansion que va prendre cet étage[1].

En étant très mécaniste, on pourrait dire que si l'enfant est heureux et se développe bien, l'étage va prendre le maximum d'expansion que lui permet son patrimoine génétique.

L'**intégration des stades psychologiques** que nous avons vue au chapitre précédent va se remarquer dans cet étage aussi, montrant l'évolution de la personne, de la dépendance affective totale de la petite enfance, vers l'autonomie relative à partir d'un *Moi* intérieur qui nous permet de nous adapter à la réalité en préservant notre spécificité.

C'est à partir de soi que l'on va pouvoir alors aller vers l'autre de son propre gré. On peut alors **échanger** avec quelqu'un de **différent** en respectant et en reconnaissant cette différence comme enrichissante au lieu de dangereuse, et l'**aimer**.

---

1. Il faut aussi savoir qu'à trois ans un enfant possède 80 % du volume que sa tête aura à l'âge adulte. À onze ans, il en aura 90 %.

1. Le cadre

L'*Étage affectif* ou étage respiratoire est l'étage médian du visage. Du point de vue anatomique, il serait correct de dire qu'il débute, à sa base, au-dessus du maxillaire et qu'il comprend la zone des bosses sourcilières, au-dessus des yeux, puisque ce sont des cavités aériennes respiratoires. Il faudra garder cette précision anatomique en tête pour s'y référer dans nos études globales.

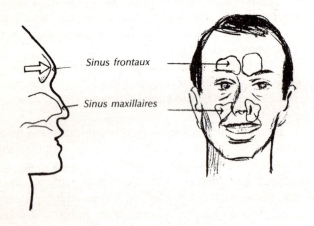

Sinus frontaux

Sinus maxillaires

Si j'insiste beaucoup sur le fait que c'est un **étage respiratoire**, c'est parce que la relation qui existe entre la respiration, les sentiments et les émotions est parfaitement établie. Si les yogi le savaient depuis des milliers d'années, les psychologues l'ont redécouvert, et les différentes techniques de relaxation ou de travail sur les émotions agissent abondamment sur cette relation. En effet, observez-vous quand vous éprouvez une émotion :

vous avez l'impression que votre poitrine se serre si cette émotion fait mal, ou au contraire qu'elle s'ouvre si c'est une émotion agréable. Et de fait, en situation de stress, le rythme respiratoire s'accélère mais la respiration est courte et superficielle alors qu'en situation agréable, la respiration peut être profonde et « basse ».

Dilatation/Rétraction

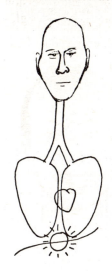

La Loi de Dilatation-Rétraction se trouve vérifiée non seulement au niveau de cette impression d'ouverture ou de fermeture mais aussi au niveau anatomique, dans la sphère supérieure du corps, le tronc : plus ou moins grande ouverture pulmonaire, diaphragme plus ou moins contracté, plexus solaire contracté ou décontracté, rapidité cardiaque, afflux hormonal. Il en va de même sur le plan de la morphologie du visage qui va subir, lors de sa construction, l'impact de ces ouvertures ou de ces fermetures.

Il est tout à fait étonnant, et cela est cohérent avec la théorie de la Morphopsychologie, de voir à quel point les cavités aériennes et donc les os de la face vont se modeler dans l'évolution de la construction du visage de l'enfant parallèlement avec la construction de sa personnalité profonde, de son *Moi*.

a – Dilatation

Si cette construction se fait dans un milieu où l'enfant s'épanouit affectivement, où il se sent aimé et rassuré, respecté, l'*Étage affectif* va prendre la plus grande expansion possible par rapport à ses possibilités génétiques. Les pommettes vont être larges et puissantes, couvrant toute la surface de la joue, les cavités aériennes bien ouvertes reposant sur un palais de forme arrondie, vont être bien développées, donnant une impression de gonflement des côtés du nez comme chez les bébés heureux.

b – Rétraction

Au contraire, tous les manques affectifs vont serrer le cœur de l'enfant, l'amener à se replier sur lui-même, mais aussi à se défendre, peut-être à s'attendre à moins de chaleur affective de la part de son entourage. Cela va se marquer par une *Rétraction du Cadre*, les pommettes vont peu à peu s'aplatir, puis s'écraser.

L'aplatissement, comme nous l'avons vu plus haut (p. 176), signale une sensibilité active de défense, c'est-à-dire une mise en alerte, une vigilance d'autant plus forte que la *Rétraction* l'est, vis-à-vis de tout ce qui pourrait faire souffrir. C'est ainsi que l'on apprend à se protéger tout à fait inconsciemment (tant que l'on étudie les forces à l'œuvre dans le *Cadre*, c'est de forces *inconscientes* qu'il s'agit), à ne pas s'exposer, à rester dans son coin au lieu d'attendre, plein d'optimisme, que l'amour se déverse sur vous comme quelque chose de naturel et de dû.

Il faut toujours se souvenir qu'une *Rétraction* est ressentie plus vivement sur un *Cadre* à tendance *dilatée*, puisque la personne ne voudrait vivre que dans l'ouverture, la confiance et le plaisir. La vie l'a donc obligée à restreindre cet appétit, alors que, sur un Cadre Rétracté, une *Rétraction* de plus passe, en quelque sorte, dans le bruit de l'orchestre.

On va repérer aussi **la hauteur des pommettes**. Voyez dans ces deux exemples, la différence que vous percevez intuitivement entre ces deux personnes :

Bengalais

Plus les pommettes sont **basses**, plus elles sont dans la massivité terrienne que l'on peut s'attendre à trouver dans l'*Étage instinctif*. C'est-à-dire que pour satisfaire ses besoins affectifs profonds, la personne a besoin de manifestations **tangibles et concrètes** d'affection. Le contact physique, même vigoureux, est recherché. Pour faire une comparaison hardie : on ressent très bien qu'un gros chien va préférer, comme manifestation d'affection, des bonnes tapes, être un peu bousculé, bouchonné vigoureusement.

Au contraire, plus les pommettes sont **hautes**, plus une expression aérienne des sentiments est recherchée. On recherche ou l'on exprime des sentiments avec plus de **qualité**, de **délicatesse**, d'attention subtile, que de manière quantitative et plus brutale (avec des pommettes basses). Le raffinement qui accompagne ces pommettes hautes provient d'une demande profonde d'**idéalisation de la vie affective**.

Reprenons la comparaison animale : un petit chien de salon ou un chat appréciera, lui, plutôt des marques plus raffinées et délicates d'affection. Il marquera une nette désapprobation, si ce n'est du dédain, pour des marques de tendresse bruyantes et rustiques.

Vous vous souvenez de Kasumi, la jolie Japonaise amoureuse, fleurissant l'entrée de sa maison pour son bien-aimé.

Pour un étranger, le rapport de ces amoureux pourrait paraître froid et distant. Or, il n'en est rien. Ils expriment leurs sentiments différemment.

c – La Rétraction latérale

Elle va se marquer par un aplatissement des côtés du visage et l'avancée en museau de l'étage (croquis 1 de la p. 221). La personne va passer de la réceptivité tendre de la petite enfance à la recherche active et vigoureuse de camarades de jeu, de compagnons d'activité avec qui on partage le même goût pour l'action. Le nez suit le mouvement et pousse vers l'avant alors qu'il était petit et concave au berceau.

d – La Rétraction frontale : la Rétraction latéro-nasale

La **Rétraction frontale** va s'exercer en repoussant la face en arrière. Pour se la représenter mentalement, il faut imaginer que pour sculpter en terre glaise un visage, on le fait sans le nez que l'on ajoutera ensuite.

La *Rétraction frontale* pousse donc le museau en arrière, vers l'intérieur du crâne, comme si on donnait des coups de poing des deux côtés du nez pour les écraser. C'est pour cela que le Dr Corman a nommé cette *Rétraction frontale*, la *Rétraction latéro-nasale* car elle aplatit les côtés du nez[1].

---

1. Elle fut aussi appelée Rétraction adénoïde pour marquer les problèmes de végétations adénoïdes et Rétraction schizoïde car elle coupe la personne de la relation affective (*skizein* en grec veut dire fendre, diviser, couper).

De même qu'il peut y avoir une *Rétraction frontale* légère, moyenne ou forte, la *Rétraction latéro-nasale* peut, elle aussi, avoir trois degrés successifs d'écrasement qui donnent trois modalités différentes d'affectivité.

Essayons de voir comment se produit cette *Rétraction latéro-nasale*, en suivant un modèle explicatif qui simplifie la réalité, mais permet de mieux comprendre ce qui arrive.

Nous avons fait un parallèle étroit entre la respiration et la vie affective en remarquant combien la respiration est ample, profonde et lente quand la personne est pleinement heureuse et détendue.

Que se passe-t-il lorsque nous éprouvons un choc affectif, par exemple, l'annonce d'une mauvaise nouvelle ? La respiration devient haletante et nous respirons par la bouche avec une toute petite respiration, qui ne gonfle plus que le haut des poumons. Pour éviter de ressentir quelque chose de désagréable, nous pinçons le nez dans une mimique qui ressemble à un air dégoûté et qui permet de réduire l'entrée de l'air vers les cavités aériennes.

Mimique de serrage du nez

Le résultat de ces deux manœuvres est une moindre sollicitation des cavités aériennes.

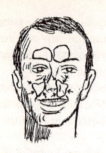 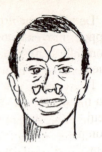

Réduction des sinus maxillaires

La fonction créant l'organe, sa moindre sollicitation amène une atrophie et cette cavité au lieu de pousser vers l'extérieur les côtés du nez, implose en quelque sorte et se recule en arrière.

En fait, le processus est beaucoup plus complexe. De nombreux problèmes interviennent au niveau de la bouche et de la dentition. Même le port du corps et de la tête intervient. Les travaux en stomatologie et en orthopédie dento-faciale corroborent tout à fait la théorie morphopsychologique.

a) Promaxillie constitutionnelle et déséquilibre facial avant traitement
b) Modification esthétique après traitement fonctionnel de 7 mois D'après croissance crânio-faciale de M.-J. Deshayes*

La recherche conjointe dans ces disciplines pourra apporter des éléments fondamentaux au niveau de la corrélation entre la psychologie et la Morphologie de la face.

La *Rétraction latéro-nasale* commence vers trois ans[1] au moment où l'enfant doit accepter de ne pas être le seul amour de sa maman ou de son papa, la période du complexe d'Œdipe. Elle se poursuit pendant l'adolescence où le malaise, le centrage sur soi accompagnent ce travail de *Rétraction frontale*.

Parfois il n'y a pas eu de *Rétraction latéro-nasale* avant la première déception amoureuse et celle-ci est alors prise de plein fouet, car il n'y avait aucun système de défense, aucune protection de construite pour éviter une trop grande souffrance.

L'AMOUR DÉÇU DE LUCIE

Lucie est vraiment amoureuse. Elle ne pense et ne vit qu'en fonction de Robert. Depuis qu'elle l'a rencontré, à la plage au mois de juillet, elle a l'impression de planer sur un nuage. Son cœur et son corps sont en communication totale avec lui. Lorsqu'elle n'est pas dans ses bras, elle lui écrit, elle rêve de lui, elle vit par lui. Robert, lui, est un peu amusé par cette passion qu'il provoque, flatté aussi de constater à quel point Lucie se donne à lui.

---

1. Chez la plupart des enfants. Cet âge est approximatif comme l'est l'âge de la problématique œdipienne.

Certains bébés ont une Rétraction latéro-nasale à la naissance.

Après la découverte, il devient cependant un peu agacé de tant de sollicitude. Il a l'impression d'étouffer, d'être submergé par ce flot ininterrompu d'attentions et d'embrassements.
Et plus il a envie de lui dire qu'il a besoin d'un peu d'air, d'avoir une vie à lui, plus elle s'accroche et devient « collante ».

ELLE
Dilatation
fine,
sans
Rétraction
latéro-nasale

LUI
Rétraction
latéro-nasale
moyenne

Robert rompt afin de pouvoir retrouver une vie à lui sans être surveillé, sans avoir de comptes à rendre, sans se sentir toujours coupable de ne pas donner assez.
Ce coup de tonnerre donne à Lucie l'impression qu'elle se brise d'un seul coup, qu'elle plonge dans un puits sans fond, qu'elle va mourir puisque Robert ne l'aime plus et qu'il n'y a plus rien sur la terre qui puisse la consoler.
Après une longue période d'effondrement, Lucie se réveilla un matin, furieuse contre Robert et contre les hommes en général, à qui on donne tout et qui vous abandonnent en vous piétinant pour aller s'amuser.
Pendant toute l'année scolaire qui suivit, Lucie se jeta dans les études avec une rage de revanche qui n'avait d'égal que son agressivité envers les garçons qui osaient lui adresser la parole.
Après la réussite à son examen, elle partit en voyage et se sentit alors prête à faire le point, à se demander un peu ce qui était arrivé, à ressentir combien elle avait été naïve l'été précédent. En fait, elle ne savait même pas qui était

Robert. Elle avait aimé Robert parce qu'elle avait absolument besoin d'aimer quelqu'un, qui que ce fût. Elle avait une bonne part de responsabilités dans cet échec. Elle n'avait plus envie de son attitude en tout ou rien : d'abord « je suis complètement à toi » : puis « je n'aimerai jamais plus ».

Par contre, elle sait maintenant qu'elle ne retrouvera jamais l'intensité de ce premier amour, qu'elle conservera des intérêts à elle, du temps pour elle, pour s'occuper de sa vie, continuer à voir ses amis. Elle ne fera peut être plus jamais totalement confiance à quelqu'un.

Elle se rend compte aussi que si elle avait gardé un peu de distance avec Robert, il ne l'aurait peut-être pas quittée car elle aurait toujours été à conquérir, jamais tout à fait possédée.

En regardant les photos qui avaient été prises d'elle pendant cette année, elle était stupéfaite de son changement. L'an dernier, elle avait l'air d'une petite fille naïve. Maintenant, elle faisait beaucoup plus mûre, plus « dame », un peu hautaine et cela ne lui déplaisait pas.

Sur cette photo, Lucie a un Étage affectif enfantin, dilaté avec son nez un peu retroussé au bout.

À la rentrée, elle décide de travailler ses examens et de ne plus regarder de garçons. Son nez s'est fermé. On a l'impression que ses narines se collent et qu'elle pince les côtés du nez.

Au cours de l'année scolaire, toute la zone latéro-nasale s'aplatit pendant que son nez devient plus fin et ses narines de plus en plus collées.

Pendant les vacances de l'année suivante, elle rencontra, au cours du voyage, un autre garçon avec qui elle parlait beaucoup et qu'elle apprit doucement à apprécier. Très prudente, elle garda ses distances au départ, mais peu à peu, au cours de longues promenades et d'activités sportives qu'ils firent ensemble, elle eut l'impression de revivre, qu'un étau se desserrait peu à peu de son cœur. Elle pouvait respirer de nouveau, à pleins poumons, sa joie de vivre.

Lucie a acquis une Rétraction latéro-nasale moyenne.

La Rétraction latéro-nasale est installée, elle protège Lucie d'une trop forte ouverture (du cœur), ce qui lui permet de pouvoir aimer de nouveau mais avec plus de vigilance et de conserver sa personnalité. Ses narines s'ouvrent à nouveau et vont garder une forme oblongue de juste milieu entre l'ouverture ronde de la Dilatation et la fermeture de la Rétraction.

• *Les trois degrés de la Rétraction latéro-nasale*

Voyons maintenant l'évolution de cette *Rétraction latéro-nasale*.

1. Bibi

1. Si la *Rétraction latéro-nasale* est **inexistante**, comme chez un *Dilaté* pur, nous avons déjà vu que les sentiments sont sans aucune retenue et donnent une affectivité qui fusionne avec les personnes aimées. La personne n'a aucune maîtrise sur ses sentiments, ne se protège pas, ne sait pas dire non. Elle a un «cœur gros comme ça», qu'elle partage avec tout le monde. Elle est influençable, sans personnalité véritable car elle imite les gens dont elle veut se faire aimer. (Attention, cette retenue peut se faire par de la *Rétraction frontale* dans un autre étage.)

2. Avec un **début** de *Rétraction latéro-nasale*, la sensibilité de défense commence à agir. La personne a été confrontée à des manques d'amour, à la solitude et s'est rétractée, elle est rentrée un peu en elle-même, dans sa coquille, pour moins souffrir. Le résultat est qu'elle va être moins expansive, avoir une certaine réserve et un début d'indépendance sur le plan affectif. (N'oubliez pas que *Rétraction* veut dire expansion en milieu d'élec-

tion, c'est-à-dire qu'avec quelqu'un d'aimé et dans des conditions de sécurité, la personne se conduit comme une *dilatée*.)

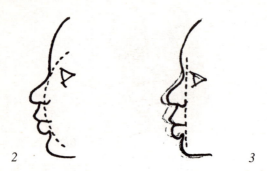

2   3

3. La *Rétraction latéro-nasale* **moyenne**, le méplat sur les côtés du nez augmente le processus de retrait à l'intérieur de soi-même. Ce retrait retire une partie de l'énergie disponible pour l'extraversion affective et la garde pour la personne elle-même qui va donc essayer de se suffire à elle-même un peu plus sur le plan affectif, d'avoir moins besoin des autres pour moins souffrir de leur absence ou des manques qu'ils occasionnent. On peut supporter les frustrations sans que cela soit trop pénible. En fait il y a un sentiment sous-jacent de la certitude que personne ne pourra jamais combler ce vide, cette solitude, et qu'il faut vivre avec.

La personne se sent relativement indépendante, peut vivre seule et a besoin, si elle vit avec d'autres, de moments de solitude.

La personne a conscience de l'importance des sentiments, de leur besoin d'expression et d'être comblées, mais au bon moment et avec une personne choisie.

On dit qu'il y a un **Moi qui régule** le flux des sentiments, l'extraversion et l'introversion selon les circonstances.

4

4. La *Rétraction latéro-nasale* **forte** retire la plus grande partie de l'énergie vers l'intérieur. Les besoins d'amour sont *refoulés*, on n'en parle plus et on se blinde contre les sentiments qui sont perçus comme dangereux. La personne est froide, raide et manque de spontanéité.

« La chose dont j'ai le plus peur serait de tomber amoureux, de perdre mon indépendance, d'avoir quelqu'un sur mon dos, à qui j'aurais des comptes à rendre », « Je n'ai besoin de personne, je n'ai rien demandé à personne, qu'on me laisse tranquille » sont des phrases dictées directement par la *Rétraction latéro-nasale* forte ou en cours de formation[1].

---

1. Les kinésithérapeutes savent qu'il y a une corrélation entre la *Rétraction latéro-nasale* et la contraction des muscles profonds du bassin, appelés **psoas**, qui sont très contractés lorsque la personne est tendue, angoissée et qu'elle a une forte introversion affective, n'arrivant pas à faire communiquer ses sentiments avec sa sexualité, très appauvrie du fait de ce manque de communication.

Luc Dietrich

• *Où elle s'exerce*

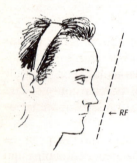

La *Rétraction frontale* peut aussi s'exercer au bas de l'*Étage affectif* : la base du nez est reculée en arrière ainsi que la lèvre supérieure. Par contre, les yeux restent à fleur de peau. La retenue s'exerce davantage au niveau du désir d'échanger, sur un plan de tendresse physique, qu'à celui des intentions (plus cérébrales).

– Elle peut s'exercer dans la zone **moyenne**, sur les zones plates de chaque côté du nez, entraînant la bouche en arrière ainsi que les côtés du nez et le plancher de l'orbite.

C'est la *Rétraction latéro-nasale* classique que nous avons décrite plus haut.

– **Cette *Rétraction frontale* peut s'exercer directement sur de la *Dilatation* sans qu'il y ait un passage par la *Rétraction Latérale*** et, à ce moment-là, on a une face aplatie « en galette », comme chez les Cambodgiens que nous avons vu p. 224-225.

La retenue s'exerce sur la *Dilatation* et empêche l'expansion vers l'activité. On a alors des personnes très timides de comportement, restant en retrait et donnant, à la fois, une impression de passivité et de sagesse.

L'affrontement est systématiquement évité. On attend que les choses arrivent avec fatalisme.

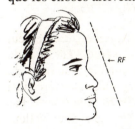

– Enfin la *Rétraction frontale* peut s'exercer sur le **haut** de l'*Étage Affectif*, en reculant le plancher de l'orbite alors qu'elle laisse la base du nez et la bouche en saillie.

C'est alors au niveau de la prise de conscience des sentiments qu'il y a des difficultés.

Il y a, en effet, une différence entre la prise de conscience des sentiments et le peu de retenue qui s'exerce, de fait, sur leur expression. La personne est lucide, sait qu'elle devrait se préserver davantage mais cette lucidité ne change pas son comportement. À la limite, elle lui gâche juste le plaisir, l'empêche d'en profiter et l'angoisse beaucoup.

Si j'insiste si longuement sur la *Rétraction latéronasale*, c'est parce que c'est un des points les plus difficiles à voir et à comprendre en Morphopsychologie. Il faut faire beaucoup d'exercices pratiques sur des sujets vivants et sur des photos avec un professeur qui corrige et guide un regard qui n'est pas encore exercé.

C'est aussi le **point capital** pour comprendre l'évolution de la personnalité.

En effet, voyons quel est son apport en séparant, de façon très arbitraire, l'impact positif et négatif de cette *Rétraction* car selon les personnes et leur degré de *Rétraction latéro-nasale*, son impact peut être apprécié diversement. En effet, cet impact va dépendre non seulement du degré de *Rétraction latéro-nasale*, mais aussi de la globalité du visage.

APPORT DE LA RÉTRACTION LATÉRO-NASALE

POSITIF	NÉGATIF
• Naissance du Moi	• Rend difficile la spontanéité
• Régule le flux des sentiments	• Renferme sur soi-même (ce sont les autres qui le disent)
• Protège des chocs affectifs	
• Blinde, intériorise les sentiments, les rend plus profonds, plus durables donne de l'indépendance, de la réserve, du quant-à-soi	• **Très forte** donne un blocage émotionnel, de forte difficulté à ressentir, à éprouver des sentiments ; on se sent froid « ignifugé contre l'amour ».
• Tolérance à la frustration	• Peut rendre agressif contre les manifestations affectives
• Distance par rapport à autrui	
• Permet la différence d'avec l'autre : l'autre est différent, en face, opposé. On peut l'aimer, le haïr ou les deux à la fois.	• On peut se sentir persécuté et devenir malveillant, la personnalité se durcit, se fige et n'évolue pas.

2 – LE MODELÉ

Il va se conjuguer avec les autres éléments du *Cadre* et les estomper superficiellement – *Modelé rond* – ou les accuser – *Modelé sec et creux*.

Le Modelé rond apporte une bonhomie chaleureuse et tendre, la personne a un contact facile, un peu envahissant pour un plus *rétracté* qu'elle. Quelle que soit la *Rétraction* sous-jacente à ce *Modelé*, on se comporte comme si tout allait bien, dans le meilleur des mondes et que « tout le monde il est beau, tout le monde il est gentil ».

G. Delbarre, jardinier. « Il y a des hommes tant mieux et des tant pis. Moi, je suis un homme tant mieux ! »

Le Modelé plat accompagne la *Rétraction latérale* et la *Rétraction frontale*. Il y a donc une dynamisation, une activation de la vie sentimentale et aussi une vigilance par rapport au milieu dans lequel on se trouve, les personnes avec qui l'on est pour ne pas se retrouver en difficulté affective.

Claude Chabrol

Le Modelé creux rend la vie affective raide et difficile sur un mode exigeant de recherche de la perfection. Le contact physique n'est apprécié que dans des conditions particulièrement choisies de personne, de lieu et de temps.

Virginia Woolf

Le Modelé rétracté bossué inclut, comme nous l'avons déjà vu, à la fois le *Cadre* et le *Modelé*. Les pommettes sont donc très saillantes. Il y a un fort creux entre l'*Étage affectif* et l'*Étage instinctif*, une **Rétraction latéro-nasale** importante aussi qui serre le nez.

La puissance des affects est coincée par les forces de *Rétraction* et cela crée une forte pression qui donne un caractère passionné et explosif. La personne veut, à la fois, beaucoup d'amour et beaucoup d'indépendance, et ne peut donc jamais être pleinement satisfaite. « M. Dupont, il faut un mode d'emploi pour savoir comment le prendre ! »

Le Capiton va intervenir comme pour les autres étages, apportant chaleur et contact quand il est épais, froideur, distance et exigence quand il est inexistant.

Gérard Depardieu en 1980 à Cannes où il provoqua un scandale par son exigence et son intransigeance.

Gérard Depardieu entre deux tournages au mieux de « ses formes », profitant de la vie.

La Tonicité du *Modelé* se repère à l'impression que rend la peau tirée vers le haut des oreilles, comme par un lifting, alors que l'*Atonie* donne l'impression qu'il y a trop de peau et de chair.

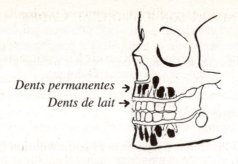

Denture d'un enfant de 6 ans.

L'apparition des ***plis naso-géniens***, marque de vieillissement, est due à plusieurs facteurs : la *Tonicité* moindre des muscles des joues mais aussi à la *Rétraction frontale* qui a reculé la dentition (les enfants n'en ont pas car ils ont cette partie très bombée par le manque de *Rétraction frontale* et la présence des dents permanentes au-dessus des dents de lait).

3. LE NEZ ET SON RAPPORT AU CADRE

Le nez va **exprimer et recevoir** les sentiments et leur donner la «couleur» de sa morphologie.

a – Forme

Étudions d'abord sa forme et son évolution dans le temps.

Le nez du bébé est très **petit** et **concave**, il coïncide avec une affectivité centripète (qui attire vers soi) de dépendance et de demande exclusive et permanente d'amour et d'attention.

Avec la *Rétraction Latérale*, le nez va «**pousser**» et se **projeter** en avant dans l'extraversion active. La racine se décolle du crâne. Les sentiments deviennent «centrifuges», se projettent dans l'aventure, le tourment, le défi et la conquête.

Sans *Rétraction frontale*, cette conquête est imprudente et sans nuances : « Je prends ce que je désire sans trop me préoccuper des sentiments de l'autre. » Mais avec cette avancée du nez, le flair s'est développé, on sent les situations, ce qu'il faut faire, comment se placer, quelle est la stratégie la meilleure pour capturer sa proie.

La Rétraction frontale va faire allonger encore le nez pour qu'il « **protège** » l'entrée des narines et **contrôle** l'élan impétueux et imprudent. Plus forte, elle va reculer le nez en bec aquilin ou le casser (voir p. 240).

Cette *Rétraction frontale* entraîne une maîtrise sur l'expression et la réception des sentiments. « Je ne donne que ce que je veux bien donner et à qui je veux. Je ne me laisse atteindre que dans la proportion que je permets. »

Si la pointe du nez plonge au-delà de la ligne de base et protège de façon presque étanche les narines, cela donne un nez en

« pelleteuse » : « Je vais chercher (*Rétraction latérale*), je ramène mais je ne donne pas (*Rétraction frontale*). »

Plus le nez va s'allonger, plus on va aller vers l'*atonie* de ce *Récepteur* : trop long, il y a moins de *tonicité*. On va moins vers les autres et on reste dans une attitude conservatrice et un peu immobile, vis-à-vis de sa vie affective. « J'aime et je protège les miens comme moi-même, mais pas d'aventure, pas de nouveauté, soyons sérieux ! »

L'Épaisseur du nez intervient aussi : *dilaté*, il va du charnu ou potelé enfantin au nez camard ou en « patate » de certains nez très lourds.

François Dalle

Gérard Depardieu : un nez camard (voir aussi dessin p. 353).

> Souvenez-vous de la première impression que vous a laissée Depardieu. Une grosse brute au cœur tendre, pas méchante, pas compliquée. Et pourtant quelle complexité nous révèle ce visage qui allie effectivement la puissance, la rusticité et la jovialité du Dilaté au besoin d'action du Rétracté latéral. Cette première impression de solidité est démentie par la sensibilité des Récepteurs. Regardez la douceur, si ce n'est la féminité de son regard qui va lui apporter la plasticité nécessaire à l'artiste; l'élégance de sa bouche qui va lui faire aimer les belles et bonnes choses, la belle ouvrage, une jolie femme ou l'élégance d'une tirade de Molière.
>
> Complexe aussi son affectivité, exigeante, passionnée par la largeur des pommettes et puis aussi tendre et généreuse avec un côté enfantin qui cherche la protection d'une femme maternante et sûre qui pourra le rassurer sur lui-même (puisqu'il est concave et charnu du bout). Toutes les oppositions d'une personnalité vont en déterminer la complexité, la richesse, vont féconder son art. Chez Depardieu, le côté boutefeu, aventurier est adouci par l'allongement du visage (élément d'atonie) et ses éléments féminins (douceur, finesse et atonie des yeux, finesse des narines et de la bouche, tonicité moyenne et capiton du modelé) qui lui permettent de s'imprégner du rôle qu'on lui infuse, de se laisser modeler par le metteur en scène et ensuite de rebondir et de jouer ce rôle, de le réaliser en l'enrichissant de son épaisseur humaine. C'est la composante féminine d'un homme qui fait l'artiste, la composante masculine d'une femme qui lui permet de mener une carrière.

Le **charnu** du nez, comme dans le reste du visage, s'accompagne d'un besoin de contacts physiques tendres, de câlins et d'étreintes, de faire du bien au corps.

Plus le nez devient **fin et sec**, plus l'expression affective se fait sur un mode électif et distant.

Ce nez donne l'air aristocratique et hautain de ceux dont on dit : « Ils ne sont pas à prendre avec des pincettes. »

De face, on peut aussi remarquer des nez larges à la base, au centre ou à la racine, marquant ainsi la zone de prédilection des échanges affectifs.

À la base

Au milieu   *À la racine : Romy Schneider*

À la **base**, c'est la zone la plus proche de l'*Étage instinctif*, les échanges sur un **mode physique** sont recherchés : « Je t'embrasse pour te dire bonjour, j'attrape ton bras pour t'expliquer quelque chose. »

Sur le **milieu** du nez, c'est donc la communication affective, **tendre** dans son expression.

À la **racine** du nez, c'est une expression plus idéalisée, spiritualisée, plus mentale et délicate. La **tendresse est désincarnée** et s'exprime par des regards, des attentions, une esthétique de comportement. On a besoin de rêverer l'autre.

LE RACISME DÉMENTI PAR LA MORPHOPSYCHOLOGIE

C'est peut-être ici qu'il faut faire un point sur une triste polémique alimentée par des préjugés racistes de personnes bien peu observatrices, à propos de ce que l'on a appelé le « **nez juif** », qui serait un nez important, rétracté bossué, plongeant et charnu au bout. Or, c'est un nez que l'on rencontre dans beaucoup d'ethnies et qui caractérise des personnes qui ont donc une forte expression affective, un besoin de contacts chaleureux et physiques, beaucoup de sensorialité et de flair. Par contre, il protège leur sensibilité affective.

Ce sont des caractéristiques très utiles dans le monde commercial : aller volontiers vers l'autre, ressentir ce qu'il cherche et comment le prendre, aimer le contact. Mais, par contre, si l'on se met à l'écoute de l'autre, on ne se laisse pas envahir par lui.

On va retrouver ce type de nez chez des personnes de tous pays et religions.

Le prêtre Muchaku,
moine japonais zen
(XIIe siècle)

Paysan andin

Dans leur désir de simplification xénophobe, certaines personnes n'ayant de contact avec la communauté juive de leur pays qu'au niveau des commerçants, n'avaient peut-être pas remarqué, s'ils allaient dans d'autres catégories socio-professionnelles, que ce type de nez n'était pas courant.

Paul Newman

Bernard-Henri Lévy

b – Forme des narines

1. ***Dilatées***, elles sont charnues et épaisses. L'orifice, tout rond et béant, laisse pénétrer et sortir les affects tels quels. (Voir croquis page suivante.)

1

2. ***Rétractées***, elles sont fines et délicates, échancrées. La finesse donne une sensibilité d'appréhension extrêmement délicates, une sensibilité d'écorché vif.

3. Les narines **collées** contre la paroi nasale, pour former l'orifice, sont le résultat d'une mimique volontaire de fermeture aux affects pour prévenir toute souffrance (qui pourrait en provenir).

2   *3*

4. ***Rétractées latérales et toniques :*** elle se relèvent et deviennent **vibrantes** comme les naseaux d'un cheval qui hume les odeurs du petit matin.

La sensibilité s'éveille à l'activité. C'est une alerte

active pour prévenir les imprévus, mais aussi pour aller au-devant des impressions et des odeurs et les rechercher avec plaisir.

5. *Atones* : au contraire, elles descendent et donnent une impression d'inertie ou de mollesse. Il y a peu de vibrations aux sollicitations affectives. La personne est non sensible, ne vibre pas et cela peut donner une impression de flegme.

Le temps de réaction aux affects est ralenti et ils perdent donc leur impact.

6. Les narines ***recroquevillées*** « **à la Chopin** » sont un mélange de *Rétraction latérale* qui les remonte et les tire vers le haut, découvrant la cloison nasale, et de *Rétraction* qui les rend fines et échancrées.

Le mélange d'extrême sensibilité et de recherche active et passionnée du contact affectif est source de bien des tourments affectifs, mais aussi d'une richesse sentimentale très vaste qui peut féconder un tempérament artistique.

4. ÉQUILIBRE ET HARMONIE

L'harmonie correspondra ici à un grand nez avec un *Cadre* large, et un nez fin avec un *Cadre* étroit.

La Tendance concentrée se remarque surtout au raccourcissement de l'Étage affectif (même s'il reste large) ainsi que du nez. Cela donne ce que l'on appelle la lèvre du juge anglais comme Charles Laughton.

Charles Laughton en juge anglais

Il y a un intérêt secondaire pour les problèmes humains et affectifs, ce qui donne une efficacité plus froide au niveau de la conception *(Étage cérébral)* et de la réalisation *(Étage instinctif)*.

La Tendance réagissante est à proprement parler un grand nez sur un *Cadre* étroit.

Louis de Funès

La personne communique de façon chaleureuse avec un contact facile mais, en fait cette extraversion facile cache et protège une grande pudeur des sentiments, une introversion et une difficulté à avoir des échanges sur le plan plus profond.

On classe aussi dans le style réagissant les personnes qui, sur un *Cadre* fin et étroit, ont une grande bouche et de grands yeux mais aussi un petit nez retroussé et ouvert. C'est son **ouverture** qui donne la *tendance réagissante* à l'*Étage affectif* à ce moment-là, alors qu'un grand nez pourrait jouer un rôle protecteur.

DISHARMONIES

Les aléas de la vie vont provoquer des *Disharmonies* au niveau du *Cadre* ainsi qu'au niveau du *Récepteur*.

• *Cadre*

Comme nous l'avons déjà vu, en général, la pommette gauche est plus massive pour quelqu'un qui a pu grandir dans une atmosphère « suffisamment bonne » pour pouvoir se développer de façon expansive au niveau affectif. Puis, si la vie adulte ne lui a pas donné la même possibilité, la pommette droite sera un peu plus écrasée.

• *Modelé*

Le *Modelé* peut être aussi *dissymétrique*. C'est même assez courant de voir des *Modelés* dont la *dissymétrie* est inverse à celle du *Cadre*, par exemple, un *Cadre* plus *tonique*, la pommette plus haute à gauche et le *Modelé* plus *atone*. Il faut donc réfléchir aux conséquences **présentes** de cette perte de *tonicité*.

• *Récepteur : le nez*

Il peut se pencher légèrement ou très nettement vers un côté ou un autre, une narine peut être plus ouverte ou plus *tonique* que l'autre. Il faut chaque fois, cas par cas, réfléchir aux incidences de cette *dissymétrie* sans jamais oublier que c'est un paramètre mineur qui s'intègre dans l'ensemble du visage et de la personnalité.

Beaucoup de Morphopsychologues débutants ont tendance à privilégier ces détails au détriment de la structure perdant de vue l'importance de la *globalité* dans l'étude.

5. Évolution et mouvement

Comme nous l'avons vu tout au long de ce chapitre, l'étage affectif évolue constamment de l'enfance à la vieillesse. Ce qui est remarquable, c'est que la Rétraction latéro-nasale peut se produire assez tard dans la vie (voir Marie Bonaparte p. 491). Le nez aussi évolue et peut perdre sa tonicité en s'allongeant par exemple, mais aussi les narines s'ouvrir et l'arête s'élargir (voir à El Lute p. 422), marquant ainsi la plasticité relative de la vie affective. Si, au contraire, la personne a trop rigidifié son attitude, ceci se marquera par la sécheresse des traits, la mimique figée ou une barre d'arrêt.

Nous pouvons aussi tirer de ce chapitre un principe pour faciliter nos relations Il faut retenir que lorsqu'une relation s'établit ou qu'elle connaît quelques difficultés sur le plan de la communication affective, **il faut laisser au plus *Rétracté* le soin de régler la distance et la forme de communication qu'il souhaite ou peut supporter**. En effet, il trouvera toujours que celui qui est plus *dilaté* l'envahit, veut l'influencer ou le manipuler.

Évidemment, pour le plus Dilaté qui se trouve toujours privé de la quantité d'affection dont il a besoin, cela peut être difficile à supporter. Mais s'il sait respecter cette **règle du jeu**, il aura le maximum de ce qu'un plus *Rétracté* que lui peut donner, alors que s'il demande et exige, il n'aura rien du tout.

III.

Penser – l'Étage cérébral

• *Portraits*

Nadia Lepanger ne passe pas inaperçue. En ce moment, elle est en période punk-Huron avec une belle crête de cheveux rose tyrien du plus bel effet. Toute en noir avec des cuissardes de cuir qui montent le long de ses jambes minces, on la repère très vite. C'est d'ailleurs ce qu'elle cherche tout en rejetant par son mépris ceux qui s'approchent ou surtout lui demandent d'expliquer sa peinture.

Une dame un peu naïve et gaffeuse lui a dit, lors d'un vernissage, avec un sourire désarmant : «Oh, on croirait les planches de cytologie de mon fils qui est en biologie ! »

C'est vrai que ces villosités mauves et rouges rappellent quelque chose. Les êtres androgynes qui fraient dans le même monde halluciné qu'elle semblent constituer une tribu aux rites étranges mais très codifiés. C'est une tribu qui vit la nuit, parle beaucoup de sujets qui ne sont pas de ce monde et qui pourtant les gardent éveillés, avec l'air las et distant de princes grandioses et décadents.

Thomas Foduyé est ethnobiologiste. Pourquoi ce grand Nigérian de 36 ans travaille-t-il sur l'hémotypologie des pêcheurs du lac Titicaca et ce, dans la belle ville rose de Toulouse ?

C'est un des mystères des intérêts intellectuels qui guident présentement les chercheurs dans des sentiers ouverts autant par le hasard d'une opportunité que par l'attrait d'un secteur de recherche.

Thomas, malgré sa belle stature, n'est pas un homme de terrain, il n'a même jamais été en Bolivie et ne parle pas l'espagnol.

Son travail est très technique et repose sur les travaux des membres de son équipe qui, eux, travaillent sur place et renvoient sur Toulouse le matériel collecté.

Thomas aime son travail de chercheur, la logique interne et imperturbable dont il ne faut jamais s'écarter.

C'est un homme rigoureux et méthodique. Et il est autant apprécié pour son travail que pour la chaleur sympathique qu'il fait passer dans l'atmosphère du laboratoire.

Danièle Alchenberger est pasteur. Elle a l'air d'une jeune fille timide et effacée. Dès qu'elle vous regarde ou vous parle, on est immédiatement happé par la profondeur de son regard sérieux et attentif.

Bien qu'elle ait été appelée dans cette ville vieillotte par un conseil paroissial courageux, elle a du mal à s'implanter et à faire passer le fait qu'elle est une femme.

Mais depuis cinq ans qu'elle occupe son ministère, doucement et fermement, beaucoup de choses ont évolué. Il y a plus de jeunes au temple le dimanche et plus de mariages religieux aussi. La culture et l'ouverture d'esprit de Danièle sont fascinantes ainsi que ses capacités pour résoudre les problèmes intercommunautaires des Roméo et Juliette de toutes couleurs et religions.

Le respect et la connaissance profonde qu'elle a des autres religions permet des rencontres fructueuses et harmonieuses là où se préparaient guerre et exclusion.

Elle est surtout respectée par les prêtres des autres communautés religieuses avec qui elle a organisé des rencontres de travail et de théologie comparée.

Robert Chabrier est un Grand Commis de l'État. Il en a l'allure, le costume trois-pièces, le vocabulaire et les lunettes cerclées. Il fait partie de cette race de mutants qui sortent des grandes écoles en donnant l'impression qu'ils n'ont jamais rencontré d'être humain, la tête farcie de graphiques et de théories aussi complexes qu'incompréhensibles pour le commun des mortels.

Robert Chabrier est à l'aise comme un poisson dans l'eau dans les dédales de la politique politicienne. Il connaît tous les bruits de couloir et les manipule avec délectation. Sa vie se passe dans le silence feutré des ministères entre des poignées de main onctueuses et des « assassinats » policés.

Le seul problème est quand Robert Chabrier se trouve dans la position de prendre une décision. Sa totale méconnaissance de la réalité provoque des situations kafkaïennes lorsque les conséquences de cette décision apparaissent au fond d'une sous-préfecture.

Mais Robert Chabrier est beaucoup plus doué pour ouvrir une chaîne de parapluies protecteurs que pour aller sur place étudier le problème dans sa nue simplicité.

Vous avez dit « simplicité » ?

• *Correspondances*

Chacune de ces quatre *« expansions cérébrales »*, chacune dans sa spécialité, procède d'abord intellectuellement : les sentiments, et même la réalité sont d'une importance secondaire dans leur vie.

Nous avons vu avec les *Étages instinctif* et *affectif*, que ceux-ci avaient des connexions étroites avec le corps et ses fonctions. En arrivant à l'*Étage cérébral*, nous touchons à l'Intellect qui, s'il est en liaison étroite avec le reste du corps, de par la fonction corticale et la naissance de la pensée, ne peut être repéré dans le corps.

Sheldon*, qui a fait une des typologies corporelles les plus complètes, reconnaissait que l'on ne pouvait pas déduire l'intelligence des formes du corps.

C'est un des apports essentiels de la *Morphopsychologie*, comparée aux autres études sur le corps humain, que de permettre l'évaluation de l'intelligence, et ceci en dehors d'un contexte culturel, ethnique et évidemment émotionnel. C'est aussi un avantage essentiel par rapport à toute autre méthode d'évaluation de l'intelligence.

Le passage et la réussite à des tests d'intelligence, par exemple, dépendent de très nombreux facteurs qui n'ont rien à voir avec l'intelligence (émotivité du sujet, culture dont sont issus le test et le présentateur, façon dont il est perçu, problème de pouvoir, etc.)

Nous verrons que l'étude de l'**intelligence** n'est pas limitée à l'étude du front mais que c'**est une fonction globale** de l'être et que la *Loi d'harmonie* intervient fortement dans cette évaluation.

Nous allons donc procéder comme d'habitude, pour notre étude de cet étage. Il est, comme nous le verrons, le plus complexe.

Lors de l'évolution de cet étage, sa proportion va en diminuant par rapport aux deux autres étages alors que l'*Étage instinctif* et l'*Étage affectif* augmentent proportionnellement au cours du développement, de l'enfant à l'adulte.

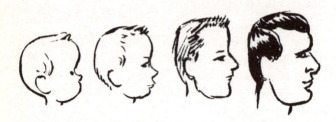

1. LE CADRE

a – Dilatation/Rétraction

La **largeur** du front est déterminée par la largeur de l'os frontal que délimitent 2 crêtes temporales :

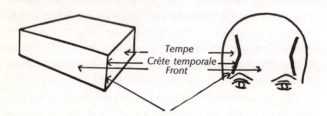

On a l'impression d'une boîte qui se replie à cet endroit

La largeur du front va indiquer l'étendue des intérêts du sujet. Plus il est **large**, plus on s'intéresse à une grande **quantité** de choses.

Plus il est **étroit**, plus les intérêts sont **spécialisés**. Il y a donc une variation entre les extrêmes :

Dispersion des intérêts ↔ un intérêt précis

La **Rétraction** de l'*Étage cérébral* est à bien examiner, en effet il faut distinguer :

– **Un front fortement marqué de Rétraction**, en particulier par des méplats ou des creux qui introduisent toujours une notion d'encadrement de la pensée dans des domaines d'intérêts choisis. Un besoin de structures, d'être logique, et des possibilités d'abstraction et de réflexion.

Un front rétracté est un front petit, étroit et plat ou creux : donc un front qui «**apprend contre**». N'assimilant pas facilement, il doit traduire les informations pour qu'elles soient acceptables par son système de compréhension. Si l'on vous parle dans une langue étrangère, pour comprendre le raisonnement de votre interlocuteur vous devez **traduire** en français. La langue étrangère agit comme le ferait une rétraction pour vous. Cela donne une pensée très personnelle, spécialisée dans un domaine précis, et souvent agressive dans les domaines qu'elle ne connaît pas.

– Un front Rétracté par rapport au reste du visage peut avoir toutes les formes mais il a un degré moindre d'*expansion*. Il se met donc au service de ces deux autres étages.

Sapho

S'il est fortement marqué de Rétraction il peut alors refuser l'expansion des étages inférieurs et se conduire comme un garde vigilant et sévère, d'autant plus sévère que les pulsions affectives et instinctives sont puissantes, pour les empêcher de se manifester. C'est l'histoire de la jeune fille *dilatée* à front *rétracté* que nous avons vu p. 143.

Il peut être :

– 1) large en bas et *rétracté* dans sa zone haute, c'est un front de pensée pratique.

– 2) étroit en bas et large en haut : c'est un front de pensée plus abstraite.

1

2

– Quand le front est large et haut, il peut être soit en *plein cintre* comme une voûte romane : imagination foisonnant dans toutes les directions.

Paul Newman

– Soit en *ogive* comme une voûte gothique : imagination centrée sur les intérêts dominants de la personne (donné par l'étage dominant. Chez Joan Baez l'affectif : aider les autres).

Joan Baez

Quand vous étudiez un front, repérez bien l'implantation des cheveux, ils sont en effet plus épais dans les *zones en Rétraction* et se dispersent sur les *zones en Dilatation*.

C'est pour cela que les hommes chauves ont toujours un crâne rond[1].

Épi saturnien : *zone de Rétraction correspondant alors à un besoin de structurer les productions de l'imaginaire*

Épi temporal : *retour des cheveux correspondant à une zone de Rétraction au milieu du front (la zone de réflexion)*

---

1. Un chirurgien esthétique qui faisait des implants de cheveux pour les chauves a d'ailleurs repris pour moi tout son dossier de 15 ans de pratique et nous n'avons pas trouvé une seule photo de chauve à crâne plat.

Expansion cérébrale

b – Rétraction latérale

– S'il n'y en a pas
Le front est rond

– Si le front est rond plus oblique

– Si le front est *Rétracté latéral*

Pensée réceptive, d'assimilation intuitive, emmagasine l'information avec avidité.
Compréhension immédiate.
Pensée en images.

La pensée devient activement assimilatrice, elle va rechercher l'information avec curiosité.
Les analogies se font plus rapidement.

Pensée active, primesautière, concrète, curieuse. Intelligence sensori-motrice (par essai et erreur), débrouillarde.

L'aplatissement des tempes : *une rétraction latérale qui dynamise la pensée.*

Creusement des tempes : *une rétraction frontale qui intériorise la pensée.*

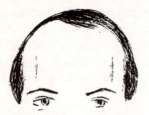

c – Rétraction frontale

L'apparition d'un méplat dans le front, modifiant sa ligne oblique, freine donc sa rapidité pour lui permettre la réflexion. En effet, « penser c'est s'arrêter d'agir ». On va appeler cette zone de *Rétraction frontale* la **Zone de réflexion**.

Elle sépare le front en 3 parties :

C Zone imaginative

B Zone de réflexion

A Zone d'observation

A **La Zone d'observation** correspond à la partie concrète de la pensée.

B **La Zone de réflexion** correspond à la partie raisonnante et analytique de la pensée.

382

C **La Zone imaginative** est ce qui reste du front rond enfantin et qui continue de stocker les images, les rêves, le contenu de l'Inconscient (on l'appelle parfois *Zone conceptuelle* chez les intelligences abstraites qui fonctionnent plutôt sur des concepts que sur des images).

Ce qui est important dans l'étude de la *Zone de réflexion* n'est pas tant sa grandeur ou sa profondeur, mais son **existence**. En effet, c'est sa présence qui introduit des possibilités d'analyse, de logique et de réflexion. Plus elle est subtile, plus la réflexion est au service de l'intelligence, sans entraver sa rapidité, ni sa fluidité, ce qui permet la vivacité d'esprit. Sinon, c'est l'intelligence qui est ralentie par une réflexion excessive.

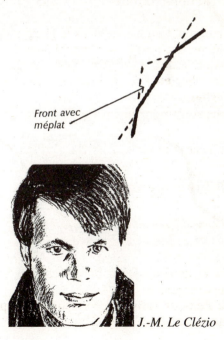

J.-M. Le Clézio

2. Le modelé

Le Modelé du front va se confondre avec l'étude de la Rétraction frontale.
En effet, nous venons déjà de voir le *Modelé rond* avec le *front rond*.

Front plat ondulé

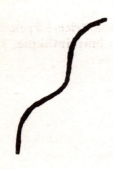

Front rétracté bossué

La *Rétraction frontale* est présente. La pensée est **analytique**, **structurée**, les objets d'études sont **hiérarchisés**.

La *Rétraction frontale* devient **inhibitrice**. La pensée s'arrête sur l'analyse et devient **labyrinthique**, se bloque dans les domaines non familiers.

Si la *Rétraction frontale* continue de creuser le front, elle devient une «***barre d'Arrêt***».

La *Rétraction frontale* peut être si forte que l'on arrive à un ***front surplombant*** par rapport au reste du front et aux *Bosses sus-orbitaires*.

Front surplombant

Du point de vue de la définition, on ne peut parler de **barre d'arrêt** véritable que si le front est droit ; lorsqu'il y a une obliquité, comme dans le dessin précédent, l'énergie circule encore dans la **pente** de la *Rétraction latérale* et le besoin de résoudre les problèmes l'emporte sur le blocage, alors qu'en barre d'arrêt, le blocage est effectif.

Cela devient une pensée défensive car elle ne peut plus avoir accès à la *Zone imaginative* et, comme c'est une zone de *refoulement*, elle craint tout ce qui la mettrait en relation avec l'intuition, le monde du rêve, l'inconscient mais aussi ce qui peut être considéré comme féminin ou artistique, psychologique ou parapsychologique. La personne a d'ailleurs une **attitude émotionnelle** à propos de ces sujets. Alors qu'elle se veut très rationnelle, son attitude n'est pas celle d'un esprit qui cherche à comprendre scientifiquement[1].

C'est une ***pensée défensive*** parce qu'elle n'aide pas à comprendre ou à s'adapter, mais à se défendre du contenu de l'inconscient qui est vécu comme dangereux. Tout ce qui pourrait rappeler ce contenu par association de pensées est aussitôt repoussé avec violence.

La pensée ne circule pas au-delà de ce qui est « logique », la personne se bute, devient agressive et refuse de comprendre ce qui se passe autour d'elle. « Je ne comprends pas que les autres agissent ainsi ! » (Voir aussi p. 244.)

La personne ne comprend que ce qui entre dans des schémas de pensée qu'elle a déjà elle-même établis, sinon la pensée se bloque.

---

1. En effet l'attitude scientifique consiste à étudier un sujet sans préjugés, avec ouverture d'esprit, et surtout sans émotion et à donner son avis seulement après cette étude rigoureuse ; ainsi que le préconise Claude Bernard* dans « Introduction à la médecine expérimentale ».

3. TONICITÉ

Au niveau de l'ossature, du *Cadre*, nous savons que c'est la hauteur qui détermine la *Tonicité* :
– plus un front est court, plus c'est un front **concret** qui s'occupe des réalisations pratiques ;
– plus il est **haut**, plus la *Zone imaginative a* des chances d'être développée. La pensée peut être **abstraite** et spéculative (le reste du front et du visage va moduler cette possibilité).

*Front court type
Dilaté concret*

*Front haut type
Rétracté abstrait*

EXEMPLE D'EXPANSION CÉRÉBRALE
Christine Ockrent:

Son bâti solide et sa Rétraction latérale en font d'abord une femme d'action infatigable ; cette action se mettant au service de sa Zone cérébrale en expansion. Cette intellectuelle à l'intelligence particulièrement claire et bien organisée, à la curiosité insatisfaite et à l'esprit à la fois analytique et synthétique, possède une zone mandibulaire puissante et bien accrochée au réel qui va lui donner une ambition forte, le désir du pouvoir, du moins celui d'être son propre maître.

Dans ce bel ensemble de « battante », la Zone affective ne fait pas le lien et pose un problème par son hypersensibilité qui l'a amenée à se replier sur elle-même. Comme si la source vive de son affectivité était étranglée à la sortie par une pierre entravant son jaillissement spontané. Cette retenue est peut-être volontaire ; elle s'empêche de vibrer et de réagir émotionnellement pour des raisons qui tiennent à son histoire et à son évolution. Alors pour ne pas souffrir, elle se réfugie dans l'intellect qui est son domaine d'accomplissement et d'évasion. Si cette belle armure cache une faille, c'est aussi ce qui rend Christine Ockrent plus attachante parce que plus humaine.

4. Les yeux et leur rapport au Cadre

Les yeux vont orienter différemment le travail de l'intelligence selon leur forme, leur *tonicité*, leur enfoncement et leur grandeur par rapport au reste du front.

Forme

Dilatée : les yeux sont grands ouverts, à fleur de peau et éloignés l'un de l'autre.

Les sourcils sont éloignés de l'œil, assez éparpillés

Zone du sens esthétique de la forme

L'appréhension et l'expression de la pensée se font sans filtre, le regard est une forme sensorielle de toucher qui saisit la réalité dans ses couleurs et ses mouvements.

Winston Churchill fut aussi peintre pendant ses loisirs et sa retraite.

Il y a absorption passive de la réalité, ce qui donne une vision esthétique et une dispersion des centres d'intérêts, la personne aura tendance à être distraite par trop d'informations pour pouvoir se concentrer sur une seule.

Quand les yeux sont trop grands par rapport au *Cadre*, donc en *Tendance réagissante*, ils dispersent certes l'intérêt, mais si le front est en *Rétraction*, ils viennent compenser la tendance à la fermeture de la pensée par cette avidité d'observation. De plus on a remarqué que les « gros » yeux accompagnent une très vaste mémoire[1].

---

1. C'est la Rétraction qui fait obstacle à une bonne mémoire car les zones de Rétraction sont les lieux du refoulement qui empêchent le rappel des souvenirs et de tout ce qui peut s'y rattacher par association d'idées. La rétraction « bloque » comme dans un ordinateur le rappel de certaines familles de souvenirs, parce que le « code » pour le faire n'est à la disposition de la personne que dans des conditions de sécurité.

Rétractés, ils se rapprochent de la racine du nez et sont moins ouverts (les yeux ont, à 3 mm près, tous la même taille de bébé à adulte, c'est donc l'ouverture de l'œil qui varie).

Les sourcils sont proches de l'œil et l'encadrent bien.

Borg

Les sourcils sont proches de l'œil et l'encadrent bien.

Sélectivité du regard qui concentre le champ d'observation, remarque les **détails, esprit critique**. Un tri se fait entre ce que l'on veut bien voir et ce que l'on ne veut pas voir.

Par la fermeture de « l'objectif » de l'oculaire, le champ d'observation est plus **étroit** et plus **précis**, comme un microscope qui voit bien les détails mais ne voit pas l'ensemble.

Comme toujours quand il y a ***Rétraction***, **il y a une fatigue dans l'extraversion**, dans l'ouverture. C'est-à-dire que l'œil *rétracté* observe avec précision, puis fatigué, l'observateur se retire en lui-même pour travailler sur le matériel examiné, à la lueur de ses présupposés mentaux.

Plus les yeux sont petits par rapport au front, donc *concentrés*, plus ces présupposés vont prendre d'importance par rapport à la réalité.

La limite est atteinte chez certains chercheurs qui ont cette disposition et qui élaborent une théorie puis vont chercher dans la réalité les observations qui la confirment, ignorant celles qui ne concordent pas. Les scientifiques qui ont des petits yeux et un grand front devraient être prévenus de cet inconvénient pour leur objectivité et être deux fois plus vigilants.

L'observation se pose et devient sérieuse, les sourcils près de l'œil augmentant cette concentration sur des objectifs précis et la réflexion.

Sourcils clairsemés

Sourcils très fournis

Pompidou

La Rétraction latérale garde les yeux sur des saillants, mais la fente est légèrement plus étroite et les yeux remontent.

Tête de diable d'après Morelli   *Patricia Kaas*

Les sourcils éparpillés dispersaient l'attention comme chez ces personnes qui sautent du coq-à-l'âne sans être centrées sur ce qu'elles disent.

Plus les sourcils sont fournis et encadrent l'œil, plus ils apportent de sérieux et de centrage sur ce dont il est question. Les sourcils très fournis vont avec l'épaisseur des bosses sus-orbitaires et le côté concret et pragmatique de l'observation.

Ce sont les sourcils de maquignons qui évaluent et jaugent à la juste valeur.

Le regard devient **curieux**, il recherche les informations, le pourquoi des choses, ce qui est caché. (La femme de Barbe Bleue devait avoir le type d'yeux de biche, et elle paya fort cher sa curiosité !)

La Rétraction frontale
Va enfoncer progressivement l'œil dans l'orbite.
– Pas enfoncé, l'œil est en dilatation

Plus l'œil est ouvert et sur un saillant, plus l'angle de vision est ouvert.

Quand l'œil s'enfonce, l'angle se ferme.

– Enfoncé moyennement

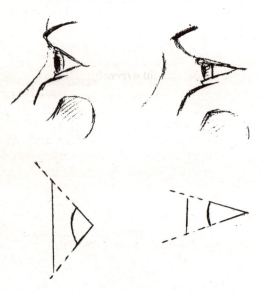

L'observateur adhère à l'objet, la vue est une sorte de caresse, une sensation dont il est pénétré. Il s'imprègne des couleurs et du mouvement de ce qui est devant lui.

Le champ se rétrécit et l'observation devient plus précise. L'observateur adhère moins à l'objet qu'il observe, il se distancie de lui, ce qui lui donne la possibilité de l'objectivité, de comprendre les choses parce que l'on peut alors les étudier.

Il y a une possibilité du « *recadrage* » cher à l'école de Palo Alto, c'est-à-dire de prendre de la **distance**, de voir l'ensemble de loin pour trouver une solution nouvelle que l'on ne peut pas voir si l'on est à l'intérieur du problème, submergé par lui : si vous êtes dans un labyrinthe, vous ne voyez pas la façon de vous en sortir, alors qu'un croquis « vu d'avion » permet de trouver la solution facilement.

– Très enfoncé

Darwin

On obtient la précision et la concentration sur un objectif sélectionné. C'est le regard des personnes qui exercent un métier où la précision de l'observation et la concentration sont nécessaires et qui n'expriment pas spontanément leur pensée. Ils font très attention à ne pas se livrer, et à l'opportunité de leur discours.

La *Rétraction latéro-nasale* est obligatoirement forte pour avoir ainsi enfoncé le plancher de l'orbite. En effet, c'est la *Rétraction latéro-nasale* qui, reculant la joue, recule également le plancher de l'orbite de l'œil. La personne peut se concentrer sur des objectifs mentaux sans être troublée par des éléments affectifs. Le travail d'observation est donc **froid et efficace**. La pensée n'est pas réchauffée par des éléments d'humanité et ne se laisse pas toucher facilement. (Évidemment cela peut être corrigé par un autre élément de chaleur humaine, de *Dilatation* dans le *Cadre*, le *Modelé* ou les *Récepteurs*.)

Attention à ne pas prendre pour de la *Rétraction frontale* ce qui est une avancée des bosses *sus-orbitaires* qui font une casquette sur l'œil. Si ces *bosses sus-orbitaires* abritent l'œil et le rendent moins vulnérable, elles n'ont pas la signification de recul par rapport à l'observation de la *Rétraction frontale*.

C'est de la *Rétraction latérale*, et de la dilatation sthénique donc un intérêt soutenu pour une observation active, qui voit vite et bien ce qui est concret et de l'ordre de la réalité.

Souvent les deux s'ajoutent, alliant la puissance et l'intérêt pour l'observation (*bosses sus-orbitaires* importantes); le recul et l'objectivité par rapport à l'objet étudié *(Rétraction frontale)*.

5. Loi d'harmonie et d'équilibre

a – Zone dominante

L'*Étage cérébral* se divisant en trois zones, il est important de noter la zone qui a le plus d'importance. (Voir dessin p. 382.)

Évidemment la *Zone de réflexion* étant une zone de *Rétraction*, son importance sera donnée par la force de la *Rétraction frontale*, l'enfoncement de cette zone.

Si la **Zone d'observation** domine, le front est plus large et bombé dans sa partie basse. C'est la pensée **concrète**, le réalisme, l'observation qui sont importants. L'imagination est au service de la réalité pour servir à l'améliorer, mais elle ne donne pas de possibilités de s'échapper de la réalité. Des *bosses sus-orbitaires* importantes ramènent la personne à l'**essentiel**, au **bon sens**. On réfléchit toujours sur ce qui est observé et comparé.

La **Zone de réflexion** va être dominante si elle est très *rétractée frontale* et donner, comme nous l'avons vu plus haut, une pensée axée sur la **réflexion**, la **logique**, ce qui est structuré, sérieux, rationnel et vérifiable. Si elle domine trop, ce sera alors le blocage de la pensée qui sera le plus visible, avec ce que l'on appelle une *pensée labyrinthique*.

Si c'est la **Zone imaginative** qui domine, la personne aura un vestige de la pensée enfantine : en images, contacts riches avec l'*Inconscient*, recours au rêve ; elle est souvent dans la lune.

On remarque souvent dans la *Zone imaginative* des *bosses frontales* qui ressemblent un peu aux cornes du Moïse de Michel-Ange.

Ces bosses frontales ou *bosses imaginatives* sont des résidus du front bombé de l'enfant, qui ont été circonscrites par des aires de *Rétraction*, qui les ont isolées comme des îles au-dessus de l'Océan. Le reliquat d'imagination foisonnante qu'elles renferment est donc bien encadré par les éléments de structuration (*Rétraction*) et ne s'expriment pas sans sa permission.

S'il y a de la *Tonicité* dans le reste du front, des yeux ou du visage, cette possibilité imaginative sera très fécondante, permettant à l'individu d'élaborer des solutions originales et nouvelles aux problèmes posés, d'inventer ou au contraire de s'abstraire de la réalité quand celle-ci est trop difficile à vivre pour inventer un rêve compensateur. (Rappelez-vous du dessin des deux prisonniers p. 211.)

Rêveuse   *Créateur : Victor Duruy*

Plus cette zone est importante, ou plus il y a d'*Atonie* dans le reste du visage, plus le recours à la rêverie passive va être importante et désancrer la personne de la réalité.

La création passe toujours par une période de distance par rapport à la réalité. Mais pour qu'elle puisse être effective, c'est-à-dire qu'il y ait quelque chose de créé et non un **rêve de création** seulement, il faut un *Étage instinctif* suffisant, de la tonicité et de la rétraction latérale, pour que la conception soit suivie de réalisation.

« Les sens fournissent les données immédiates qui sont transformées par la pensée en connaissance intellectuelle grâce aux mots, lesquels sont les signes des concepts. La ***pensée abstraite*** ou *conceptuelle* est caractérisée par l'aptitude à utiliser le matériel verbal ou symbolique » (c'est le premier sens que l'on donne à l'abstraction).

Plus le front est haut (c'est la *Zone imaginative* qui donne au front sa possibilité de hauteur) et plus il présente des signes de *Rétraction* et/ou de *Rétraction frontale*, plus la pensée va fonctionner sur le mode abstrait plutôt que concret.

Ainsi une personne possédant un front haut avec de faibles bosses sus-orbitaires, un *Étage instinctif* peu important et peu de signes de *Dilatation* pourra être à l'aise ou brillante dans une théorie philosophique aussi compliquée qu'ardue et complètement perdue devant un problème pratique ou touchant à sa propre sécurité. C'est la vieille histoire de l'astronome qui marche en regardant les étoiles et tombe dans un puits.

1   *Sokorov, nouveau prodige soviétique du jeu d'échecs.*   *Valérie Mairesse*   *2*

La *Zone imaginative* est appelée **Zone conceptuelle** pour cette raison, puisque c'est elle qui est en partie responsable de la possibilité d'abstraction.

S'**abstraire** est aussi la possibilité de s'isoler du milieu pour mieux réfléchir : on voit bien que c'est toujours la triade ***Zone imaginative*** + ***Rétraction*** + ***Rétraction frontale*** qui en est responsable.

La deuxième définition de *l'abstraction* comme « le fait de considérer à part un élément (qualité ou relation) d'une représentation ou d'une notion, en portant spécialement l'attention sur lui et en négligeant les autres » est due en revanche à l'action conjuguée de la *Rétraction* – je sélectionne et me ferme au reste – et de la *Rétraction frontale* – je me retire en moi-même. L'*Atonie* renforce cette tendance (1).

Des éléments « *sensation* » dans un visage ancrent la pensée dans la réalité. L'évasion peut exister, mais « on retombe sur ses pieds » (2).

La *Zone imaginative* est la sphère de l'**Idéalisme**, celle où l'on se voudrait un pur esprit. En effet, c'est celle qui est géographiquement la plus éloignée du monde concret.

Plus cette zone est développée, plus la personne a besoin d'explications sur la nature des choses et de la vie qui soient autres que concrètes et matérialistes, plus elle va rechercher des explications transcendantales, dans la **spiritualité** et les systèmes religieux. S'il y a une liberté religieuse, la personne choisira alors la religion qui rejoint le plus son type morphologique, comme l'on a vu précédemment que les philosophes adoptaient aussi une philosophie en accord avec leur morphologie.

Ainsi les *Dilatés* vont choisir des religions qui les gardent dans un milieu traditionnel, et où il y a des «arrangements», où l'on ne veut pas «la mort du pêcheur»; les dilatés sont plutôt panthéistes. Dieu est présent dans toute forme de vie. Alors que plus on est *Rétracté*, plus le système religieux va se désincarner et devenir intransigeant. Dieu devient un concept.

Le Grand Inquisiteur

Évidemment à l'intérieur de chaque religion, système de croyance ou voie initiatique, il y a des degrés de profondeur accessibles au fur et à mesure de l'évolution psychologique, intellectuelle et spirituelle de l'adepte.

Il est tout à fait passionnant, au cours d'une conversation sur la forme de spiritualité d'un interlocuteur, de voir à quel point celle-ci rend compte, elle aussi, de sa morphologie :

> Didier avait des traits encore très enfantins. Il parlait avec dévotion de son Dieu très maternel qui le protégeait et avec qui il fusionnait dans des exercices spirituels ; alors que Gabriel, son interlocuteur, aux traits puissants, avec beaucoup de signes de Rétraction et une Zone imaginative importante s'emportait contre lui, lui démontrant que Dieu ne pouvait être qu'un concept, une idée ; mais absolument pas un gentil vieux monsieur sur un nuage préoccupé de surveiller exclusivement Didier.
>
>

Chacun porte sans doute en lui son image de Dieu, facette qui alors reflète la personne et aussi, sans doute, quelque chose de plus, qu'aucun système ou théorie n'a pu expliquer ou prouver.

Plus la *Zone imaginative* est développée, plus il y a d'imaginaire, de contact avec l'*inconscient* et le rêve. Le rêve et le contact avec l'inconscient permettent de « visionner » ses désirs, ses besoins, ses « fantasmes » (dans le sens de fantaisies). Et plus cette *Zone imaginative* est importante, plus la personne va avoir une **production fantasmatique** importante ; production en accord avec la fonction dominante générale du visage (nourriture, pouvoir, possession, instinct de conservation, sexualité). Et c'est bien là le paradoxe et l'ironie de la vie qui va lier le plus grand élan vers la spiritualité et la plus grande production fantasmatique : si l'on supprime l'un, on supprime l'autre.

Aucun « physiognomoniste » de l'époque n'a pu expliquer à saint Augustin, sévère moraliste de la concupiscence (qui le tourmentait bien) et théologien de la transcendance de Dieu, que les deux aspects de son œuvre étaient issus d'une même *Zone imaginative* certainement très importante, reliée à une forte sensualité. Saint Augustin, de par l'ampleur de son œuvre et de son travail, ne pouvait être qu'un *Dilaté sthénique* à forte mâchoire.

Cette miniature du IXe siècle (il est mort en 430 !) ne nous laisse pas présager ce front haut dont je viens de parler. Ah, si les peintres faisaient de la Morphopsychologie, ils pourraient, même après quatre siècles, dessiner un portrait plausible !

b – Tendance concentrée ou réagissante

Elle va apporter des modifications importantes au style de la pensée et à la forme d'Intelligence.

Concentrée, elle a tendance à privilégier l'idée, la théorie par rapport au fait; **réagissante**, à élargir le champ des intérêts et à donner une culture superficielle sur de nombreux domaines.

Les amis de Sylvain l'appelaient le « Reader's Digest » car il était au courant de tout sans avoir jamais rien étudié à fond, cela en faisait un très bon journaliste (mais pas dans les rubriques de fond évidemment).

En revanche, on rit encore dans un certain ministère, du projet d'autoroute qu'un jeune énarque, au front épris de rationalité, avait fait passer au travers d'une des plus anciennes églises de France : il fallait que la route soit droite.

c – Disharmonies

On va les déceler dans l'*Étage cérébral* lui-même ; soit entre l'*Étage cérébral* et le reste du visage. Une *disharmonie* légère ou moyenne, quand elle est soutenue par un ensemble du visage tonique, va demander un effort permanent pour résoudre le problème de l'équilibre, obligeant ainsi la pensée à un travail constant. Comme l'intelligence est une fonction qui s'accroît par son exercice, cela ne peut être que dynamisant. Le problème est quand cette *disharmonie* est trop forte. Elle nécessite alors trop d'énergie pour conserver une facilité de fonctionnement et perd sa qualité de dynamisation.

Si la *disharmonie* est mal soutenue par la *tonicité* générale du visage, elle crée alors des problèmes d'indécision, et des « blancs » dans le travail intellectuel.

Trop ou pas assez, crée toujours un problème que la personne cherche à *compenser* ou à *surcompenser* (voir p. 478) si elle en a pris conscience.

Ainsi une personne à front petit, ressentant un manque d'élévation de sa pensée dans un milieu social plus « aérien », peut avoir comme objectif de développer l'idéalisme et la spiritualité, pour en « **avoir** », le besoin d'avoir venant de l'Étage instinctif, elle va *mesurer* son degré de culture, d'abstraction, d'intellectualisme ou de spiritualisme et évaluer aussi, en comparaison, celui des autres. « **J'ai beaucoup de spiritualité** » ; « **je possède** une grande culture ».

La *Dissymétrie* au niveau de l'*Étage cérébral* est la plus facilement intégrable dans la personnalité (alors que nous avions vu qu'à l'*Étage instinctif* elle posait des problèmes de stabilité). En effet, elle introduit une différence dans l'appréhension de la réalité et une diversité de mode de pensée qui enrichit l'intelligence[1].

---

1. Attention à ne pas confondre le concept « cerveau droit, cerveau gauche » découvert par les neuropsychologues, avec la dissymétrie du visage et même de l'étage cérébral. Il y a certes une relation, mais elle est très complexe et certainement pas de terme à terme. Voir à ce sujet les ouvrages de la bibliographie et mon article « latéralité et morphopsychologie » dans le n° 1/86 de la Revue de *Morphospychologie*.

Ainsi François Mauriac allie un œil gauche atone mais réceptif, à un œil droit très vif et tonique.

Est-ce cet œil gauche qui lui a permis de se mettre dans la peau de Thérèse Desqueyroux et d'exprimer une sensibilité féminine ? Et cet œil droit, celui du chirurgien, vif et acéré, qui a disséqué la société bordelaise de son époque et de son milieu, avec froideur et efficacité, si ce n'est avec un certain sadisme.

6. Loi d'évolution et de mouvement

a – Mimique

Elle est très importante au niveau du regard. L'expressivité et la vivacité du regard assurent que la personne est bien là, présente au monde et à la réalité, présente et non perdue dans une rêverie ou une chimère ; elle nous renseigne sur l'activité de l'intelligence.

Plus le regard est vif, plus il y a de **Tonicité** et donc de plaisir au fonctionnement de l'intelligence ; tout le monde s'est rendu compte que lorsque l'on prenait du plaisir à une activité intellectuelle, on se sentait alors intelligent. Cette confiance en soi dans son pouvoir de raisonnement, d'analyse ou d'intuition augmente considérablement les possibilités intellectuelles.

La PNL (Programmation neuro-linguistique) étudie particulièrement la signification du regard selon les directions qu'il prend.

Quand le regard « n'y est pas », est absent ou atone, le

travail intellectuel est alors perçu comme pénible, décourageant, si ce n'est impossible : « Je ne sais pas ce que j'ai aujourd'hui, je n'y comprends rien ! » [Bien sûr si la personne ne se retire pas en elle-même pour laisser surgir *(atonie)* la partie irrationnelle et intuitive de la création.]

• **Les rides** du front indiquent aussi un travail cérébral.

Elles peuvent exprimer une recherche d'ouverture, quand elles sont produites par l'écarquillement des yeux qui créée des **rides horizontales** *(rides réagissantes)* (1). C'est alors une tentative d'ouverture pour compenser la sélectivité et le recul de l'observation dus à la *Rétraction* et à la *Rétraction frontale* des yeux.

Si c'est un plissement **vertical** dû à de la concentration, à une difficulté de réflexion, il indique alors que le travail cérébral se fait dans la difficulté, que la personne cherche une emprise sur le réel, à le décortiquer, à comprendre à toutes forces. C'est le contraire d'une facilité intellectuelle.

Les rides verticales à la racine du nez sont appelées des ***rides de concentration*** (2). La personne tend à lutter contre la tendance à la dispersion qui donnerait une *plage intersourcilière* lisse. La pensée est plus focalisée sur ce qu'elle veut pénétrer par son analyse, mais c'est aux dépens de l'*intuition*, de la réceptivité mentale.

Plus accentuées et existant même chez les personnes jeunes ce sont les ***rides de scrupule***. La pensée devient tatillonne et scrupuleuse. Chez les personnes plus âgées, elle indique combien elles luttent contre le danger ressenti d'une perte des facultés mentales. Dans son livre très intéressant *Gym Cerveau**, Monique Le Poncin donne de nombreux moyens non seulement pour lutter contre ce risque, mais aussi pour augmenter ces facultés.

(1) Rides réagissantes   *(2) Rides de concentration*

Louis de Funès

b – Évolution

C'est ainsi qu'avec la *Tonicité* on va donc repérer le degré de présence et d'activité mentale de quelqu'un mais aussi l'état psychologique dans lequel il se trouve.

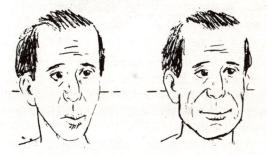

Seul le bas est modifié et pourtant le regard n'a pas la même expression.

Nous avons déjà parlé de la *méthode de substitution* qu'emploie le Dr Corman et des renseignements qu'elle apporte sur l'expression d'un *Récepteur*. Vous pouvez, pour ne considérer qu'une partie du visage, fermer un œil et cacher une partie du visage avec votre main ou une feuille de papier (c'est très utile pour repérer les dissymétries), observez l'expression des yeux, par exemple, sans être influencé par l'expression de la bouche qui peut donner, par un sourire, l'impression que la personne est contente alors que le regard pris tout seul le dément.

Il y a des degrés différents ou successifs d'*Atonie* du regard qui, chaque fois, apportent une coloration différente ; réceptivité, fatigue ou dépression de la personne.

Un degré léger d'*Atonie* peut se déceler dans la paupière mobile ou la paupière supérieure.

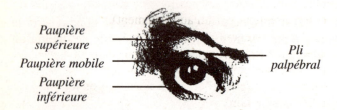

Paupière supérieure
Paupière mobile
Paupière inférieure
Pli palpébral

Avec le vieillissement, la paupière supérieure tombe « en rideau » sur la paupière signant une plus grande réceptivité, un « lâcher-prise » par rapport au besoin de comprendre à tout prix et d'aller farfouiller avec une curiosité juvénile.

La paupière inférieure, elle, découvre le blanc de l'œil sous l'iris quand elle est lourde et atone et que la fatigue mentale (asthénie mentale) envahit le sujet.

De même, il faut repérer l'inclinaison de l'œil, droite, dans un juste milieu, relevée vers l'extérieur en *Rétraction latérale*, pour une recherche active d'informations, et abaissée, en biais pour l'*atonie*.

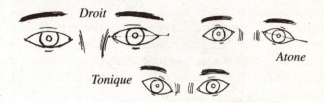

C'est le regard des poètes, car cet œil *atone* met la personne dans une attitude de réceptivité, de douce rêverie mais aussi de vague à l'âme. C'est aussi un signe de malléabilité, d'influençabilité. Ces personnes ne sont pas en recherche de pouvoir ou d'emprise sur les autres mais au contraire acceptent leur autorité (si elles ne compensent pas par un autre élément).

C'est un regard que l'on trouve souvent chez les acteurs de cinéma et qui explique que dans un ensemble, par ailleurs tonique et actif, ils acceptent de se faire «diriger» au sens propre du terme et qu'on leur impose une façon de faire.

Paul Newman

Observez bien et vous trouverez toujours un trait d'*Atonie* et de réceptivité chez les acteurs masculins qui permet la malléabilité que recherche le metteur en scène.

Baryshnikov

Certaines « bêtes de scène » n'en ont pas, ce ne sont peut-être pas des acteurs au sens premier du terme, des caméléons qui interprètent des rôles chaque fois différents. Ils jouent plutôt un personnage monolithique haut en couleur autour duquel on construit un rôle.

Cependant, pour faire ce «travail de cabotin», comme disait Jean Gabin, il faut bien avoir un signe de fragilité ou de faiblesse quelque part, pour rechercher ainsi l'adhésion et l'approbation du public.

(Le théâtralisme du *Dilaté* pourrait lui suffire pour se mettre en scène, mais le *Dilaté* colle à son personnage, il n'a pas suffisamment de distance par rapport à lui-même pour créer un personnage.)

Le degré d'*Atonie* nous donne, comme pour les autres *étages*, le degré de fatigue, d'épuisement ou de dépression de la personne.

Quand il y a vraiment tristesse grave et dépression prolongée, on remarque non seulement une *Atonie* de la paupière supérieure et un abaissement des côtés des yeux mais aussi une *Atonie* de la paupière inférieure qui, de ce fait, laisse apparaître du blanc sous l'iris.

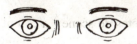

Cela donne d'ailleurs le regard assez lamentable de ces chiens «Hush Puppies» dont on voyait la publicité partout.

Cette *Atonie* est toujours un signe grave et il faut alors apporter un soutien compétent à la personne.

Autre signe grave de dépression, ce que les psychiatres appellent «l'œil qui chavire»: un des deux yeux ne peut plus maintenir le parallélisme oculaire et dérape, chasse vers l'extérieur, montrant ainsi le degré d'asthénie mentale de son possesseur (évidemment quand ce n'est pas constitutionnel: Sartre ne se débrouillait pas trop mal au niveau de la vivacité d'esprit!).

Il est un autre signe que l'on peut rapprocher de l'*Atonie* et qui donne de la réceptivité, c'est le **gonflement des paupières** dû à un engorgement lymphatique ; l'eau s'y accumule à la suite d'un mauvais drainage et d'un travail rénal incomplet. Cela provient, la plupart du temps, d'un mauvais régime alimentaire, de trop d'alcool ou de l'action de certains médicaments.

Le résultat de ce gonflement est qu'il réduit l'ouverture de l'œil, mettant le monde à distance comme le ferait la *Rétraction*.

DE CASQUE D'OR À VOLODIA

Ainsi, Simone Signoret, dans sa jeunesse, n'a aucun signe de Rétraction ou de Rétraction frontale.

Cette Dilatée sthénique, très ouverte et ardente, n'avait ainsi aucune possibilité de se protéger, de se retirer en elle-même quand la vie était dure et lui infligeait des frustrations affectives.

Et un Dilaté qui a besoin d'un amour exclusif, total, de tous les instants ne peut être que frustré : ce « besoin de fusion » est rarement partagé de façon aussi totale, à longue échéance (surtout si l'on vit avec un Rétracté latéral qui a besoin d'espace et de coudées franches).

Simone Signoret n'a pas fait mystère d'avoir vécu une traversée du désert difficile et d'avoir parfois recherché l'oubli, l'arrêt de la souffrance dans l'alcool.

Regardez son visage à la cinquantaine, elle n'a pas pris de Rétraction frontale, par contre ses paupières se sont

> gonflées et ses yeux donnent l'impression d'être devenus petits. Est-ce cette relative fermeture à l'extraversion qui lui a permis de se tourner vers elle-même, d'écrire un livre de souvenirs, puis un vrai roman, qui l'a remise dans le courant de la vie, lui amenant sinon l'épanouissement, du moins une certaine sérénité – une réconciliation avec elle-même ?

C'est toujours à la **vivacité du regard**, à son mélange de pétillement et de sérénité que nous allons pouvoir évaluer l'**épanouissement de l'intelligence** ou son étiolement, **sa dégradation** au cours du vieillissement ; regard vide du vieillard isolé qui ne compte plus pour personne, qui n'a plus de place ou de fonction dans la société ; regard perspicace, ironique et tendre, paisible et exigeant de l'**Ancien** qui réfléchit sur le sens de la vie, conseille les plus jeunes, a de la distance par rapport à la tempête de la vie quotidienne et que l'on appelle un **Sage**[1]...

Dans le processus de vieillissement, lorsque l'on a à faire un diagnostic sur l'altération du plaisir à vivre, il est important de repérer si c'est l'œil droit ou gauche qui est le plus atone ou le moins vif.

En effet, si l'**œil droit lâche**, c'est la faculté de s'imposer dans le **présent**, d'être curieux et de vouloir encore évoluer, aimer et comprendre qui est touchée ; c'est un problème de dynamisme vital : la personne a besoin de repos, psychique – se livrer à une activité dépendant des fonctions des autres étages – ou physique – dormir. (« J'ai trop étudié, plus rien ne « rentre », j'ai besoin d'une bonne nuit de sommeil. Demain cela ira mieux ! »)

---

1. Dans d'autres sociétés que la nôtre, car ses valeurs d'action et d'esprit d'entreprise sont trop exclusivement celles de la Rétraction latérale, pour accorder une place à la « Sagesse ».

Lorsque c'est l'**œil gauche** le plus *atone* ou qui, parfois, semble sans vie, le problème est psychologique : il peut alors y avoir retour vers le **passé**, un passé tel que l'on aurait voulu qu'il soit et que l'on ressasse.

Le Dr Corman et Marielle Clavel, dans la revue de Morphopsychologie n° 4/82, décrivent un *Dilaté sthénique* au regard *tonique* jusqu'à la retraite, alors qu'il avait connu une enfance horrible d'orphelin dans la tourmente de la guerre. Il s'est battu pour prendre sa revanche sur un passé difficile et a très bien réussi dans les affaires. C'est seulement lorsqu'il a cessé de se battre que l'œil gauche a fléchi. « Tout fléchissement de la force vitale, en amoindrissant la capacité d'intégration, fait revivre, pour un temps, les conflits intérieurs et se manifester visiblement la dissymétrie » (Dr Corman).

Ainsi la fatigue ou la tristesse accusent sur nos traits les problèmes latents, invisibles en pleine forme.

• *Qu'est-ce que l'intelligence ?*

Il faut retenir de ce chapitre sur l'Étage cérébral que **l'intelligence est une fonction qui dépend non seulement de la forme et de l'harmonie de cet étage mais aussi de ses rapports avec les deux autres ;** il n'y a donc **pas d'intelligence**, de raison qui existe **en dehors des sentiments et des réalisations** qui l'exaltent ou l'inhibent.

À ce propos, les spécialistes de l'intelligence en définissent trois types :

L'intelligence abstraite ou conceptuelle qui est caractérisée par l'aptitude à utiliser le matériel verbal ou symbolique.

L'intelligence pratique qui se trouve à l'aise dans le concret quand il faut manipuler des objets.

L'intelligence sociale qui implique la compréhension des êtres humains et la facilité de s'entendre avec eux.

Nous n'avons pas du tout parlé de cette dernière, mais vous comprenez à quel point elle est liée à un passage harmonieux entre l'*Étage cérébral* et *affectif*, mais aussi *instinctif* qui détermine pour beaucoup notre façon d'être au monde.

En particulier, un caractère trop *rétracté bossué*, soit à l'*Étage cérébral* (barre d'arrêt), soit entre l'*Étage cérébral* et l'*Étage affectif* (yeux enfoncés, cassure de la racine du nez: *barre de Mars*) va poser des problèmes de circulation des informations entre les deux étages.

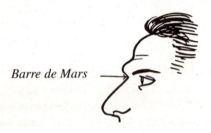

Barre de Mars

La pensée tourne sur elle-même sans être confrontée aux résultats qu'elle peut avoir sur le plan humain. C'est la raison raisonnante froide et détachée des relations humaines. De la même façon l'intelligence ne peut exercer de contrôle sur l'affectivité ni ne peut, en intellectualisant les conflits, aider à leurs solutions, éviter qu'ils se répètent de façon trop compulsive.

Si l'un des deux étages ou les deux sont rétractés, il y aura une difficulté d'ouverture dans le domaine de la compréhension ou de l'affectivité, ce qui rendra cette intelligence plus difficile à développer. Car la pensée doit se confronter aux autres pensées (cela par un mode émotionnel). Mais comme la zone la plus rétractée est aussi la zone de défi, tous les espoirs sont permis !

CONCLUSION

Notre société envisage l'**intelligence** comme une qualité, si ce n'est une valeur, alors que c'est une **fonction** qui se développe surtout en proportion des chances sociales qui nous sont données et qui, le plus souvent, font tragiquement défaut.

Michel Schiff*, dans son livre *L'intelligence gaspillée*, cite le cas d'un enfant déclaré mongolien et placé dans une institution. Quelques années plus tard, on découvrit que l'enfant n'était pas trisomique, mais c'était trop tard : il était devenu débile.

C'est ainsi que cet ouvrage montre combien les enfants sont d'une insatiable curiosité s'ils n'ont pas été « trop matraqués », si l'on n'a pas **confondu la connaissance et la capacité d'apprendre**. Dans un milieu aimant qui leur fait confiance, les capacités intellectuelles de n'importe quel enfant se développent de façon exponentielle.

Le Professeur Feuerstein* a développé une méthode originale de rééducation et de développement de l'intelligence pour répondre aux problèmes d'adaptation des populations traumatisées par des migrations et ensuite des enfants et des adolescents débiles ou normaux et même des adultes.

« Sa foi » – c'est le terme qu'il emploie – dans « les possibilités de développement aussi bien sur le plan spirituel, intellectuel que technique » de l'homme, lui a permis de développer un « **programme d'enrichissement instrumental** » qui est utilisé dans le monde entier. Les changements produits par ce programme sont durables et la progression continue après l'arrêt de la formation.

Après des années d'enseignement à des adultes qui parfois n'ont aucun bagage universitaire ou qui n'ont pas étudié depuis plus de vingt ans, j'ai aussi constaté à quel point l'intelligence se comporte comme un muscle qu'il faut solliciter, faire travailler pour qu'il se développe et donne son plein rendement, et qui s'assoupit si l'on ne l'entretient pas. « En étudiant la *Morphopsychologie*, vous allez développer les « abdominaux du cerveau », avais-je dit à une dame qui ne se sentait plus capable d'étudier et qui, après « les » avoir travaillés, devint une de mes élèves les plus brillantes, et surtout devint plus compréhensive, intégrant son bagage de vie et d'amour dans son apprentissage de la Morphopsychologie.

D'El Lute à Don Lute

Voici (à gauche) le visage d'un jeune bandit espagnol, « El Lute », analphabète et condamné à mort.
En prison, il a appris à lire et à écrire. Il a découvert un monde nouveau, la passion d'apprendre, de faire travailler son outil intellectuel, jusque-là en sommeil, il a repris espoir. Et cette passion a pu le pousser jusqu'à faire des études de droit et devenir avocat.

Libéré, il est devenu un avocat reconnu et qui aide ses anciens compagnons de détention à se réinsérer. Dix ans séparent ces deux dessins. Chez le jeune « desperado », toute l'énergie contenue dans le cadre large de rétracté latéral au modelé rétracté-bossué ne peut s'extravertir à cause de la fermeture des récepteurs.

De plus, l'étage cérébral, qui est partiellement caché comme s'il avait un sentiment obscur de dévalorisation intellectuelle, n'est pas encore « réveillé ». Il a les capacités qui se révéleront plus tard, mais ses yeux, petits, enfoncés, marqués d'atonie, signent une intelligence peu active et l'œil qui « chavire » indique le désespoir de cet homme coincé dans un système qu'il ne comprend pas.

Alors que si l'on observe son visage d'homme accompli (dessin de droite), on voit qu'il s'est arrondi, il a épaissi, le modelé s'est enrobé de prudence pour tempérer la fougue et l'hypersensibilité de notre bel « hidalgo », son menton lui-même semble avoir été embouti par une rétraction frontale, encapuchonnant son besoin d'action, impossible à satisfaire en prison. Plus remarquable encore est la transformation du nez qui est devenu charnu. Les ailes collées dans la jeunesse se sont libérées et vibrent en expansion. Et enfin le front s'est dégagé, il s'affirme à découvert dans la confiance en sa propre valeur.

Le « narcisse » indépendant s'est identifié aux problèmes de ses codétenus, il a transféré un problème personnel en problème de société, se faisant le porte-parole de ceux qui demandent le droit à la dignité humaine pour les prisonniers de tous les pays, la possibilité d'une réinsertion sociale réussie si on leur en donne les moyens, réinsertion dont il est un exemple[1].

---

1. Pour une étude plus approfondie de la Morphopsychologie d'El Lute, voir mon article dans la *Revue de Morphopsychologie*, n° 2/85.

La Morphopsychologie confirme donc que l'**intelligence est globale et multiforme**.

L'intelligence évolue et le visage nous montre comment rien n'est figé et tout est possible.

Et puis, pourquoi toujours parler de l'intelligence qui raisonne et qui discute ? Comment appelle-t-on l'intelligence du corps qui vous donne le bon réflexe au bon moment et vous sauve la vie ? Comment appelle-t-on l'intelligence de la main qui opère, façonne, caresse ou masse avec une finesse et une subtilité que beaucoup de beaux esprits devraient lui envier ?

Mère Teresa, l'intelligence du cœur

Et l'intelligence du cœur, qui n'a pas besoin d'apprendre la politesse pour savoir comment se conduire et aimer... Avec du cœur, on pense à l'attention qui amènera un sourire sur un visage fatigué. On échange un regard de solidarité qui redonne espoir, on partage.

IV.
Focaliser – le concentré

• *Portraits*

Jean Mougins a créé son entreprise à la force du poignet. Issu d'un milieu très modeste, la guerre ne lui avait pas permis de suivre une scolarité régulière et c'est un certificat d'études obtenu à dix-huit ans, deux ans après la Libération, qui est son seul diplôme.

Il fut un des premiers à créer une entreprise d'exportation des produits agricoles de sa région. Grâce à sa gestion rigoureuse et à l'originalité de ses méthodes d'exportation où il paye beaucoup de sa personne, son entreprise industrielle est une des cent premières en France.

Pour arriver à cette réussite, il a fallu que son travail soit sa seule religion, sa vie et son violon d'Ingres. Il travaille seize heures par jour, revient au bureau le week-end pour expédier les affaires courantes qui ne l'ont pas été pendant la semaine.

Ses collaborateurs, pour le suivre, doivent avoir la même trempe et le même dévouement «à la cause», mais Jean Mougins, par sa seule présence, leur donne du courage à revendre.

Mlle Berthier fut engagée comme secrétaire dès que l'entreprise en eut les moyens et depuis elle veille comme une mère poule sur l'emploi du temps de son patron. Il n'y a qu'elle qui sait qu'il a eu une alerte cardiaque l'année précédente. C'est elle qui prend les rendez-vous chez le cardiologue et verrouille l'emploi du temps de façon à ce qu'il ne puisse y échapper.

À eux deux, ils forment une équipe formidable. Bien souvent, c'est Mlle Berthier qui console les collaborateurs malmenés par son patron, à la parole rare mais redoutablement percutante, et qui ne sait jamais faire un compliment. Elle arrondit les angles et défroisse les susceptibilités.

Colette est la vedette de Vioreau. Elle y possède une auberge sympathique et le droit de pêche sur l'étang. Aussi, les meilleures sandres au beurre blanc de la région sortent de sa barque et de sa cuisine.

Debout avant le lever du soleil, elle relève ses filets toute seule, avec une force d'homme dont elle est fière. Elle détache les gros poissons des mailles glacées du filet. Elle leur tape sur la tête en les insultant vigoureusement.

De retour à l'auberge, elle les vide et les prépare. Ensuite, c'est le petit déjeuner des représentants de passage, les fournisseurs à recevoir et la cuisine à mettre en route. Si elle a une minute, c'est pour avancer dans « son » repassage, nettoyer une chambre qu'elle n'a pas eu le temps de faire à fond.

Ses jambes, du matin jusqu'au soir, portent un corps trapu et lourd de travailleuse, un corps dont elle ne s'est jamais occupé et qu'elle a nourri « au coin du fourneau » de plus de sauces que de salades. Ses jambes sont lourdes et abîmées et elle ne sait combien de temps elles vont pouvoir poursuivre ce rythme. Mais c'est la vie qu'elle aime. Elle ne l'a pas choisie. Elle l'assume avec courage et elle râle tout le temps contre tout le monde. On se sent bien près d'elle pendant qu'elle bougonne et nettoie ses fourneaux, vous sert « un petit dernier pour la route ».

Le moule des Colette est cassé.

Jean-Yves Korbec est paysan. Ce n'est pas un tendre. Il est dur, secret, vindicatif mais c'est un sacré travailleur. Il est respecté au village parce qu'il est fort, qu'il a du bien, qu'il travaille plus que tout le monde et ne demande rien à personne. Lorsqu'il s'habille le dimanche pour aller à la messe, son air farouche et orgueilleux en impose et on n'ose pas lui parler.

Jean-Yves est resté seul et veuf après la mort de sa toute jeune femme. Il n'en parle jamais et la solitude ne semble pas lui peser. Il aime sa terre, il la connaît comme on connaît une femme aimée que l'on sait prendre et exalter. Et comme une femme aimée, sa terre est généreuse et docile.

Quand il chasse sur ses terres, son œil aigu sait l'emplacement de chaque couvée, admire le travail de son chien patiemment dressé et il ne tire que sur les bêtes qui doivent être sacrifiées pour éviter la surpopulation car il n'y a plus de renard dans le coin depuis bien longtemps.

Le soir, devant la cheminée, il écrit l'histoire de sa famille. Tant qu'il a fallu réunir les documents, c'était un plaisir, mais l'écriture lui pèse et s'arrache difficilement de son stylo.

• *Correspondances*

Ces *Concentrés* sont tous des travailleurs durs à la tâche, focalisant leur attention sur un but unique et négligeant les autres secteurs de leur vie.

Dans le cadre de la *loi d'harmonie*, nous avons étudié les *disharmonies horizontales* : un étage était proportionnellement plus important que les deux autres, il captait l'énergie vitale à son profit, devenait le moteur de la personnalité et les deux autres étages se mettaient à son service.

Nous venons d'illustrer une autre forme de *disharmonie* : celle qui existe entre le *Cadre* et les *Récepteurs*. Comme toute *disharmonie*, celle-ci introduit dans la personnalité un déséquilibre qui va être moteur : le désir sans cesse repoussé d'atteindre l'équilibre qui, heureusement, n'est jamais atteint, sauf dans la mort.

Et c'est justement un des buts de la Morphopsychologie que de déterminer si les **disharmonies** du visage et de la personnalité sont **motrices** et positives **ou** trop **déstabilisantes** et négatives ; c'est souvent une question de nuance infime et c'est ce qui fait la complexité de la personnalité et la difficulté de la compréhension psychologique.

Nous avons vu que la définition du *type jalon dilaté* était un grand *Cadre* et de grands *Récepteurs* et celle du *rétracté*, un *Cadre* étroit et des *Récepteurs* petits.

1. Le *Concentré* va prendre le **Cadre** du **Dilaté**, donc des forces *inconscientes* importantes et exigeantes et 2) les **Récepteurs** d'un **Rétracté**, c'est-à-dire le filtre conscient de la **sélectivité** et de la **vigilance** : comment les deux vont-ils s'allier ?

2. Les *Récepteurs* étant fins et peu sensoriels, les **échanges** vont donc être **parcimonieux** et **peu chaleureux** en général.

3. Le troisième élément qui intervient dans la genèse du *Concentré*, c'est l'élément de *Rétraction frontale* qui recule la bouche en arrière, recule aussi tout l'Étage affectif et enfonce les yeux.

Cet élément de *Rétraction* frontale va donc introduire, après la **sélectivité** de la *Rétraction*, le **contrôle** et l'**intériorisation**, l'**individualité**, une moindre implication dans les échanges, le fait de procéder de soi-même et une **très forte maîtrise** sur ses instincts et ses désirs.

4. Le quatrième élément qui marque la psychologie du *Concentré* est un **amenuisement de l'Étage affectif** qui, sur le plan morphologique, nous donne le petit «*petit visage*» caractéristique des «*Concentrés*».

La vie sentimentale arrivant alors en **troisième position**, derrière l'*Étage instinctif* et *cérébral*, donc en troisième position dans ses priorités, ne gêne pas les buts précis intellectuels ou concrets de la personne.

Le *Concentré* se sent donc un introverti, mais **c'est un introverti qui vit seul au milieu des autres hommes**. Sa la *Dilatation* l'entraîne au contact, la *Rétraction* des *Récepteurs* rend ce contact difficile, électif, jamais satisfaisant. C'est une forte personnalité, un individualiste que rien ne peut faire dévier de ses buts.

De par la fermeture de ses Récepteurs, les échanges avec le milieu sont réduits à leur minimum, il a donc du mal à s'y adapter, à le comprendre et à s'y insérer. Il se sent comme un étranger dans la foule vers lequel le porte sa *Dilatation* inconsciente. Il réagit en force, en s'imposant parfois avec brutalité et entêtement. C'est un réalisateur, ce n'est pas un diplomate.

Pour préciser ces caractéristiques morphologiques et psychologiques, nous allons procéder à l'étude de chaque étage.

1. L'ÉTAGE INSTINCTIF

a – Le Cadre

Large, carré, massif, solide de *Dilaté* sthénique

---

b – Le rapport Cadre/Récepteur : la bouche

Fine, serrée *(Rétraction)*

Peugeot

Cette ossature et cette musculature solide du visage correspondent à un corps massif et musclé, une force et une vitalité importante qui ont besoin de beaucoup d'expression. Le *Concentré* a donc la rusticité du *Dilaté*, le besoin de « prendre de la place », de s'exprimer surtout dans les domaines les plus en expansion chez lui, l'*Instinctif* et le *Cérébral* (que le *Récepteur* va focaliser sur des buts précis).

Ce *Cadre* lui donne, par sa largeur, un solide ancrage dans la réalité. C'est un homme de **bon sens** qui est attaché aux valeurs **matérielles** des choses, dans le sens qu'il connaît la valeur de l'effort qu'il faut pour obtenir quelque chose, ce qu'il en coûte.

Si cette mâchoire est carrée et puissante, la combativité, l'ambition, la volonté de réussite vont être importantes, devenant les moteurs de la personnalité. Selon que l'*Étage instinctif* ou *cérébral* domine, les buts de cette **ambition** seront soit sur le plan de la réalisation matérielle, de la réussite sociale, soit sur le plan des idées, l'alliage des deux créant un besoin d'imposer sa vision, de créer un système, une œuvre, etc.

L'énergie abondante de la *Dilatation* est gérée au plus juste par le désir de s'économiser de la *Rétraction*. Cette énergie peut donc être disponible pour un projet de longue durée. La finesse de la bouche va aussi introduire un besoin qualitatif que l'on n'avait pas chez le *Dilaté*. C'est-à-dire une recherche du mieux, du bien fait, du bien dit.

Cette concentration de la puissance va permettre au *Concentré* d'avoir des gestes précis et adroits, car il a un « **volant** » de réserve dans sa *Dilatation* qui lui permet de durer dans le temps sans trembler et sans s'émouvoir (**maîtrise au niveau émotionnel**).

Rentrée (*Rétraction* frontale)

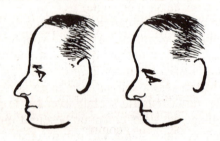

On va retrouver cette **précision** dans la **parole** qui va être **concise**, avare : il dit ce qu'il faut, pas plus, ne perd pas son énergie à « bavarder » et supporte mal que les autres le fassent.

La fermeture et le recul de la bouche vont aussi introduire des qualités de **gestionnaire**, que ce soit au niveau de sa santé, de son emploi du temps ou de ses affaires et de l'argent. Ce sera un comptable **précis**, **méticuleux** et **méthodique** de son énergie, un homme qui a besoin d'**ordre** et de **rigueur**, souvent intransigeant et sévère. Il a du mal à déléguer et veut tout faire par lui-même.

De même, le besoin d'activité du *Dilaté sthénique* étant en quelque sorte « compressé » par une issue trop étroite (la bouche) se mue en **agressivité**. Cette agressivité, étant de toute façon tenue en laisse par la *Rétraction frontale*, crée une violence contenue que l'entourage perçoit très bien et dont il craint les éruptions rares mais mémorables. Cette agressivité et cette violence se « détendent » comme un gaz par l'issue restreinte de la bouche en une activité soutenue qui est une véritable soupape de sécurité pour le **Concentré**, maintenant cette **urgence interne de faire, réaliser, agir**.

C'est pour cela qu'il peut bâtir une **œuvre de longue haleine** avec **constance, persévérance et obstination**. Il va alors avoir un rythme régulier tout en ayant la puissance de réserve suffisante pour donner des « coups de collier » sans s'épuiser. C'est un travailleur acharné et méthodique. La volonté d'agir et d'entreprendre est très importante. Avec de telles qualités, les chances de réussite dans son entreprise, quelle qu'elle soit, sont évidemment multipliées.

L'Entonnoir

2. L'Étage affectif

a – Le Cadre

Le *Cadre* est plus court que les deux autres, le nez aussi.

b – Le nez

Rétracté, il est plus fin et étroit, les narines plus délicates.

À l'inverse, les besoins en quantité du *Cadre* sont approvisionnés par une ouverture mince qui recherche plutôt la qualité. Cela peut générer un **sentiment inconscient d'insatisfaction**.

L'avidité du *Dilaté* ne peut se satisfaire pleinement par cet instrument trop petit et ainsi le *Concentré* alterne des périodes de sobriété et d'ascétisme avec des périodes où sa sensualité impérieuse consomme comme s'il avait une revanche à prendre. La tension provoquée par l'accumulation du désir (faim, sensualité) se relâche avec brutalité après avoir créé un fort niveau d'angoisse comme le fait toute tension : « l'angoisse résulte d'une tension libidinale accumulée et non déchargée » (Freud).

De plus, comme nous avons vu que l'*Étage affectif* était en retrait, la sensualité agressive devient brutale si aucun élément de tendresse dans le visage ne vient la tempérer (nez rond au bout ou retroussé, lèvres tendres, *Modelé* charnu, par exemple).

La vie affective arrive au troisième plan dans leur existence, c'est-à-dire qu'ils sont froids et peu humains dans leur activité de travailleurs acharnés, se cravachant eux-mêmes autant qu'ils cravachent les autres. Le facteur humain pour eux se borne à des chiffres et des statistiques. (Ce qui ne les empêche pas à leur heure d'être tendres et affectueux, dans leur milieu d'élection.)

Les sentiments s'extériorisent peu et ne le font que dans des conditions privilégiées, avec leur conjoint ou leur meilleur(e) ami(e). Ils sont distants et n'aiment pas la promiscuité.

Les échanges sont difficiles, les *Concentrés* sont **susceptibles**, mal à l'aise dans les contacts. Souvent très méfiants, ils ont peur de se faire abuser ou décevoir et prennent alors les devants pour l'éviter, ce qui peut les rendre mesquins. Et quand cela leur arrive (ce que leur attitude peut aussi susciter) leur vengeance s'exercera toujours, mais à froid évidemment : « Patience et longueur de temps font mieux que force ni que rage » (La Fontaine).

La *Rétraction frontale* est forte, recule et enfonce le soubassement du nez. C'est la *Rétraction latéro-nasale*.

James II Doolittle, un as des débuts de l'aviation.

Chassaignac, chirurgien réputé pour son habileté manuelle.

Cela en fait des introvertis, des individualistes qui n'ont que faire de l'opinion d'autrui.

Ils se sont construits tout seul contre tous et souvent contre ou malgré les conditions familiales (la *Rétraction latéro-nasale* en est le signe), ce qui crée toujours un sentiment sous-jacent d'amertume et de revanche à prendre.

Blessés en profondeur, ils sont, en apparence, sûrs d'eux et de leur bon droit, très affirmatifs. Ils s'imposent en force et se servent. La devise anglaise : « Dieu et mon Droit » a-t-elle été prononcée par un *Concentré* ?

Ils sont très **pudiques** sur leurs sentiments, gênés si on leur témoigne de l'affection de façon ostensible.

Ils dominent et contrôlent fortement leurs sentiments en public ou dans leur travail. Mais si le nez est tendre, ils peuvent être beaucoup plus doux dans leur intimité.

C'est cette *Rétraction frontale* qui va, en maîtrisant la sensibilité et l'émotivité, donner le **flegme** et le **sang-froid** nécessaires, dans les situations exceptionnelles où un destin se joue.

La ligne de démarcation entre le commun des mortels et les « self-made men » se fait souvent par cet **alliage de puissance contenue et de flegme** qui caractérise le *Concentré*.

Cette *Rétraction frontale* permet aussi de prendre du recul par rapport aux hommes et à l'événement, se placer hors de la mêlée et ainsi élaborer des stratégies à long terme, froidement, sans se laisser influencer.

De plus, par la concentration de ces forces et cette retenue, tous les moyens disponibles seront focalisés sur une même fin, sans dispersion des objectifs, ni émotivité parasite.

3. L'Étage cérébral

Selon sa forme et son expansion par rapport au reste du visage, la forme de l'intelligence et les priorités de la personne vont évidemment varier.

Pour répondre à la **définition** du *Concentré*, il suffit que les **yeux** soient **petits** et relativement rapprochés de la racine du nez *(Rétraction)* et **enfoncés** *(Rétraction frontale)*.

Marie Curie

La canalisation des intérêts intellectuels va se faire sur des domaines choisis et précis mais dans lesquels la pensée peut être exhaustive. Les yeux, petits et rapprochés, vont apporter un esprit critique, une défense par rapport à tout ce qui est nouveau, qui sera jaugé, pesé et sélectionné en fonction des *a priori* du Concentré.

L'assimilation est difficile et lente aussi, à cause de ce manque d'adhésion par principe à la chose étudiée.

La pensée peut se **buter** et être rigide quand la personne est prise de front, que l'on veut la convaincre, la persuader ou la manipuler.

Le manque de souplesse d'adaptation ne lui permet pas d'improviser facilement et d'être brillant. C'est plus un «tâcheron» du savoir qui rattrape en profondeur et ténacité ce **manque de facilité**.

Par contre, il étudie avec une **précision du regard** qui répond à la précision du geste : tout est soumis au sérieux, au contrôle rigoureux de la réflexion et de la concentration sur des objectifs précis du *Concentré*.

Il étudie une chose à la fois et à fond, toujours pour le but concret et pragmatique que lui commandent son *Cadre* et son *Étage instinctif*.

Par la structure concentrée de l'*Étage cérébral*, mais aussi du reste du visage, le *Concentré* est patient et méthodique, structuré et vigilant, sérieux et organisé.

Il **manque**, en général, **de fantaisie** par tout ce sérieux et cette obsession du pratique et de l'utile.

Cependant, par la fonction de recul que permet l'enfoncement des yeux, il peut avoir un humour à froid, cette «politesse du désespoir», **fonction de dérision** par rapport au réel, d'un homme qui n'a pas eu une vie facile et qui a dû se forger contre les éléments durs de la réalité.

Coluche

4. ÉVOLUTION

• *Mimique*

Étant donné que la *Tendance réagissante*, c'est-à-dire l'adaptabilité et l'excitabilité aux stimulations du milieu, est réduite à son minimum, le *Concentré* a une *mimique* impassible et fermée, le «**visage de bois**» où l'on ne peut rien déchiffrer, qui impressionne et intimide.

Jean-Noël Bongrain

En fait, lui se sent gauche et mal à l'aise. Il s'impose une attitude car il n'habite pas son corps de façon souple et détendue mais il le fait plier et marcher à la cravache.

• *Évolution*

Qui fait que dans le **temps**, ce durcissement de la sensibilité finit par durcir ses coronaires ou faire des petits trous dans son estomac, que son endurance et son hyposensibilité de *Dilaté* ne vont pas forcément permettre de soigner à temps[1].

---

1. Note : corroboré par la médecine, il existe une morphologie de l'ulcéreux qui est soit un *Rétracté*, soit un *Concentré aux Récepteurs rétractés*.

François Dalle

Cependant, la retraite, quand ils la prennent après avoir construit leur « grande œuvre », leur permet de mettre leur vitalité et leur désir d'accomplissement au service d'une tâche où ils seront **utiles et constructifs**. Le choix de cette activité étant déterminé par leur étage *en expansion*, ils pourront faire une somme de leur expérience, organiser leur profession passée, réfléchir à son évolution future et aider les jeunes à s'y préparer, conservant ainsi leur rythme infatigable.

Si l'introversion est trop forte (*Rétraction frontale* inhibante et encavement des *Récepteurs*), les *Concentrés* auront tendance à s'aigrir, se scléroser et se fermer sur eux-mêmes. Alors que s'il reste des éléments «*sensation*» dans leur visage (du charnu dans le *Modelé* ou les *Récepteurs*) et que la fermeture de ces derniers n'est pas trop étanche, l'échange avec un milieu d'élection sera certes sélectif, mais riche et profond.

De par leur courage quotidien, leurs attachements profonds et indéfectibles, leur dévouement inconditionnel à la tâche qu'ils se sont fixés, les *Concentrés* s'attachent des collaborateurs respectueux et admiratifs qui les « suivraient en enfer » mais qui, surtout, cherchent aussi à les protéger d'eux-mêmes, comme Mlle Berthier préserve Jean Mougins.

Ces hommes, dont la vie s'est centrée sur un seul but, sont ceux que l'on voit à la base de toutes les œuvres de longue haleine. Ces **stoïciens** rigoureux qui renoncent aux autres intérêts de la vie pour accomplir leur tâche, le font souvent sans se rendre compte de l'ampleur du sacrifice consenti, puisque les puisions contraires à ce dévouement au travail et au devoir sont soit *inconscientes* (le *Cadre dilaté*), soit secondaires (l'*Étage affectif* en *Rétraction* relative par rapport aux deux autres *étages*).

Et c'est à l'époque des bilans (s'ils n'ont pas trop tiré sur la « ficelle » de leur santé) qu'ils prennent conscience de tout ce qu'ils ont délaissé et peuvent alors essayer de compenser ces négligences avec leurs petits-enfants. Et leurs enfants voient alors avec stupéfaction leurs parents qui avaient été si sévères, froids et distants avec eux, se transformer en « grands-parents gâteaux ».

V.

Communiquer – le Réagissant

> « *Le masque était si charmant que je craignais de voir le visage.* »
>
> (A. de Vigny)

• *Portraits*

Ginette est vendeuse dans une boutique de « fringues branchées ».

Elle est vive, enjouée, elle rigole tout le temps, raconte n'importe quoi, saute du coq à l'âne, plisse son joli petit nez et se sent irrésistible.

À midi, avec les « copines », elle n'aura pas le temps de manger car il faut vite courir de l'autre côté de la ville, acheter le gadget qui vient de sortir et qui est indiqué dans leur magazine préféré, paru ce matin. Il faut absolument qu'elles soient les premières à le porter ce soir. Ce soir, on sortira avec la bande de copains, Ginette aura la robe la plus voyante, la coiffure la plus décoiffée et, selon la mode, des couleurs fluo, des antennes de Martien ou des lunettes de soleil.

Danser, se faire voir et admirer, rire très fort, « vivre quoi ! » sont les buts de chaque journée. Pendant les heures de travail, elle aura sans doute mal à la tête, mal au ventre s'il faut travailler et, au contraire, sera pleine d'allant et aura les yeux vifs si un beau garçon ou si une vedette passe dans la boutique. Puis si le patron n'est pas content, tant pis pour lui, il n'a qu'à ne pas être si vieux et ennuyeux !

Steve, après l'usine, va rejoindre les copains dans un parking. Ils ont monté un orchestre amateur. C'est le seul endroit où ils peuvent jouer sans se faire vider par des voisins rendus fous furieux par le bruit qu'ils font. Steve gratte de la guitare et hurle dans un micro. Il sait qu'un jour il sera célèbre, comme les stars épinglées dans sa petite chambre. Le succès, cela vous tombe dessus sans que l'on sache pourquoi. Il suffit de se faire remarquer, d'avoir un « look » qui attire l'attention et d'être là au bon moment.

D'ailleurs, Steve est une réclame pour sa façon de penser : la recherche vestimentaire ahurissante, les boucles d'oreilles agressives et la coiffure « au pétard » ne laissent pas les passants indifférents quand il traverse la rue. À la limite, il s'y investit plus que dans la musique. Sa musique est l'expression de sa génération et de sa banlieue : « J'ai pas d'passé, j'ai pas d'avenir.[1] » Il ne travaille pas vraiment la musique, il exprime son malaise, sans technique et sans talent.

Al est un acteur fabuleux, un caméléon extraordinaire qui entre dans la peau de ses personnages avec un mimétisme et une facilité déconcertante. Il peut tout jouer ou plutôt il peut devenir le personnage qu'il incarne.

Le seul problème est de savoir qui est Al quand il a fini une interprétation dans un film ou une pièce de théâtre. Cela, personne ne le sait. Il donne en tout cas l'impression de demeurer en fusion avec ce dernier personnage jusqu'à ce qu'il en endosse un autre.

Ses amours suivent d'ailleurs les cycles d'interprétation, ses amies se font mal aux volte-face de quelqu'un qu'elles croyaient connaître et qui leur apparaît tout d'un coup comme un masque vidé de toute substance, de toute personnalité.

---

1. Michel Berger, « Starmania ».

Sabine est une attachée de presse en pleine ascension. Elle connaît tout le monde, sait parfaitement comment se comporter avec chacun, qui il faut flatter et comment il faut s'y prendre pour placer ses « poulains ».

Sabine est à la fois jolie, vive et futée, et bénéficie du carnet d'adresses d'un père célèbre, ce qui ne gâche rien.

Jusqu'ici rien n'a arrêté son succès, il roule tout seul. Elle est au bon endroit, au bon moment, dans le cocktail qu'il faut, la fête à laquelle « tout le monde » doit assister, et sa bonne fortune attire les contrats et les résultats car elle se contente de mettre les gens en présence et de faire faire le travail de fond par d'autres. Les collègues qui savent ce que travailler et « ramer » veulent dire n'en disent pas que du bien, évidemment. Impériale et séductrice, elle est au-dessus de la mêlée et les regards convergent vers elle.

Quelle est l'exacte fonction de Pascal dans l'entreprise Hulot ? C'est ce que de nombreux collègues se demandent discrètement car Pascal est bien vu par le patron.

Personne n'a jamais pu le prendre en flagrant délit d'efficacité. Il parle beaucoup, il se vante beaucoup, s'attribue les réussites des autres. Il faut dire qu'il les raconte beaucoup mieux qu'eux et si vous l'écoutez, à lui tout seul il personnifie l'entreprise : « Vous vous souvenez, Bertrand, quand nous avons enlevé l'affaire Berthon au nez des Allemands, nous avons fait fort ce jour-là !»

Les jours de Pascal sont comptés, un travail de réorganisation a commencé dans cette entreprise vieillissante et très rapidement, dramatiquement, on va apprendre qui fait quoi et le degré de «performance» de chacun par rapport aux objectifs !

Jean Marchand est un journaliste brillant. Il a «pigé» dès ses débuts ce qui faisait vendre un article. Il a le sens du titre, il sent ce qui va plaire et accrocher. Avec un flair de limier, il repère l'affaire qui va exploser et sait exactement par quel angle la prendre pour que son parfum soit encore plus scandaleux.

En sachant souvent si peu, il suggère qu'il en sait tellement qu'il réussit alors à en savoir beaucoup plus.

Il exaspère les spécialistes car ses articles sont superficiels, vus par le petit bout de la lorgnette, tendancieux et insuffisamment renseignés, mais pour le lecteur qui ne connaît pas le sujet, ils sont brillants, anecdotiques et permettent de parler un peu de tout et de faire illusion. Pour son rédacteur en chef, il n'y a aucun reproche à lui faire, au contraire, il a le sens du journalisme. Protéiforme, il est à l'aise dans tous les milieux et dans tous les sujets. Il ramène chaque jour son lot d'articles percutants, drôles et incisifs, qui font vendre le journal.

• *Correspondances*

Ces vifs-argents, brillants, superficiels et tellement modernes que nous venons de décrire sont des *Réagissants*.

Nous avons maintenant bien assimilé que le *Cadre* indiquait les forces profondes qui nous manœuvrent souterrainement et que la communication avec l'environnement se fait par les *Récepteurs*.

C'est-à-dire que ce sont les *Récepteurs*, sièges des organes des sens, qui vont chercher les renseignements utiles à notre adaptation, les sensations qui nous excitent et nous nourrissent. Imaginez être aveugle, sourd et muet, sans goût, odorat ou toucher ; le monde extérieur n'existe plus et, muré dans une atroce prison, nous deviendrions fou très rapidement.

Plus les *Récepteurs* seront ouverts (sans *Rétraction*), charnus (*sensoriels*) et à fleur de peau (sans *Rétraction frontale*), plus la communication sera facile, plus l'adaptation au milieu sera souple et rapide, et plus la personne réagira rapidement aux stimulations excitantes de son entourage.

Cette ouverture au milieu est appelée ***Tendance réagissante*** car elle nous met en position de réagir par rapport à la sollicitation du milieu et non à une sollicitation interne.

Par exemple, je **réagis** à une bonne odeur de cuisine et cela me donne faim alors que j'avais mangé il n'y a pas si longtemps. Pour le Dilaté : Je n'ai pas mangé depuis ce matin et mon estomac m'indique que j'ai faim, seule une **stimulation interne** éveille ma faim alors que précédemment ma réaction était provoquée par une stimulation indépendante de moi.

Nous avons vu dans le chapitre précédent la tendance inverse avec le *Concentré*.

Pour reprendre notre démarche, nous pourrions placer la *Tendance réagissante* et la *Tendance concentrée* aux deux extrémités d'un curseur et repérer où chaque visage en est de cette tendance. (Voir p. 94-95.)

Tendance réagissante ← .... → Tendance concentrée
Réactivité ← .... → Impassibilité
Adaptibilité ← .... → Rigidité
Naturel ← .... → Gauche
Excitable ← .... → Stable
Nerveux ← .... → Flegmatique
Fatigable ← .... → Résistant

C'est donc **notre degré de *Tendance réagissante* qui règle notre ouverture et notre participation au monde ; notre degré de *Tendance concentrée* qui règle notre résistance aux influences et à l'extraversion**.

De même que nous avons étudié la *disharmonie* d'un *Cadre large* avec des *Récepteurs petits* qui était celle des *Concentrés*, nous allons étudier la *disharmonie* inverse, c'est-à-dire celle d'un *Cadre fin* avec des *Récepteurs larges*, **ouverts** sur des *saillants* en *Tendance réagissante* maximum. C'est ce que l'on appelle le *type réagissant*.

Du point de vue morphologique, nous avons donc l'association d'un *Cadre rétracté* et des *Récepteurs* d'un *Dilaté*.

C'est-à-dire que le *Réagissant* se prend pour *un Dilaté* (la Zone des *Récepteurs* est ce qui est conscient) alors qu'il n'en a pas les moyens.

Il dilapide son énergie qui n'est pas très abondante, comme un enfant prodigue distribuerait tout l'argent d'une bourse pourtant pas bien épaisse, sans rien garder pour le lendemain. Seule la *Rétraction* et la *Rétraction frontale* apportent le discernement nécessaire qu'il faut pour préparer l'avenir.

Nous pouvons comparer un *Réagissant* à un coffre blindé (la *Rétraction du Cadre* met l'instinct de conservation en priorité) qui serait recouvert d'un *capiton* moelleux.

Les pressions venues de l'extérieur s'enfoncent sans problème dans le *Capiton* mais rencontrent vite le blindage du coffre et ne peuvent pénétrer dans la profondeur.

Elles restent à la superficie et rebondissent vers l'extérieur.

Cette comparaison nous permet de comprendre plusieurs caractéristiques du *Réagissant* :
- il **réagit** aux stimuli extérieurs plus qu'il n'agit à partir de pulsions intérieures ;
- il a besoin de nombreuses **excitations** du milieu pour avoir l'impression de vivre car il est dans la **superficialité** (le blindage de la *Rétraction* ne lui donne pas accès à une vie intérieure, tout occupé qu'il est de l'extérieur) ;
- il est **fatigable** car il épuise rapidement, par trop d'excitabilité, le potentiel énergétique disponible à

l'extraversion. Être toujours trop excité, trop fatigué, rend la personne « **nerveuse** ».

Anne Sinclair. Tendance réagissante.

*Nous avons tous une Tendance réagissante : elle est à son maximum avec l'ouverture des récepteurs quelle que soit la largeur du cadre. Mme Sinclair a un cadre de dilatée fine donc une forte Tendance réagissante mais **ce n'est pas une réagissante**.*

Cette mauvaise gestion de son énergie qui est mal « isolée », comme une maison qui ne fait pas d'économie d'énergie est le gros problème du *Réagissant* qui, parce manque de défense superficielle, devient très vulnérable aux maladies. La tuberculose, au siècle dernier, frappait en priorité les belles *Réagissantes* qui, pour être à la mode, se corsetaient et découvraient leur gorge. D'une part, elles ne pouvaient plus respirer convenablement et, de l'autre, il n'y avait pas de chauffage efficace et constant à l'époque.

Reprenons dans l'ordre ce qu'apporte chacun des éléments morphologiques.

La *Rétraction du Cadre* apporte une hypersensibilité de profondeur, la réactivité propre aux *Réagissants*, le blindage qui fait que les impressions restent à la superficie et que le **Réagissant, s'il est chaleureux en surface, est fermé, froid et égoïste dès que l'on dépasse la barrière des apparences.**

La Dilatation des Récepteurs apporte la large ouverture au monde, le désir de participation, de fusion avec l'entourage, la sensorialité, le plaisir des sens qui ne rencontre aucun frein dans l'échange superficiel mais en rencontre de forts dans la durée ou la profondeur ; le besoin d'avoir **beaucoup** de stimulations, que ce soit au niveau instinctif, affectif et intellectuel, ce besoin d'excitations permanentes, étant exaspéré par le fait que ces stimulations ne « nourrissent » pas puisqu'elles ne pénètrent pas en profondeur et qu'il en faut sans cesse de nouvelles.

Le manque de Rétraction frontale donne le **caractère juvénile, naïf, éparpillé, tête de linotte** des *Réagissants*. Il ne mesure pas la vivacité de ses réactions, et comme un ludion, se balance au gré des événements sans ligne de conduite directrice. Très **versatile**, il change d'avis et d'amis (de relations plutôt) comme de chemise. Il n'a pas de discernement et suit donc toutes les modes « sans réfléchir plus loin que le bout de son nez ».

Cette **superficialité** fait qu'il réagit à tout ce qui fait le « monde ». Il a besoin de bruit autour de lui, de clinquant et de mode, de lumière. Il cherche les lieux où il y a de l'ambiance, où l'on vit. Il se sent désespérément triste et s'ennuie dans le calme et la solitude. C'est un citadin qui, comme Woody Allen, « étouffe s'il n'a pas le taux d'oxyde de carbone d'une ville bien polluée, à respirer ».

Il ne peut résister à l'envie de sortir si on le lui demande, même le soir où «à bout de nerfs» il a décidé de se coucher tôt.

Il faut que l'on remarque sa superficie, son **masque** puisque rien ne s'est développé derrière, qu'il n'y a pas de *Moi* séparé des autres. (Nous avons vu dans l'*Étage affectif* que c'était la *Rétraction frontale* qui permettait la conscience du *Moi* dans sa fonction d'adaptation à la réalité.)

Le *Réagissant* ne va s'intéresser qu'à la brillance de ses plumes, devenant une proie pour tous les renards flatteurs, sachant lui parler de son plumage et de son ramage.

Il ne s'intéresse qu'à l'effet qu'il produit sur un milieu à la mode, être accepté, approuvé, et en tirer le sentiment d'exister.

Comme un enfant il ne peut pas introduire de distance entre son désir et sa réalisation, il veut tout avoir tout de suite sinon il trépigne et montre sa **nature capricieuse**.

Nous avons vu que c'était la *Rétraction frontale* qui indiquait que l'éducation donnée par les parents et la vie avait fait son travail de maturation, de discernement et de renoncement aux mirages romantiques et magiques de l'enfance (je peux tout avoir, tout le temps, et un jour je trouverai quelqu'un avec qui je serai heureux toute la vie sans qu'il n'y ait aucun déplaisir).

Et les *Réagissants* sont alors des « cœurs d'artichaut » qui ont autant d'amoureux qu'il a de feuilles. Ils voudraient quelque chose de parfait, quelqu'un qui soit totalement au service de leurs désirs, aussi vastes que changeants, mais ils ne pensent même pas qu'il faudrait donner la même chose en échange. Ils sont tout le temps « déçus » ! « Comme une plume au vent, femme volage » (pourquoi sont-elles les plus recherchées ?)[1].

De par son peu d'ampleur, l'Étage instinctif ne leur donne pas plus de volonté d'action que de maîtrise sur leurs envies et leurs réactions. D'ailleurs ils n'en auraient pas la force.

Leur caractère (ou leur manque de caractère) enfantin leur donne les envies, mais pas la volonté pour les satisfaire par leurs propres moyens. Et, comme les enfants, ils attendent que les autres fassent pour eux, les prennent en charge. « J'ai quand même le droit de vouloir... une jolie robe, une guitare, une voiture, etc. » Et quand ils n'ont pas ce qu'il veulent « c'est de la faute aux autres ».

---

1. Dans un test à choix multiples nous avons distribué des photos de femmes très diverses en respectant scrupuleusement des consignes statistiques. Dans une écrasante majorité ces messieurs ont choisi des Réagissantes aux traits très enfantins. Par ailleurs ces mêmes personnes disaient rechercher des femmes jolies et fidèles aux sentiments tendres et profonds.

Ils ne se donnent pas les moyens et ne se donnent que des excuses, renoncent dès qu'il faut fournir un effort prolongé ou qu'un obstacle se présente. « Ce n'est pas de ma faute » est une phrase qu'ils disent souvent.

De même l'ambition ne repose pas sur un désir légitime de développer ses potentialités et d'en recueillir les fruits en étant reconnu pour ses qualités, mais de briller auprès des autres.

Il y a un **désir de paraître et d'être admiré**, envié pour son « look », son style de vie. C'est ainsi qu'ils admirent les stars du show-business, pas forcément ceux qui ont réussi à force de travail et de talent, mais plutôt ceux sur lesquels le succès est tombé par hasard, et ils aiment les histoires édulcorées des cendrillons et des « reines d'un jour ».

C'est l'essence du **dandysme** tellement à la mode vers 1830 où il fallait, pour être remarqué, montrer une suprême élégance et paraître détaché de tout. En fait c'est une maladie typique du *Réagissant* : l'abondance des sensations superficielles pallie leur pauvreté puisque rien ne touche la profondeur.

Les **libertins** avaient le même problème dans une recherche de la sensation pour la sensation, qui provoque un émoussement de celle-ci et donc une escalade dans la course au plaisir accompagnée d'un désespoir grandissant devant le vide ressenti.

Cette mauvaise compréhension de la philosophie épicurienne est magnifiquement décrite dans *Raphaël ou le Débauché* de Barbey d'Aurevilly que l'on a vu au cinéma avec Maurice Ronet et Françoise Fabian dans un film de Michel Deville.

Reprenons notre découpage habituel par étage pour approfondir ce portrait type.

1. Étage instinctif

Leur bouche pulpeuse et offerte sur une petite mandibule fragile donne «des yeux plus gros que le ventre». C'est-à-dire que ce n'est pas un désir provoqué par des pulsions fortes qui les émeut, mais une **réactivité aux tentations extérieures** et qui, par le manque de fond, est vite rassasiée. Cette disproportion entre le contenant petit et l'envie (plus que le *désir* qui serait dans l'importance du *Cadre* et l'assouvissement dans les *Récepteurs*) de quantité, provoque un déséquilibre permanent. L'envie est impérieuse, il faut la satisfaire tout de suite, et puis on est déçu du peu de satisfaction que cela entraîne, l'ouverture demeure qui en demande encore plus et autre chose de nouveau. Les publicistes savent jouer de cette boulimie de nouveautés pour exciter le consommateur *Réagissant* à acheter chaque jour quelque chose de «nouveau».

Maria Ewing, cantatrice.

2. ÉTAGE AFFECTIF

Le *type Réagissant* se caractérise par l'ouverture du nez et le manque de *Rétraction frontale*, par rapport à un *Cadre fragile*.

On a donc un petit nez retroussé, sur un *saillant*. La personne se conduit comme un enfant câlin qui recherche la tendresse et la protection, suit l'humeur du temps et de ceux qui l'entourent. Le manque de *Moi* donne cette versatilité de caméléon que nous avons vue plus haut, ce besoin d'être aimé et entouré par le plus de monde possible. Alors on fait tout pour attirer l'attention et pour plaire. La façon de s'habiller et de parler attire les regards. Tout est fait pour attirer l'attention, y compris avoir un malaise ou s'évanouir si les autres moyens ne suffisent pas.

Le manque de *Rétraction frontale* ne créant pas de distance par rapport à ses propres émotions, la personne est émotive et perd ses moyens en période de stress, quand il faut vraiment prouver sa valeur, « ce que l'on a dans le ventre ou dans la tête » et plus seulement faire semblant, donner l'illusion.

Ce manque de profondeur fait que le *Réagissant* ne s'implique pas en profondeur dans ses sentiments, qu'il reste superficiel et changeant.

Ne pas oublier qu'un grand nez, dégagé des joues par la *Rétraction latéro-nasale* sur un *Cadre* étroit fait partie de la *Tendance réagissante* et non du *type Réagissant*. En effet, la *Rétraction latéro-nasale* donne la distance, maîtrise et discernement qui caractérisent une certaine maturité, ce qui n'est pas le cas du *Réagissant*.

Peter Sellers

Chez le *Réagissant*, les deux *Étages* inférieurs forment un «*museau*» sensoriel qui recherche le plaisir, l'expression sans contrainte : il danse et il chante facilement sans effort, avec du rythme et du naturel, la grâce aussi d'un corps qui n'a pas de rigidité et de frein.

3. ÉTAGE CÉRÉBRAL

Par l'ouverture des yeux, et le manque de *Rétraction frontale*, l'intelligence est à son niveau le meilleur en ce qui concerne la fonction d'**adaptation**, l'**ouverture** et la **vivacité**, et à son degré le plus mauvais en ce qui concerne le raisonnement, la méthode, la profondeur et l'abstraction.

Les *Réagissants* sont vifs et curieux, ils démarrent au quart de tour, **improvisent** de façon **brillante** et **drôle**, ils sont **astucieux** et comprennent, sentent immédiatement une atmosphère et ce qu'il faut faire pour s'y adapter, paysans chez les paysans, aristocrates chez les aristocrates, leur façon de penser se moule avec une façon déconcertante au milieu auquel ils veulent s'adapter.

Dorothée   *Al Pacino*

Ils sont aidés en cela par une mémoire qui retient tout (c'est la *Rétraction* et la *Rétraction frontale* qui provoquent le refoulement, qui nous font « oublier » les choses, les langues et les accents, les façons de parler d'un milieu ou d'une personne que l'on peut imiter sans effort). De plus ils ont la malice mercurienne des petits filous, des « Trickster » comme Till Eulenspiegel[1], qui font des bêtises embêtent les gens sérieux et les ridiculisent.

S'ils retiennent tout sur le moment, ils oublient aussi vite, une idée en chasse une autre, leur pensée est dispersée, attirée par tout ce qui se présente, sans pouvoir faire de choix.

---
1. Till l'Espiègle, héros du roman burlesque au XVIe siècle. Fripon et farceur anticonformiste, ridiculisant les nantis.

Cela donne une vision très superficielle des choses, c'est l'**anecdote** qui est recherchée, pas l'explication.

Ce sont des **êtres de communication** dans un monde devenu un monde de communication. ils sont faits pour les milieux de relation, d'animation et de mode. Toujours disponibles et sociables, ils ont le sens de l'actualité, de ce qui va plaire et de comment le faire passer.

4. LES COMPENSATIONS

Nous avons donc vu que les *Réagissants* vivaient une forte *disharmonie* entre leurs forces profondes légères et leur hypercommunication superficielle.

Réagissante compensée

Cette extraversion excessive entraîne une nervosité et une fatigabilité excessives par rapport à leurs capacités de récupération.

C'est pour cela que, lorsque nous évaluons une *Ten-*

dance réagissante, il faut tout de suite voir si elle est **compensée** ou non.

Cette *compensation* se fera surtout par des signes de *Rétraction frontale* : *tenue* et *abritement* des *Récepteurs* qui, tout en maintenant les qualités *Réagissantes*, permettront à la personne de garder son rythme et de se reposer.

Faute de compensation, comme les enfants, les *Réagissants* ont besoin d'être encadrés et surveillés, pour qu'ils aient un minimum d'hygiène de vie : un repas équilibré parfois ou une nuit de sommeil réparatrice. C'est évidemment ce qu'ils ont le plus de mal à se procurer : ils n'ont pas le temps.

5. L'ÉVOLUTION

• **La Mimique** des *Réagissants* est, avec leur ouverture, ce qui les caractérise le plus. De par leur adaptabilité, leur visage est tout le temps en mouvement, exprimant l'émotion qui les agite sur l'instant et qui, comme une vaguelette sur un plan d'eau, est remplacée par l'onde provoquée par la risée suivante.

Leur bouche passe du sourire le plus charmant à la moue boudeuse, le nez se retrousse et les yeux s'écarquillent d'étonnement avant de dégouliner de tristesse comme ceux d'un basset artésien.

• **Dans le temps**, les *Réagissants* gardent un caractère jeune, restent « dans le vent », à la mode et s'intéressent à l'évolution de leur temps.

S'il n'y a eu aucune *compensation* à cette *Tendance réagissante*, le vieillissement peut être plus cruel pour eux que pour d'autres : il n'y a pas l'étape de la maturation et la reconnaissance de la valeur du renoncement quand le temps est venu de réfléchir au sens de la vie, car notre corps est moins vaillant pour une trop grande extraversion. À la place du temps de la sagesse, c'est alors le temps de l'amertume contre l'injustice de la vie qui vous reprend ce qu'elle vous avait donné : la vitalité et la jeunesse. Et c'est ainsi que l'on voit de vieilles belles et de vieux fans tragiques dans leurs désirs de ne pas changer et évoluer. Le masque n'est plus charmant et le visage ne s'est pas construit (comme dans *Le Portrait de Dorian Gray*).

VI.
Intégrer – disharmonies et antagonismes

Tout au long de cette troisième partie, nous avons exploré les *disharmonies* par rapport aux quatre lois de la Morphopsychologie : il s'en est peu à peu dégagé la notion que les *disharmonies* et les *antagonismes* qu'elles engendraient étaient la condition d'une personnalité riche et contrastée.

Reprenons cependant un certain nombre des questions qui se posent par rapport à l'*Étage dominant* et à l'*Étage le plus en Rétraction*. Quelles sont leurs fonctions, leurs problèmes et les *antagonismes* que l'on repère dans le visage ?

1. Notion d'Étage dominant

L'Étage en expansion, c'est-à-dire celui qui, volumétriquement, est le plus important et qui, captant ainsi le maximum de l'énergie, devient le moteur de la personne, est appelé ***l'Étage dominant***.

Le Dr Corman lui attribue huit fonctions principales :

Les fonctions de l'Étage dominant

1. Il est le plus ouvert au monde, donc :
   → s'ouvre en premier à ses influences
   → échange le plus abondamment.
2. C'est l'Étage où la personne trouve le maximum de plaisir et celui où elle se fatigue en dernier.
3. Si l'Expansion y est bloquée : fatigue, tristesse et dépression, blocage, envahissent l'individu.
4. Dans la croissance de l'individu, il est le plus précoce, il se maintient le plus longtemps dans la vieillesse[1].
5. C'est le plus influençable, le plus facilement abordable, le plus « facile à prendre ».
6. C'est le domaine où la mémoire est la plus étendue et le rappel le plus facile.
7. Il dicte les loisirs et le choix professionnel.
8. La créativité se place dans ce domaine.

On pourrait rajouter trois autres fonctions.

9. L'Étage dominant potentialise les possibilités des deux autres étages[2].
10. C'est le lieu où la mimique est la plus expressive[3].
11. C'est par la réussite des fonctions de cet étage qu'on a l'impression que sa vie vaut quelque chose.

---

1. Ceci est à moduler en fonction de l'impact du milieu qui permet, encourage ou inhibe son expansion.

2. C'est-à-dire que l'Étage dominant « transfère » une partie de sa force aux fonctions des étages qui sont d'habitude secondaires pour la personne. Ainsi, on peut avoir du courage et de l'ambition pour défendre ceux que l'on aime alors que l'on se sentirait plutôt lâche et modeste pour soi tout seul avec un Étage affectif dominant et un Étage instinctif en Rétraction.

3. Une expansion cérébrale a sa mimique la plus expressive au niveau des yeux par exemple. La bouche d'une expansion instinctive est toujours en mouvement.

Ce sont les fonctions de l'étage dominant qui se maintiennent le plus longtemps.

Par exemple, si nous reprenons l'exemple de Roger, le tailleur, qui préférait chanter (p. 328). C'est une expansion affective :
1. Il est entouré d'amis avec qui il échange tout le temps et si quelqu'un lui demande de l'aide, son cœur s'en émeut immédiatement.
2. Son bonheur est d'être entouré des personnes qu'il aime et il ne s'en lasse jamais.
3. Quand Roger se retrouve seul, il est triste et perdu comme un enfant mis au piquet.
4. Dès sa plus jeune enfance, il a montré un caractère affectueux et le montrera jusque dans la tombe.
5. Pour entrer en contact avec Roger, il suffit de s'adresser à ses sentiments et il répond au quart de tour, souvent très naïvement.
6. Il passe des heures avec ses amis ou sa famille à se remémorer les bons souvenirs et se souvient des moindres détails de chaque plaisir (de chaque tristesse aussi).

7. Ses loisirs sont d'être avec ceux qu'il aime (et de chanter pour eux), il aurait voulu être chanteur (*Étage respiratoire* développé).
8. Sa créativité réside dans sa façon d'interpréter avec cœur et sensibilité les vieilles chansons de son répertoire.
9. Il n'est pas particulièrement intéressé par son métier de tailleur ou par le commerce mais « pour faire plaisir à son père » il est prêt à le faire bien. De même, Roger se sent intelligent et il l'est plus, de fait, dans une atmosphère d'acceptation et de confiance.

    Alors qu'une personne qui a une *Expansion cérébrale* et une *Rétraction frontale* à l'*Étage affectif* « fonctionnera » même dans une atmosphère hostile et dévalorisante.
10. La mimique expansive de Roger relève son *Étage affectif* et fait vibrer et palpiter ses narines. Elle entraîne évidemment la bouche et les yeux qui expriment aussi ses sentiments.
11. C'est le bien qu'il dispense autour de lui qui donne à Roger l'impression que sa vie sert à quelque chose et qu'il la réussit.

Zone d'accomplissement

L'*Étage dominant* peut donc être la **Zone d'accomplissement** qui dicte le choix professionnel, le domaine où l'on acquiert sa compétence et le domaine de créativité, celui où l'on se valorise, prend confiance en soi, celui où l'on se fait plaisir.

Zone de refuge

Mais il peut être aussi la **Zone de refuge**, c'est-à-dire celle où l'on se repose et se réfugie quand les autres *étages*, plus en *Rétraction*, se fatiguent les premiers. Et c'est important quand on a repéré de la *Rétraction* dans un visage, donc des ***Zones de souffrance*** mais aussi de **fatigabilité**, de savoir où la personne compense cette souffrance, où elle se réfugie pour y échapper, où elle se ressource.

Ainsi, avec son *Expansion instinctive*, Fabienne Lerock, quand elle a terminé d'écrire, jardine, fait la cuisine ou la «sieste» (p. 296).

De même, quand Thomas Foduyé *(Expansion cérébrale)* rentre de son laboratoire de recherche, il se détend en lisant des romans policiers (p. 370).

La *Zone de refuge* peut être aussi dans une *fonction dominante* de la personne. Par exemple, un *Rétracté latéral* va se détendre en faisant du sport. Un *Rétracté frontal* pourra peut-être faire du rangement, mettre de l'ordre, «ça lui clarifie les idées».

Et puis il y a les *«Zones» de refuge psychologiques*, la nourriture ou la boisson par exemple. Pour d'autres, cela peut être de compter ses sous, d'embêter son entourage : le despote familial qui fait payer à sa famille ses propres échecs. On peut aussi se réfugier dans le rêve ou le sommeil, etc.

Nous entrons là dans un domaine psychologique beaucoup plus complexe, celui des régressions psychologiques* qui n'a pas place dans ce livre. Mais il faut cependant savoir que les étapes de maturation psychologique de la personne sont très visibles sur le visage, comme nous l'avons déjà vu, et aussi les possibilités de régression ou de fixation autour d'un problème central qui rigidifie la conduite de la personne et l'empêche d'évoluer[1].

Nous venons de voir ce que peut apporter l'*Étage* le plus en *expansion*. Voyons les apports de *l'étage en rétraction*.

2. L'ÉTAGE EN RÉTRACTION

Zone de fragilité

L'*Étage le plus en Rétraction* est celui où l'on se défend le plus et qui se fatigue le plus aussi. Il faut savoir que par cette faiblesse, il est le plus **fragile** et celui qui encaisse, par contrecoups, les chocs reçus par les *Zones* **vulnérables** exposées en *Dilatation* (non défendues par la *Rétraction* ou *Rétraction frontale*) et accuse le coup.

Ainsi, un étudiant dont l'*Étage* en expansion est *cérébral*, après avoir trop étudié, peut ressentir des courbatures ou des contractures musculaires.

Une personne ayant une *Expansion instinctive*, si elle va au bout de ses forces, aura des maux de tête le lendemain.

Le cas le plus fréquent se produit quand une personne, avec une *Expansion affective* et qui manque de

---

1. Nous n'explorerons pas ici la typologie jungienne* pour ne pas complexifier encore cette étude, mais il est évident, et nous en avons déjà parlé tout au long de ce livre, que l'on repère l'extraversion et l'introversion et les fonctions Pensée, Sentiment, Intuition et Sensation par la Morphopsychologie, celles qui dominent, la fonction auxiliaire et la fonction inférieure, celle qui pose le plus de problèmes : pour le Morphopsychologue, c'est celle qui abrite les antagonismes les plus forts.

Rétraction latéro-nasale, donc de capacité à se défendre sur le plan affectif, reçoit un choc sentimental et va alors craquer sur le *cérébral* : *Atonie* du regard, chute des paupières qui indiquent une dépression, une asthénie mentale.

> Quand l'Étage en Dilatation reçoit une agression, c'est l'Étage en Rétraction qui fléchit.

Repérez chez vous ces « transferts » de fatigue ou de souffrance, comme vous avez repéré vos *Zones de refuge*. Que faites-vous quand vous êtes fatigué ou malheureux ? Vos pertes de tonus, vos petites maladies, quels secteurs atteignent-elles ? La sphère O.R.L. – rhume, otite, maux de gorge – par exemple (l'Affectif)[1]...

Zone de tourment

L'*Étage en Rétraction* ou fortement marqué de *Rétraction* peut, dans certaines circonstances, se trouver être le principal moteur de la personne et alors **dominer par son tourment**.

---

1. Des groupes de recherche interdisciplinaires avec des morphopsychologues, des médecins, des spécialistes en oto-rhino-laryngologie, stomatologie, des kinésithérapeutes (ostéopathes), des acupuncteurs et des psychologues font un travail passionnant sur les liaisons entre la psychologie et la maladie ; **la Morphopsychologie, à la charnière entre le psychologique et le somatique, est la voie royale pour cette recherche**.

André a un Étage affectif aussi torturé que l'est son affectivité. Hors sa vie privée, tout lui réussit.

Il a fait des études brillantes, les travaux de son laboratoire de recherche sont reconnus et appréciés mondialement. En fait, André se sent un handicapé du cœur. Plus jeune, pris par le jeu des études et de la course aux diplômes puis aux crédits de recherche, il avait laissé sa vie sentimentale dans une jachère qui le faisait maintenant, à près de trente ans, cruellement souffrir.

Bien sûr, il avait eu des aventures, des étudiantes s'étaient jetées à sa tête, des collègues l'avaient recherché, mais il s'était toujours senti gauche et maladroit en face d'une femme. Elles étaient une terre inconnue et il n'avait aucune piste pour comprendre leur comportement illogique et déconcertant.

Il avait réussi sa vie professionnelle, prouvé son intelligence mais ces domaines perdaient de leur intérêt maintenant. Seule sa vie sentimentale le préoccupait. Il cherchait l'âme sœur, celle qui apaiserait sa souffrance et il ne pensait plus qu'à cela.

Zone de défi

Et si la personne a suffisamment de *Tonicité*, de *Rétraction latérale*, cet étage peut devenir l'**Étage du défi**, c'est-à-dire quand on a tout prouvé dans les Étages plus en **Expansion**, le besoin de se dépasser du **Rétracté latéral** lui fait rechercher d'autres domaines de conquête et d'évolution, là où il n'a pas encore réussi.

Ariet Sanglais entre dans les « quarantièmes rugissants » avec un dynamisme et une fraîcheur qui lui donnent un aspect très jeune.

Ariet est directeur des Ressources humaines d'une grosse entreprise, son travail la passionne et elle le fait bien. Ses enfants sont presque des adultes et ils « marchent bien » dans leurs études.

Ariet est cependant à l'heure des bilans, des envies de reconversion et aussi des questions que l'on n'a jamais résolues et que, vraisemblablement, la vie ne va pas résoudre miraculeusement.

Cette question, pour Ariet, c'est l'échec de sa vie sexuelle : elle a toujours attendu que « ça » se déclenche ou qu'un homme providentiel la fasse « fonctionner ».

Si elle ne fait pas quelque chose pour elle-même, visiblement personne ne le fera.

Alors elle a été voir un sexologue, avec son mari, puis toute seule. Et ce domaine qui était un peu rangé dans les oubliettes se met à la passionner au fur et à mesure qu'elle s'aperçoit que **c'est elle-même** qui va être la personne providentielle qui le fera « fonctionner ».

C'est elle qui peut ouvrir la porte si elle désire que quelqu'un vienne chez elle, échange pour de vrai avec son corps, son cœur et non plus avec cette tête trop brillante qui a dévoré sa vie.

Et c'est à quarante ans qu'Ariet découvre son mari, lui parle, le touche, éprouve des sensations simples et nouvelles, le goût du fruit que l'on prend le temps de savourer, une peau que l'on caresse pour la caresser, non pour obtenir un résultat.

Les angles de la vie s'arrondissent au fur et à mesure qu'elle avance sur cette terre inconnue de l'autre vraiment éprouvé ; en même temps qu'elle-même commence à lâcher prise.

Le Modelé d'Ariet s'arrondit aussi, sa bouche perd peu à peu de sa crispation, elle mangeait ses lèvres, et son regard, qui était farouche, prend une lueur à la fois de sérénité et d'amusement qui la rend beaucoup plus séduisante.

3. LES ANTAGONISMES

Outre la domination plus ou moins forte d'un *Étage*, il existe d'autres *antagonismes* dans le visage, un côté droit très différent du côté gauche, des *Tendances concentrées* ou *réagissantes* qui posent des problèmes de tension forte à l'intérieur de la personnalité.

Ce qui est important, quand on repère un *antagonisme* dans un visage, c'est de savoir s'il **dynamise** la personne, voire l'**enrichit** ou si, au contraire, il monopolise tellement d'énergie qu'il n'en laisse plus assez pour fonctionner de façon satisfaisante, il a alors un effet **inhibant**.

Pour savoir **si cet antagonisme est moteur ou inhi-**

biteur, s'il est **intégré** dans la personnalité ou s'il la déstabilise il faut repérer :

> 1. Le degré de disharmonie
> 2. La vitalité disponible du sujet (largeur et sthénicité du Cadre)
> 3. Le degré de contrôle et de maîtrise de la personne (Rétraction frontale, Tonicité générale et surtout vivacité du regard).

Plus les points 2 et 3 sont importants, plus le sujet peut « supporter » de disharmonie.

Il y a des *disharmonies* formidables, parfois laides chez des réalisateurs très efficaces, qui sont corrigées par la puissance de leur *Cadre*. Et cette différence d'appréhension de la vie entre les deux pôles de leur antagonisme crée la « différence de potentiel » qui est à la base de leur désir de lutter pour s'imposer et réussir (p. 84).

• *Composante féminine et masculine*

Il existe un antagonisme dont nous avons peu parlé : celui qui existe en chaque personne entre les **éléments masculins et féminins**, en partant du principe que homme et femme ont chacun les deux composantes à des degrés d'importance différents.

Les composantes féminines seront pour un homme : un *Cadre* fin, une absence de *Rétraction latérale*, un *Modelé* avec de la rondeur, des *Récepteurs* bien dessinés ou fins, des aspects d'*Atonie*, un front rond, sans *bosses sus-orbitaires*. Donc des **valeurs de finesse, de réceptivité, de douceur, d'esthétique et d'intuition.**

Pour une femme, les éléments masculins seront un *Cadre solide*, une forte *Rétraction latérale*, une mandibule puissante et carrée, un *Modelé anguleux*, sec et très tonique, des *Récepteurs* peu dessinés et brutaux, un *front très différencié*, la présence de *bosses sus-orbitaires* ou une *expansion cérébrale*.

Donc des **valeurs d'emprise sur le réel**, d'**instinct combatif**, de **logique**, de **structure** et de **mentalisation**.

Un homme qui n'aurait aucune composante féminine se conduirait comme une brute épaisse, l'idée que l'on se fait de l'homme de Neandertal.

Une femme qui n'aurait aucune composante masculine serait toute molle, « loukoum mâtinée nouille ».

La difficulté est d'accepter, surtout dans la jeunesse, et au moment où commence l'exercice véritable de sa sexualité, sa composante de l'autre sexe, de l'intégrer et d'en faire une richesse.

Ainsi les jeunes adolescents se font traiter de femmelettes et d'autres termes moins choisis s'ils font preuve de sensibilité ou de délicatesse, et peuvent alors réagir en « surcompensant » une attitude virile et macho, en en faisant trop par rapport à leur vraie nature.

Certaines femmes, surtout dans l'éducation d'autrefois, n'ayant pas de possibilités de s'affirmer dans la vie, réagissaient en «*surcompensant*» des attitudes «féminines» de dépendance excessive par rapport à leur nature. Des psychologues parlent de «pseudo-débilité» induite par ce système qui voulait que pour être «épousable» une femme devait être idiote. À un niveau plus élevé, une femme intégrant sa composante masculine accède à la **Raison**, au **Verbe**, au **Logos**. Un homme qui intègre sa composante féminine accède à la **Sagesse**.

• *Le leurre de l'équilibre*

Il est certain que nous sommes tous à la recherche d'un certain **équilibre**. Ce qui est important pour avoir une attitude juste dans la vie c'est la **tension vers l'équilibre** qui nous fait évoluer.

Il n'y a pas d'équilibre, pas plus qu'il n'y a de justice dans le domaine du vivant, ce qui est important c'est de tendre vers l'équilibre et la justice.

Ceux qui ont lutté pour de grandes causes dans l'histoire de l'humanité n'étaient pas des êtres «équilibrés» mais des êtres de **démesure** et qui, pourtant, avaient appris à trouver la **mesure juste** demandée pour réussir leur entreprise.

Réussir sa vie au mieux de ses potentialités n'est pas une affaire d'équilibre mais d'**attitude juste**[1] face à chaque instant. Et la vie est mouvante, inattendue, cruelle ou merveilleuse.

---

1. Je remercie beaucoup Mme Hélène Wiart-Téboul, présidente de la Société de Psychologie analytique, pour m'avoir aidé à voir clair dans ces notions entre autres.

Rechercher l'équilibre c'est souvent neutraliser ce qui est vivant et qui fermente dans la personnalité, « une conscience où tout s'équilibre, se compense et se neutralise » disait Bergson. L'équilibre c'est la mort.

La même exigence existe au niveau d'un groupe de travail : quand on forme une équipe, pour qu'elle soit performante, ce n'est pas forcément l'équilibre entre les différentes qualités de ses membres qu'il faut rechercher, mais quelles sont ces qualités : comment les faire fonctionner ensemble, et éventuellement que faut-il y ajouter ou y retrancher pour que cette équipe soit efficace ?

Léon Schwartzenberg

• *Intégrer*

« Nous sommes un faisceau de tendances et c'est la résultante de toutes ces tendances qui s'exprime dans nos actes et fait que notre existence est ce qu'elle est. C'est donc cette totalité qu'il faut savoir apprécier » (A. Binet*).

Les tendances, nous avons appris à les repérer dans le visage, à voir comment elles s'allient ou se combattent, celles qui dominent la personnalité et celles qui ont été écrasées ou amoindries.

En fait, le travail du Morphopsychologue est de

rechercher quels sont les antagonismes qui coexistent dans la personnalité et **comment la personne les utilise ou se fait utiliser par eux**. C'est la **globalité** de son visage qui pourra permettre de répondre à cette question. »

Quand on fait un portrait, on se rend compte à quel point notre personnalité est la résultante de réajustements successifs, de petits et de grands déséquilibres et que, somme toute, la plupart des gens se sortent plutôt bien de ces exercices d'équilibre parfois périlleux.

Un kinésithérapeute, quand il regarde un dos qui paraît droit, repère tout de suite, le long de la colonne vertébrale, toutes les déviations successives qui se compensent les unes les autres.

Notre personnalité est aussi composée d'une somme de tendances qui s'ajustent les unes aux autres, s'opposent, se complètent ou se potentialisent. Le visage nous permet d'explorer de façon très fine ce merveilleux travail d'horlogerie parfois un peu surréaliste dans ses résultats et qui pourtant fonctionne, induit une personnalité unique. Comme le Petit Prince de Saint-Exupéry qui se rendait compte que « sa rose était unique au monde » et que c'était pour cela qu'il l'aimait malgré ses épines et sa coquetterie.

« C'est le temps que tu as perdu pour la rose qui fait la rose si importante. On ne voit bien qu'avec le cœur, l'essentiel est invisible pour les yeux. »
Saint-Exupéry

VII.

Évoluer – le visage et le temps

Loi d'évolution et de mouvement

Après avoir étudié la structure du visage, nous allons le voir vivre et bouger, s'exprimer et grandir, évoluer, vieillir.

1. Le mouvement

Le visage est la partie la plus mobile et la plus expressive de votre corps. Ceci, grâce au jeu des muscles du visage qui donnent, par leurs tensions permanentes, l'expression générale d'un visage, ce à quoi on ressemble et aussi, par leurs jeux conjugués, notre expressivité.

Visage mobile que la *Tendance réagissante* anime dans la proportion de son importance (fig. 1, p. suiv.), visage figé par manque d'ouverture ou de sensibilité (fig. 2) ou pour masquer sa sensibilité (fig. 3).

1   Dorothée

3   J.-N. Bongrain

2   Brute épaisse

La Morphopsychologie ne s'intéresse pas à la signification des mimiques du visage, elle passe pour cela le relais à la Prosopologie du Dr Ermiane* et à l'école américaine du Dr Ekman*, voire aussi à la PNL qui travaille entre autres sur la signification du regard.

Par contre, elle étudie si la *mimique* existe, si elle est vivante et si elle est en accord avec l'analyse morphopsychologie structurelle qui a été faite du visage.

Par exemple, si un visage a une forte *Tendance réagissante*, et qu'il a une *mimique* figée, il faut en trouver la raison dans le vécu de la personne, car il y a alors souffrance de ne pas vivre ce que l'on est.

La mimique nous permet de reconnaître l'*Étage* réellement *dominant* car c'est l'expression de ses traits et de ses *Récepteurs* qui sera la plus active dans le visage.

2. L'ÉVOLUTION

*« Avec le temps, tout s'en va,
Avec le temps, va, tout s'en va ».*

(Léo Ferré)

En étudiant *la Loi de Dilatation/Rétraction*, nous avons vu que ses modalités suivaient les différents **âges de la vie**.

Du bébé *Dilaté* à l'adolescent *Rétracté latéral*, la maturité s'est marquée par la *Rétraction frontale*.

Et notre *vieillissement* s'est matérialisé par les *Rétractions* successives, témoins des deuils, des renoncements mais aussi de notre capacité de résistance, de nos possibilités de survie.

« Ce sont les hommes jeunes qui font la guerre, car ils ont les vertus de la jeunesse : le courage et la foi en l'avenir. Ce sont les hommes d'âge qui font la paix, ils ont les vices des hommes d'âge : la méfiance et le scepticisme » (Fayçal Ibn Hussein).

Nous avons vu, en étudiant la **Tonicité**, qu'elle permettait de repérer l'**état quotidien** de vitalité ou de fatigue que nous ressentions par son action sur le *Modelé* ou les *Récepteurs*.

Elle va permettre aussi de repérer l'évolution de cette vitalité à travers les âges et où elle s'exprime principalement.

L'*Atonie* s'installe dans les zones où nous faisons moins d'efforts, où nous fatiguons, où nous perdons espoir, la *Tonicité* **demeure dans les zones où nous avons plaisir à fonctionner**, où la vie nous intéresse. Regardez les yeux de cette dame âgée. Ils pétillent de malice et de présence signifiant que ses intérêts intellectuels sont vivaces.

*Maggie Kuhn
fondatrice des
« Grey Panthers ».*

Si, par contre, les yeux sont vides et absents, ils expriment la détérioration mentale d'une personne qui n'a plus d'intérêt ni d'espoir.

Si la personne n'a pas évolué dans sa vie, et il faut beaucoup de ténacité pour maintenir une **position rigoriste et inflexible** à travers la vie, c'est la *Rétraction frontale* qui s'exerce sur les *Récepteurs* en leur imposant une mimique tendue et sur le *Modelé* en le rigidifiant qui signera le figement de ses possibilités d'adaptation à la nouveauté et son évolution.

Il se produit alors, avec le *vieillissement*, un phénomène inattendu. La *Zone centrale* du visage, responsable des échanges et *Zone consciente*, est tenue rigidement par la volonté. Par contre, les côtés du visage échappent à ce contrôle, s'affaissent, démontrant le « désespoir » inconscient. On le repère surtout dans les bouches « amères » qui indiquent le manque de réalisation dans les fonctions dépendantes de l'*Étage instinctif*, comme nous l'avons vu p. 324.

Nous avons vu également, lors de notre étude sur l'*Atonie*, comment celle-ci se marquait sur le visage de ces « anciennes belles » qui n'ont pas su mûrir et trouver d'autres joies dans leur vie que celle de paraître.

Si tu t'imagines
de Raymond Queneau

Si tu t'imagines,
Si tu t'imagines,
Fillette, fillette,
Si tu t'imagines
Xa va, xa va, xa
Va durer toujours
La saison des z'a
La saison des z'a
Saison des amours
Ce que tu te goures,
Fillette, fillette,
Ce que tu te goures
Si tu crois, petite
Si tu crois, ah, ah

Que ton teint de rose,
Ta taille de guêpe,
Tes mignons biceps,
Ton ongle d'émail,
Ta cuisse de nymphe
Et ton pied léger,
Si tu crois, petite,
Xa va, xa va, xa
Va durer toujours,
Ce que tu te goures,
Fillette, fillette,
Ce que tu te goures.
Les beaux jours s'en vont,
Les beaux jours de fête,
Soleils et planètes
Tournent tous en rond
Mais toi, ma petite,
Tu marches tout droit
Vers c'que tu vois pas,
Très sournois s'approchent
La ride véloce,
La pesante graisse,
Le menton triplé,
Le muscle avachi,
Allons cueille, cueille
Les roses, les roses,
Roses de la vie
Et que leurs pétales
Soient la mer, étale
De tous les bonheurs,
Allons cueille, cueille,
Si tu le fais pas,
Ce que tu te goures,
Fillette, fillette,
Ce que tu te goures.

Bette Davis

Paroles de Raymond Queneau

• *Rétraction amenuisante et desséchante*

La *Rétraction* se marque sur les *Récepteurs* et le *Modelé* en les **amenuisant** au fur et à mesure que les intérêts de la personne se réduisent, concentrant ses forces pour résister au temps et survivre.

Puis elle réduit aussi le *Cadre* qui *s'amenuise*.

Ainsi, la mandibule se réduit considérablement lorsque l'on a perdu ses dents, et les dentistes sont obligés d'attendre plusieurs mois, que cette *Rétraction* soit stabilisée, pour pouvoir installer un appareil définitif.

N'oublions pas que cette *Rétraction* est due à une *sensibilité active de défense*.

• *Épanouissement*

Par contre, si la vie a donné des occasions d'épanouissement à un être qui, non seulement, a eu le courage de les saisir mais aussi de les préparer et permettre leur venue, alors **le visage se dilate dans ses parties molles mais aussi dans son ossature**.

Le phénomène est très courant chez les hommes politiques mais aussi chez des écrivains reconnus de leur vivant et qui épanouissent à la fois leur talent et l'image d'eux-mêmes.

Voici quelques exemples d'épanouissement du *Cadre* :

Liszt jeune.   *L'abbé Liszt âgé.*

Colette jeune.   *Colette célèbre.*

Gregory Peck jeune et âgé.

Le visage est ainsi le reflet de tout ce qui se passe derrière sa surface, de nos difficultés comme de nos accomplissements et il semblerait bien, effectivement, que «**l'on a le visage que l'on mérite**», celui que l'on se construit, par le fait même que l'on construit sa vie ou qu'on se laisse ballotter au gré des événements sans avoir de prise sur le déferlement des catastrophes.

Pourtant, beaucoup d'existences se sont révélées au cours de catastrophes, comme si l'on pouvait choisir de **surfer sur la vague de la vie ou alors se faire rouler par sa force inexorable**.

Ce que l'on remarque chez **les gens qui «vieillissent bien»**, c'est qu'ils **gardent l'âge de leurs passions**.

Ainsi Bertrand Russel se battant pour la paix et les

droits de l'homme comme un jeune homme ardent jusqu'à sa mort (quatre-vingt-dix-huit ans).

Bertrand Russel.   *Marie Bonaparte*

Marie Bonaparte, dont nous présentons le portrait dans le chapitre suivant, voulant conserver le bon fonctionnement de son cerveau afin que son potentiel intellectuel ne diminue pas, trouvait que l'étude du russe, comme du calcul différentiel qu'elle entreprit à l'âge de soixante-dix-neuf ans, était une bonne gymnastique. De plus, les jeunes professeurs qu'elle engageait comme précepteurs entretenaient aussi son désir de séduction, ce qui préserve toujours un bon moral.

On voit que si le vieillissement est inéluctable, la dégradation n'a rien de fatal ; **entre l'être et le paraître, l'intégration ou la dissociation, notre liberté est entière, et le visage traduira dans son évolution les choix que nous avons faits**.

VIII.

Restituer l'individu : le portrait approfondi

Après avoir intégré la théorie, il faut passer à la pratique. Observer un visage et bâtir une interprétation qui colle à la personne, à sa problématique « en lui donnant une vision d'elle-même qui peut l'aider beaucoup à *se connaître et à se comprendre, à s'accepter et à s'accomplir* » (Dr Corman).

Pour cela, il faut observer quelques règles successives à partir d'une observation objective de la personne, au cours d'un entretien où elle pourra expliquer certaines choses (un accident qui a laissé des marques sur son visage, par exemple). Si l'on travaille à partir de photos, d'enregistrements vidéo ou de portraits, il faut évidemment essayer de redresser les erreurs de perspective, les éclairages ou les maquillages trompeurs, plus la variable due à l'artiste.

Pour étudier un visage, il faut progresser comme si l'on épluchait un oignon, en enlevant les couches successives.

> **• Succession des étapes de l'étude d'un visage :**
>
> 1. Rechercher le type dominant, le Modelé et la Tonicité.
>   L'axe Dilatation ↔ Rétraction qui va donner les zones d'accomplissement et les zones de faiblesse et de fatigabilité, le style d'adaptation et les capacités de réalisation.
> 2. L'équilibre des trois étages : les secteurs d'intérêts privilégiés, les appuis et les obstacles à leur expression.
> 3. L'axe Rétraction latérale ↔ Rétraction frontale : le dynamisme et le contrôle que l'on repère à l'avancée ou au recul du profil.
> 4. L'équilibre Cadre/Récepteurs : la puissance en réserve, la proportion et la modalité de son extraversion. Repérer les éléments de sensibilité, d'émotivité et les inhibitions.
> 5. Rechercher les antagonismes de la personnalité et voir s'ils sont moteurs ou inhibiteurs. C'est autour de ces antagonismes que s'organise la personnalité, on peut aussi y organiser son portrait.

N'oubliez pas les règles de déontologie. Tout peut être dit de façon positive.

> Le meilleur critère d'un conseil psychologique est de voir s'il a accru l'espace de liberté de la personne. Toute réduction de cet espace serait due soit à un praticien inexpérimenté, soit plus grave, à un praticien qui n'a pas résolu ses propres problèmes de puissance ou de projection.

Un portrait morphopsychologique résulte de la longue intégration d'une ***technique***, d'une ***intuition*** aiguisée et travaillée par des années d'observation et de « feed-back », du sentiment des personnes étudiées sur leur portrait. En plus, il faut avoir une bonne connaissance de soi-même pour ne pas projeter sa façon d'être et ses problèmes sur la personne étudiée. Conscient de ce biais, il faut en tenir compte pour « redresser » son étude.

Et enfin, le temps de cette étude, il faut se mettre en *sympathie* (empathie) avec la personne, entrer entre chair et peau dans l'intimité d'un être vivant, ce qui suppose un respect et une délicatesse infinie, et devient un **ART**.

Voici les études de plusieurs personnes qui ont donné leur assentiment pour la publication de ces portraits (sauf Marie Bonaparte évidemment).
- Régine Deforges
- Marie Bonaparte
- Paul-Loup Sulitzer
- Gérard Holtz

1. GÉRARD HOLTZ

De type ***Rétracté latéral***, Gérard Holtz a le profil aérodynamique, le menton bien affirmé et projeté en avant, le nez conquérant, le front oblique : cela en fait évidemment un fonceur, un homme de défi et de conquête, aimant ce qui est rapide, nouveau, demain, ailleurs. C'est de toute évidence un sportif.

Cette base d'élan est augmentée par la partie mandibulaire dominante dans son visage. Cette partie du visage donne les fondations d'une personnalité bien intégrée dans la réalité, stable et persévérante. Il se fixe un but et œuvre pour l'atteindre contre vents et marées. L'ambition est saine, de type sportif avec une tension pour être toujours le premier sur la ligne d'arrivée. C'est aussi un réalisateur et un constructeur. En sport, la projection aérodynamique du profil lui donne la rapidité, l'élan : la mâchoire, la rage de vaincre, de s'accrocher malgré tout. La bouche est un peu resserrée et tenue par rapport à la largeur de la mâchoire : il contrôle bien cet élan. Il gère son énergie de façon à ce qu'elle dure longtemps. S'il est parfois impulsif, il retient donc les paroles ou les gestes qui iraient trop vite.

Le troisième élément important est la Zone de communication du visage qui se situe dans le triangle que forment les yeux, le nez et la bouche, et qui occupe une place importante par rapport au Cadre (largeur du crâne).

Nous avons donc un homme de communication et d'actualité, qui a besoin d'être au centre de ce qui se crée, ce qui se vit et d'en rendre compte de façon dynamique et objective. En effet, si ses Récepteurs (nez-bouche-yeux) sont grands, ils sont abrités, un peu enfoncés, ce qui diminue la subjectivité, l'incline à vérifier selon ses propres critères d'évaluation les informations qu'il transmet.

Un homme de communication, certes, mais sérieux et personnel. Il passe ce qu'il dit au filtre de sa personnalité, le rendant plus vivant. Une intelligence pratique et rapide de chasseur à l'affût vient soutenir l'expression par sa logique et son besoin de comprendre, de structurer. Une pensée très masculine d'ingénieur.

Le champ de conscience est cependant plus vaste, et sa curiosité va explorer des domaines parfois inattendus. L'imaginaire est vaste aussi. Utilise-t-il sa créativité dans ses loisirs ?

Il pourrait être un très bon bricoleur, créatif, précis et habile ; à une autre époque, il aurait été artisan, bâtisseur. Ne le voyez-vous pas compagnon du Tour de France, plein de fougue et d'idéalisme, bon compagnon, voulant laisser sa marque dans quelque chose de beau et de grand ?

Sur le plan du contact, c'est un homme franc et direct qui n'apprécie pas la compromission. Il veut obtenir ce qui revient à sa valeur et à son courage, sans magouilles.

Plus profondément, c'est un homme secret et sensible qui a du mal à exprimer ses sentiments. C'est un conquérant pudique. La tirade sentimentale le gêne. Mais il tient ses promesses et prend soin du bien-être de ceux qu'il aime, même s'il vaut mieux que ceux-ci courent au même rythme que lui s'ils veulent être à ses côtés.

C'est un entraîneur et il peut vous secouer pour vous faire avancer. D'ici quelques années, son besoin de création et de réalisation deviendra peut-être plus important que celui de communiquer.

Cela irait dans le sens de l'évolution de sa personnalité et d'une meilleure utilisation de ses potentialités.

2. Régine Deforges

Les fortes personnalités se caractérisent le plus souvent par de forts conflits intérieurs qu'elles ont surmontés parfois douloureusement. Les traces de ces combats se lisent sur les visages (grâce à la Morphopsychologie). Ces conflits sont le feu intérieur, le moteur qui pousse la personne à s'exprimer, à combattre, à chercher toujours plus loin, plus profond un sens à la vie, à l'angoisse qui la tenaille mais ne l'abat pas.

Chez Régine Deforges, le Cadre (charpente osseuse) est large, significatif d'une forte vitalité interne la poussant vers l'extraversion, l'expansion de ses limites avec un optimisme et une adaptabilité qui serviront le besoin d'insertion sociale, d'être au chaud dans un groupe où l'on est reconnu. Le Modelé (la façon dont la chair se sculpte sur le Cadre) est plus conflictuel, il est ce qu'on appelle Rétracté bossué, c'est-à-dire une succession de creux et de bosses qui entraîne une façon passionnelle et exigeante d'entrer en contact avec la réalité mais aussi qui concentre l'énergie quand on a trouvé une raison sur laquelle focaliser sa passion. Pour vivre heureux un « Rétracté bossué » a besoin de passion comme d'oxygène et de passionner tout ce qu'il touche. C'est l'aspect Carmen de Régine Deforges, gare aux mous, aux trop tendres, elle a besoin qu'on lui résiste et que l'on soit au moins aussi fort qu'elle.

Autre source de conflit dans ce visage : le contraste qu'il y a entre la puissance du Cadre qu'elle a dû hériter d'une solide et saine souche paysanne et la finesse des organes de communication (nez, bouche, yeux), leur raffinement (provenant sans doute d'une lignée plus aristocratique et artiste). Ce conflit est provoqué par le fait que le Cadre, siège de la vie inconsciente, par sa puissance lui donne des besoins sur le plan affectif (dominante affective de par la largeur des pommettes) et instinctif (la mâchoire) très exigeants. Elle a besoin de chaleur humaine, de contact physique avec ceux qu'elle aime d'une façon quantitative, ce qui l'expose à n'être jamais nourrie suffisamment. Par contre, les Récepteurs viennent filtrer, sélectionner ces contacts et lui font rechercher des êtres raffinés, élégants, mesurés et sensibles. Ce n'est pas facile d'allier ces deux exigences quantitatives et qualitatives et une partie d'elle-même est toujours déçue. Serait-ce la source de ses intérêts pour l'érotisme ? Vécu comme une synthèse de sa sensualité et de son besoin d'esthétique et de raffinement.

Ce conflit est renforcé par la présence d'un recul de la partie latéro-nasale. Cette partie qui est très gonflée chez les bébés heureux, se creuse avec les frustrations affectives que la vie inflige à tous les êtres, ne serait-ce que celle de comprendre que l'on n'est pas le centre du monde : ce que tout jeune enfant bien portant se doit de contester violemment. Ce recul n'est pas très fort et avec la sensibilité que dénotent les ailes du nez si fines et fragiles, le bout de son nez qui se retrousse comme celui de la petite fille douce et câline qui demeure en elle, cela indique une vulnérabilité que la première impression ne laissait pas entrevoir. Personnalité conflictuelle certes, mais le conflit pousse les êtres à évoluer quand leur vitalité et leur tonicité est suffisante.

Et de la vitalité et de la tonicité, Régine Deforges en a à revendre, ainsi que des talents de meneur d'hommes et d'aptitude au commandement, donnés par la forte mâchoire bien dessinée et projetée en avant, le Modelé vigoureux et la bouche fermement occluse (due à l'impression qu'elle serre toujours les dents même quand elle sourit) qui concentre l'énergie vers des buts sélectionnés qu'elle va réaliser avec ténacité, méthode et persévérance. Cela lui donne aussi des dons manuels et le désir de faire des choses, de toujours occuper ses mains. La forte expansion vitale passionnée, la projection dynamique du visage vers l'avant la propulse dans l'action, hors des sentiers battus avec un sens optimiste du futur.

Le front, qui nous aide à comprendre le fonctionnement de l'intelligence, est toujours soigneusement caché chez Régine Deforges. Il nous a fallu retrouver ses photos de jeune fille pour l'apercevoir, repérer sa largeur qui indique un vaste champ de conscience allié aux grands yeux qui lui apportent une curiosité insatiable, son obliquité, signe d'une pensée rapide et primesautière ainsi que son côté rond et lisse, gage d'une assimilation et d'une compréhension faciles et intuitives.

Il faut ajouter une sensibilité artistique, beaucoup de rêve dans ses yeux qui se voilent souvent comme pour un retour intérieur au rêve, au fantasme, à la vie imaginaire très riche que sa solidité terrienne ramène toujours à la réalité et parfois même à la rentabilité avec le souci de qualité indiqué donc par la finesse des Récepteurs.

On voudrait insister sur sa personnalité riche et exceptionnelle aux multiples facettes, la femme d'affaires et la petite fille vulnérable, les dons manuels et ceux plus intellectuels, son goût du bonheur et du bien-être, mais aussi sa faculté de parfois tout casser et piétiner ce qu'elle a adoré, le rêve d'une passion érotique partagée mais aussi la difficulté à l'atteindre, à lâcher prise, à se laisser emporter par un courant dont elle ne maîtriserait plus la force, alors qu'imaginer, construire, c'est encore maîtriser.

3. Une dame du temps jadis

Si le style général du visage est rétracté, c'est-à-dire que l'instinct de conservation encapuchonne son être intérieur, cette belle dame du temps jadis présente de nombreux signes de Dilatation qui vont complexifier sa personnalité : la largeur des pommettes, le volume de l'Étage cérébral et la grandeur des Récepteurs (yeux, nez, bouche) lui donnent un style «réagissant», c'est-à-dire qu'elle est vive, primesautière, s'intéresse à tout, parfois aux dépens de son équilibre nerveux. Mais si les impressions la stimulent violemment, elle ne se laisse pas pénétrer en profondeur.

D'après une peinture anonyme du XVIIe siècle.

Le Modelé rétracté-bossué et les signes de Rétraction latérale (aplatissement des côtés du visage et allongement de celui-ci, projection du nez, aplatissement des tempes) dynamisent cet ensemble, lui apportant un élément passionnel et actif que viennent contrecarrer les éléments d'Atonie : le visage est un peu long, le nez aussi, la mâchoire est en « jugulaire » et les grands yeux sont voilés par de lourdes paupières.

Nous avons donc une personnalité complexe qui a du mal à trouver son équilibre (la dissymétrie accentue cette tension). En effet, les signes d'autocontrôle (yeux à peine enfoncés par une Rétraction frontale) ne sont pas suffisants pour contrecarrer l'élément passionnel sensuel qui émane de ses larges pommettes (l'Étage affectif est le plus important), de son nez long et charnu, aux ailes bien dessinées et fines, et de sa bouche pulpeuse, charnue et esthétique, qui en font une amoureuse voluptueuse, pleine de sensibilité, aimant le plaisir et la recherche de celui-ci avec impétuosité et curiosité.

L'Atonie que nous avons relevé vient ajouter un côté réceptif qui en faisait sans doute une fine psychologue, très intuitive des besoins d'autrui, mais avec aussi une certaine indolence, une propension à préférer les solutions de facilité.

L'intelligence est supérieure – vaste front bien différencié, qui allie des qualités d'intuition et d'analyse, une très bonne mémoire capable d'acquérir une vaste culture et de savoir s'en servir avec à-propos, finesse et humour, mais bien sûr au service de ses affects, c'est-à-dire pour séduire. Aussi beaucoup d'imagination avec du goût, de l'esthétisme, sans doute une recherche mystique – ce n'est pas le côté concret et pragmatique qui est prédominant ; le fait que la mâchoire semble affinée vient renforcer cette impression de manque de qualités pratiques : les élans romanesques sont importants et peuvent lui faire faire des erreurs que son intelligence décèlera après coup.

L'expérience l'a-t-elle rendue plus sage ? Il est possible que les éléments idéalistes – grand front rond, pommettes hautes, dessin de la lèvre supérieure, des ailes du nez et des yeux – l'aient amenée à « se dévouer » aux autres. Elle a le style de visage de ceux qui se convertissent et changent l'orientation de leur vie.

4. Paul-Loup Sulitzer

Ce visage riche et contrasté nous fait pressentir au premier coup d'œil une bataille entre des forces contraires sous le masque civilisé, et aussi l'alliance de l'intelligence, de la puissance et du raffinement.

La largeur et la force du bâti osseux lui donne effectivement la puissance à long terme, la résistance à la fatigue et au stress, une facilité d'expansion vitale et le désir de s'intégrer, de s'adapter, de faire partie du groupe et que celui-ci lui renvoie une image positive de lui-même, ce qui est renforcé par le contour des chairs qui se modèlent d'une façon ample et ronde, apportant une facilité de contact, souplesse et diplomatie dans les rapports, préférence pour les solutions de compromis par rapport à des exigences plus agressives. La présence de méplats sur ce Modelé des chairs lui donne cependant un recul par rapport à cette souplesse adaptive, c'est une attitude superficielle et non fondamentale.

Le Cadre osseux est légèrement resserré sur les côtés et projeté en avant des oreilles, cette poussée est objectivée par l'avancée du menton et du nez, l'obliquité du front et les méplats des joues et des tempes.

Cette projection aérodynamique du visage va projeter Paul-Loup Sulitzer dans l'action, le désir de s'engager, d'aller de l'avant avec un sens de la compétition d'autant plus fort qu'il sait qu'il peut tenir la distance.

Les deux parties les plus importantes du visage sont la partie mandibulaire, responsable de la réalisation pratique et des forces instinctives et la partie cérébrale, responsable des mécanismes intellectuels. Cette double dominante que l'on retrouve souvent chez les hommes ayant une forte personnalité rend l'Affectif secondaire en ce sens qu'il ne gêne pas les réalisations par des impératifs sentimentaux qui gêneraient l'efficacité.

La partie basse du visage est la plus large, la plus expansive; elle donne à Paul-Loup Sulitzer une très bonne insertion dans la réalité, le besoin de concrétiser, de bâtir quelque chose de solide et de stable, niais aussi par sa puissance et sa projection en avant, de l'ambition, le désir de s'imposer, une certaine avidité de posséder, de conquérir qui s'allie au besoin de gagner que nous avons vu plus haut et qui en fait un *winner*, un «gagneur».

Le menton moins large en proportion concentre cette énergie offensive en actions dont il est sûr d'assurer le suivi. Le Modelé, plus lourd et moelleux que le reste du visage, ralentit son rythme, lui apporte de la prudence, une aptitude à déléguer et faire exécuter la foule de projets lancés par l'intelligence.

La bouche fine et élégante, ourlée et bien tenue, contraste avec la lourdeur de cet étage; c'est elle qui va sélectionner les besoins, faire un gourmet de l'enfant avide, un homme élégant, recherchant la qualité et le raffinement dans son habillement et le décor qui l'entoure, mais aussi dans la langue dont il se sert, du jeune homme sans doute plus ostentatoire et «m'as-tu-vu» qu'il a dû être.

L'intelligence, rappelons-le, n'est pas le résultat de la grandeur du front, mais de l'harmonie générale de cet Étage et de l'équilibre relatif de tout le visage, et ces conditions sont bien réunies chez Paul-Loup Sulitzer.

Front large et haut, finement différencié en trois parties, aux tempes aplaties, dynamisant l'intelligence, qui donnent à la fois vaste champ de conscience, curiosité (l'avidité de l'Étage instinctif se sublime en partie en désir de connaissance), rapidité par son obliquité.

La partie basse de cet Étage n'étant pas très proéminente par rapport à la partie haute imaginative qui est beaucoup plus ronde, cela va favoriser l'abstraction, la pensée spéculative (qui sera toujours bien lestée par le bon sens que donne sa mâchoire); par contre, ces deux parties sont séparées par un méplat qui freine l'impulsivité de la pensée, l'obligeant à réfléchir, à analyser les paramètres d'un problème.

Les yeux enfoncés aux sourcils bas sur l'œil vont renforcer la concentration de la pensée, son sérieux l'empêchant de s'envoler dans les spéculations où son imaginaire florissant doit l'entraîner dès qu'il le permet.

Une Zone imaginative haute et ronde entraîne toujours beaucoup d'idéalisme, une recherche sur le pourquoi des choses, un appel vers des explications qui ne sont pas matérialistes mais au contraire font appel à la spiritualité, à la transcendance.

Et c'est là une des contradictions de Paul-Loup Sulitzer que ce jeu de balance entre ses appétits matériels bien terrestres et ce besoin d'idéalisme. Il trouve une solution originale à ce problème dans le «Roi Vert»: cet homme qui amasse une fortune colossale pour créer une utopie.

Arrivera-t-il toujours à trouver un équilibre dynamique entre ces deux forces?

La façon dont sa mâchoire s'alourdira ou s'allégera dans le futur nous donnera des indications précieuses sur le plateau de la balance le plus chargé. Mais c'est lui qui dit «que l'argent n'est qu'un moyen au niveau du rêve à construire».

Si l'affectif est moins impératif, il n'en existe pas moins, et là aussi, de façon très contradictoire.

L'alliage entre les pommettes non saillantes, le fort recul des joues à côté du nez et le serrage relatif de celui-ci (on s'attendrait à un nez plus ample dans ce visage) et le fait qu'il soit aquilin en font un homme très réservé sur le plan sentimental.

Il est secret et introverti, ne procédant que par lui-même, ce qui vient corriger la tendance extravertie générale du reste du visage. L'expansion est superficielle. Cet homme convivial n'en pense pas moins et garde son quant-à-soi.

De plus, les ailes du nez sont très fines et se serrent contre la cloison nasale : une hypersensibilité l'amène à se replier sur lui-même, à ne pas s'exposer de peur de souffrir, d'être blessé ou rejeté.

Nous avons là le point de fragilité du personnage, mais attention cette vulnérabilité est si bien défendue qu'il en a fait une forteresse.

C'est cependant un nez qui va volontiers vers l'autre pour le conquérir (l'élan en avant) et aussi pour le garder (le retour en arrière), et cela en donnant le moins possible.

Il sera capable de « sortir » avec une femme sans y être attaché et sans s'impliquer, parce qu'elle est belle (la recherche esthétique) ou intelligente et flatte un de ses besoins. Il pourra alors, lui, paraître gentil certes, mais froid et calculateur. Cette réserve ne compte pas pour ceux qui lui sont très proches, les amis profonds, la famille qu'il protège avec autant d'efficacité que lui-même et à laquelle il est très attaché.

Et puis, il y a certainement une autre femme enfouie au fond de lui-même qui a existé ou qui existe à l'état de rêve et qui a tout pouvoir, celui de le déstabiliser et de le sortir de la froide efficacité.

Elle le fascine et il la fuit. Se donner ou se préserver ?

Faites un petit test avec deux feuilles de papier, couvrez en triangle les deux côtés de ses joues et vous verrez apparaître un beau jeune homme romantique et sensible, ce qu'il est aussi derrière son air patelin.

C'est une des grandes richesses de la **Morphopsychologie** que de faire apparaître les multiples facettes d'un individu, facettes qui interviennent les unes sur les autres, étant prépondérantes à certains moments de la vie et plus discrètes à d'autres.

Il faut toujours se rappeler que ces aspects sont interdépendants et non pas juxtaposés comme les pièces d'un puzzle, et notre regard aurait tendance à rechercher la signification d'un trait isolé sans rapport à l'ensemble qui lui donne son contexte.

5. Marie Bonaparte

M'étant plongée dans la biographie de Marie Bonaparte et examinant (dans la perspective **morphopsychologique**) les portraits qu'on y donne d'elle, je me suis sans cesse posé la question de savoir comment on pouvait expliquer sa vie par son visage. Comment cette femme remarquable est-elle devenue psychanalyste ? Comment en est-elle arrivée à traduire en français une grande partie de l'œuvre de Freud ? Comment fit-elle pour concilier le rôle d'Altesse royale qu'elle devint par son mariage avec le prince Georges de Grèce et celui de psychanalyste, spécialiste des problèmes de la sexualité féminine et dont les ouvrages sur ce sujet font aujourd'hui autorité ?

Comment vivait-elle, cette femme forte au regard rêveur, qui écrivit : « douée d'un pessimisme joyeux, j'aurai traversé la vie sans fléchir » ? La **Morphospychologie** peut-elle nous apporter des réponses à toutes ces questions ?

Après avoir succinctement analysé son visage adulte, nous rechercherons plus profondément ce qui a fait d'elle une créatrice, une amante tourmentée et enfin une analyste éminente.

Les deux vues, l'une de face l'autre de profil, que nous reproduisons ici, nous montrent un visage large, de type Dilaté, dont le Modelé rétracté-bossué est atténué par la douceur des formes, allié à la Rétraction latérale qui, par ses méplats, dynamise la puissance expansive de la Dilatation, Rétraction latérale marquée aussi par la projection d'un nez magistral et du menton, ainsi que par l'inclinaison du front. La grandeur des Récepteurs est en harmonie avec cette Dilatation.

À cette morphologie correspondent des traits psychologiques que nous allons retrouver tout au long de notre étude. Mentionnons ici l'extraversion, la grande vitalité, une vie pleine de rencontres et de travail, le désir de s'impliquer dans la vie de son temps, tant dans l'action que dans les idées et les sentiments, car ces trois plans sont chez elle bien liés, correspondant à l'équilibre harmonieux des trois étages de son visage.

Notons cependant la prédominance de l'Étage affectif, marquée par des pommettes massives et par un nez de belle taille, se projetant en avant. Quel est l'ancêtre barbare qui lui a donné en héritage génétique la massivité de ces pommettes, ces besoins impérieux d'accomplissement des élans de son cœur, cette extrême ouverture affective, que la Rétraction latéro-nasale, légère, ne suffit pas à assagir ? Le nez par son dynamisme projectif et conquérant, vient tisonner ces besoins impérieux. Il a bien pris un peu de retenue en se busquant légèrement, mais ce n'est pas qu'elle va aimer avec la sensibilité que ces ailes fines de sensitive vont entraîner comme vulnérabilité, mais aussi comme sens de l'autre, et toute la tendresse sensuelle, avide de contacts tendres et charnels indiquée par la rondeur expansive de la pointe du nez, de sa lourdeur presque terrienne.

L'Étage instinctif vient faire corps avec l'Affectif, projeté ici aussi dans un élan conquérant, plus fin tout de même et enrobé de la même douceur de contact. Par contre, la bouche contraste fortement avec la sensualité du nez ; elle est aussi grande qu'étroitement tenue, avec des lèvres fines qui donnent l'impression de n'être jamais détendues, laissées aller pour un plaisir qui serait accepté (non maîtrisé). Il faut qu'elle serre les dents, qu'elle maîtrise la situation, son entourage et peut-être surtout elle-même.

L'Étage cérébral pose le problème le plus intéressant : nous devons allier une intelligence dynamique et un regard rêveur. En effet, observons la courbe oblique vigoureuse de ce front largement dilaté, aux bosses sourcilières importantes pour une femme, et qui appartiennent encore par leur massivité à l'Étage respiratoire. Le large méplat de réflexion qui suit, précède une large Zone imaginative encore plus rétractée latérale. Cet ensemble allié à des tempes aplaties, qui iront en se creusant au cours des années, lui donne des aptitudes intellectuelles supérieures variées. Par contre, si les yeux ont une expression intense et chaleureuse par leur couleur méditerranéenne sombre, ils seront voilés toute sa vie par le rêve des paupières supérieures lourdes, alors que les paupières inférieures restent très sthéniques (particularité que l'on retrouve souvent chez des personnalités de valeur, par exemple Pascal ou Mauriac). Elle a la capacité d'appréhender le réel d'une manière active et en même temps une propension intuitive à se laisser pénétrer par lui comme dans un état de demi-rêve. Il y aurait dans ce regard une puissance de rêve et une puissance d'analyse du rêve. Par contre, la contraction de la paupière inférieure donne un regard perspicace, qui veut percer intentionnellement la réalité, la scruter ; c'est ce regard qui prend conscience en éprouvant la douleur.

Cette intelligence, à la fois intuitive et scientifique, va faire la valeur intellectuelle de Marie Bonaparte, son originalité. Ses yeux grands et assimilateurs, comme l'est d'ailleurs le front, vont aussi lui donner la passion de l'intelligence, de l'idéalisme, un attrait pour la poésie et la musique. Ajoutons que ce front dilaté, expansif, tonique actif va vouloir explorer toutes les dimensions de la psyché, avec des difficultés à restreindre le champ des investigations, difficulté que l'on sait caractéristique des fronts dilatés.

Nous allons maintenant confronter cette analyse morphologique à la vie de Marie Bonaparte, telle qu'elle nous est révélée, soit par elle-même, soit par ceux qui l'ont connue ainsi que par sa biographe Célia Bertin*. Cette confrontation doit nous permettre de vérifier, tout comme le ferait un entretien direct avec la personne, ce que la **Morphopsychologie** nous apprend de la manière dont Marie a vécu ses aptitudes, ses tensions, ses faiblesses.

L'action sociale de Marie Bonaparte :

Nous savons qu'une Dilatée, lorsqu'elle est dotée d'une certaine tonicité, ressent un besoin d'extraversion active dont le rythme industrieux se poursuit inlassablement. Les méplats de la Rétraction latérale ainsi que la projection dynamisante de son profil activent encore cet ensemble. Le triple alliage de Dilatation, de Rétraction latérale et d'expansion affective a fait de Marie Bonaparte une femme d'action et d'engagement. Toute sa vie durant, elle a voulu participer à l'existence de ceux qu'elle aimait, aux événements mondiaux, puis plus tard à la construction de l'Institut de psychanalyse, auquel elle se consacra avec le dévouement d'une fidèle disciple de Freud, garante du sérieux de la formation de ses membres.

Cet engagement social l'a conduite durant la guerre des Balkans à affréter un navire-hôpital, et à payer constamment de sa personne pour sauver des blessés. Durant les deux guerres mondiales, elle ne pourra accepter que sa position sociale la tienne à l'écart des conflits, et elle s'engagera généreusement pour aider en particulier les juifs à se soustraire aux griffes nazies. C'est en particulier par son aide que Freud pourra quitter Vienne pour se réfugier en Angleterre.

C'est cette activité inlassable qui lui fait s'écrier : « Je suis susceptible de souffrance, mais pas d'ennui ! »

On a aussi souligné son efficacité dans le domaine pratique, son bon sens et sa trempe. Anna Freud, qui fut son amie, insistait aussi sur sa droiture. Il nous faut mentionner aussi une des particularités inhérentes à la Dilatation : c'est que Marie ne cherchait jamais la provocation ; elle évitait de heurter les autres et de créer entre les gens des tensions, recherchant toujours dans les situations conflictuelles des solutions à l'amiable.

Ce qui est remarquable aussi chez elle, c'est qu'elle a réussi à harmoniser deux vies très différentes : celle d'une Altesse royale et celle d'une psychanalyste, et là encore, nous retrouvons la dominante Dilatée à l'aise où une Rétractée n'aurait pu s'adapter sans avoir le sentiment d'une conduite hypocrite.

La vie amoureuse de Marie Bonaparte :

Nous sommes pleinement renseignés par elle-même sur la complexité de sa vie affective, marquée par le déroulement d'un destin pris entre des tendances natives et leur affrontement à la réalité vécue.

L'affectivité tourmentée de Marie a pris sa source dans une enfance difficile où les nourritures d'amour ont été rares. Privée d'affection maternelle par la mort prématurée de sa mère, et n'ayant pas eu, en compensation de ce manque, l'affection d'un père qui lui marquait beaucoup d'indifférence, Marie fut élevée par une grand-mère sèche et autoritaire, sans souci de ménager l'affection que la fillette pouvait avoir conçue pour elle.

C'est pourquoi nous allons analyser le portrait de la petite Marie à l'âge de 7 ans, photo prise par son père et où se lit toute la tristesse d'une enfant solitaire. Ce visage est à dominante Dilatée tonique et de proportions harmonieuses. Mais les yeux semblent marqués par un choc ; ils semblent dépressifs et rêveurs. La bouche, qui est grande indiquant une vie instinctive prête à s'épanouir, est par contre tendue et serrée, peu charnue, ce qui est inhabituel chez une fillette de cet âge, et cela nous montre que, du fait des circonstances familiales, elle est déjà en train de refouler ses pulsions.

Il y a dans ce regard un appel à l'affection, mais il se retourne vers le rêve comme l'indiquent ses paupières supérieures lourdes et une Zone imaginative haute, en ogive. En même temps, tout le côté droit est contracté douloureux, et la paupière inférieure droite remonte ainsi que la lèvre. Or, on ne peut être à la fois adhérent au présent dans les moments où on le scrute (mouvement de la paupière inférieure) où on le sent et où on le souffre, et d'un autre côté toujours en train de s'évader dans le rêve; c'est une possibilité de perturbation intérieure très forte.

Cet œil scrutateur amorce une prise de conscience de soi qui va s'intensifier avec les années. Consciente d'une vie instinctive abondante et affective aussi (larges pommettes) qui va lui faire reconnaître son attrait pour son père, mais qui n'est pas suffisante pour canaliser cette vitalité, et va s'évader vers le rêve, comme elle le dit elle-même: «Dès ma huitième année s'était établie en moi l'attitude psychologique qui devait rester mienne tout au long de ma vie. Chaque fois, en effet, où mes élans instinctifs, quels qu'ils fussent, se brisèrent au mur de la réalité, c'est en montant dans les sublimations intellectuelles, que je retrouvais la paix et le bonheur... J'ai pris le pli dès mon enfance de toujours aimer dans un grand halo de rêve qui me cache la réalité.»

La quête du père et l'identification au père:

La mort de sa mère n'a pas permis à Marie d'épanouir au contact de celle-ci sa propre féminité. Comme, par ailleurs, son père lui témoignait plus d'indifférence que d'affection, elle a vécu petite fille dans une quête constante de ce père frustrant, et elle s'est identifiée à lui, a développé en elle-même des qualités viriles pour le reconquérir.

Elle l'exprime en ces termes: «Papa! cruel papa! je

ne suis pas une femme ordinaire ; je suis la fille de ton esprit ; je m'intéresse à la science comme tu t'y intéresses. » Nous savons que l'identification virile d'une fille ne peut se réaliser que s'il y a dans sa structure génétique des éléments de virilité ; nous en avons relevé plusieurs chez Marie : ce sont la projection dynamique du profil, le nez fort et aquilin avec un creux à sa racine, les bosses sus-orbitaires importantes, les larges pommettes et les tempes creuses, le menton projeté et les larges épaules.

La quête constante du père aboutira, par déplacement, à lui faire toute sa vie rechercher l'amour d'hommes plus âgés qu'elle. Ainsi, d'Aristide Briand, qui fut son amant et qui avait 20 ans de plus qu'elle, elle écrivait : « Il aurait pu être mon père par l'âge et l'autorité, et nul ne m'aima autant jamais ! » Elle dit : « Toute ma vie, je ne devais attacher de prix qu'à l'opinion, l'approbation, l'amour de quelques "pères", choisis de plus en plus haut et dont le dernier devait être mon grand maître Freud. »

L'identification au père la conduira à développer au maximum ses aptitudes intellectuelles. On a beaucoup parlé à son sujet (notamment le Dr Laforgue dans une lettre qu'il écrivit à Freud pour lui recommander Marie Bonaparte) de complexe de virilité. Il faut s'entendre sur ce mot ; ce n'est pas, comme on l'a parfois soutenu, le désir, refoulé dans l'inconscient, de posséder un organe viril comme l'homme, mais le désir de développer sa puissance, de se réaliser dans sa vie à l'égal de l'homme. Dire « complexe », c'est dire que tout se passe dans l'inconscient et ne peut donc être maîtrisé par le Moi conscient. Il est dès lors concevable que la recherche de partenaires d'amour qui soient pour l'inconscient des figures paternelles, apporte un trouble important dans la relation et peut être à l'origine d'un interdit qui entraîne la frigidité.

C'était le problème de Marie Bonaparte. Chez elle, l'attrait affectif est intense, mais la sexualité est réprimée, et nous en avons le témoignage dans la fermeture des lèvres serrées qu'on constate sur tous les portraits de Marie. En revanche, la détente se lit dans la Zone cérébrale, ce qui correspond à la sublimation des pulsions sexuelles. Mais on sait que cette sublimation ne peut jamais être que partielle, et qu'elle ne satisfait donc pas pleinement. Marie écrit : « Dois-je renoncer à la sexualité ? Travailler, écrire, analyser ? La chasteté absolue m'effraie. »

Morphologiquement, il est à noter que le serrage des lèvres, signe de blocage instinctif, se retrouve au niveau du nez. La grande expansion affective de Marie, qui n'est pas ici contrariée comme il arrive souvent par de la Rétraction latéro-nasale, l'expose à être atteinte de plein fouet par les événements affectifs pénibles. On constate ici que la seule défense est alors un resserrement très accusé des narines, signe d'une inhibition affective. Il est tout à fait remarquable qu'à un âge plus avancé, Marie, libérée, au moins affectivement (si ce n'est sexuellement) par la psychanalyse, a retrouvé une expansion affective normale, que nous signale le mouvement d'ouverture des narines, si manifeste sur le portrait.

Le rayonnement par la Psychanalyse :

Nous allons aborder le troisième volet de cette étude, en examinant la structure cérébrale de Marie Bonaparte, sans oublier que sa vie d'écrivain et de psychanalyste a été étroitement liée à l'apport et aux antagonismes des deux autres Étages.

Nous avons déjà vu le contraste qu'il y avait entre le côté analytique, logique, de son front différencié, aux fortes bosses sus-orbitaires dynamisées par les éléments martiens de son visage, et les yeux rêveurs qui la replient vers la Zone imaginative, son « arbre aux étoiles » comme elle le dit si joliment.

Cette structure de rêve avec analyse semblait vraiment la prédestiner à son activité future de psychanalyste, d'analyste de rêves, à l'attention flottante qui était recommandée par Freud, ainsi que la sensibilisation aux problèmes des autres. Il est intéressant de voir comment la structure même de son visage la poussait dans cette voie, et d'abord ce que la psychanalyse lui a apporté sur le plan personnel ; quelles modifications dans son vécu ; et ce que l'on peut en repérer sur son visage.

Nous avons déjà vu qu'au départ les ailes de son nez étaient collées ce qui indique un repli de la vie affective, tandis que plus tard, sur ce dessin de la cinquantaine, nous voyons qu'au contraire elles s'épanouissent librement. Entre les deux portraits, il y a eu la psychanalyse, qui a libéré sa vie affective et a permis à sa sensorialité tendre de s'exprimer.

Névrose et réalisation de soi :

La névrose peut être tantôt un facteur d'inhibition, tantôt un facteur d'efficacité, selon, comme l'enseigne le Dr Corman, qu'on en est dominé ou qu'on la domine. Marie Bonaparte fait partie de ceux qui ont dominé leur névrose, et c'est cette névrose qui l'a conduite à se soumettre au traitement du Dr Freud, le grand maître de la psychanalyse. Il convient de souligner que ce traitement psychanalytique n'a pas modifié fondamentalement ses graves conflits intérieurs, mais il l'a aidée à trouver son équilibre et a contribué à l'éclosion de toutes les valeurs qui étaient en puissance chez elle. Certes, sur le plan purement physiologique, cela n'a pu rétablir une vie instinctive normale, mais, en contrepartie, se sont épanouies chez Marie Bonaparte une vie affective et une vie intellectuelle d'une grande richesse, et son âme tourmentée a pu retrouver une certaine sérénité.

Il convient de rappeler que la sublimation des pulsions instinctives refoulées, favorisée comme on l'a vu par la structure délicate des lèvres, l'ampleur idéaliste du front et le refuge du regard dans le rêve, cette sublimation ne peut jamais être totale, car cela risquerait d'assécher les sources dont elle est issue. Mais ici il y a – on peut bien dire « par bonheur » – un « traître » qui va prélever sa part : la sensualité de ce visage s'est réfugiée dans l'Étage des pommettes et du nez, sous la forme d'une affectivité sensuelle et tendre, et, par là, s'est trouvé maintenu un contact permanent entre son Moi vivant et ses pulsions refoulées ; ce « traître » l'a empêchée de se fermer complètement à l'humain.

Par là, on peut comprendre que son épanouissement intellectuel n'ait jamais fait de Marie Bonaparte une intellectuelle pure, mais qu'il soit nourri d'affectivité, et cela nous explique son intérêt passionné pour les sciences humaines, et spécialement la psychanalyse. Elle le jugeait elle-même ainsi, à propos de faits de guerre écrivant : « Ce ne sont pas les gens les plus intelligents qui ont gardé le plus d'intelligence des choses de l'heure. L'objectivité est un rapport, celui des facultés de compréhension à la puissance de passion. »

Si cette femme nous attache au fur et à mesure de notre rencontre avec elle, c'est par sa totale sincérité et aussi sa lucidité. Quand vint pour elle l'heure des bilans – et la sérénité de son visage à la fin de sa vie est déjà une leçon pour nous Morphopsychologues – ce bilan fut lucide et doux-amer : elle « laboura son passé avec l'acharnement patient et passionné qu'elle avait sans doute hérité de son père, Roland, géographe, anthropologue et botaniste », faisant la paix avec sa mère qui l'avait abandonnée par sa mort, « ma mère poétique et rêveuse à l'âme de musique », dont elle hérita le regard... Mais jamais elle ne put accepter d'être « par le cerveau presque un homme, par le sexe une femme ratée ».

Elle écrit : « Je croyais qu'avec les années on acquérait la sérénité ; ce n'est pas vrai ; quand on a eu toute sa vie une âme tourmentée, on la garde sans doute jusqu'au bord de la tombe. » Cette psychanalyste éminente ne s'est pas débarrassée de cette anomalie dans son fonctionnement, et elle écrira : « Je me suis trompée, avec l'aveuglement de l'instinct, j'ai pris le désir pour l'amour... et, plus grosse erreur, c'est Freud qui s'est trompé ; il a surestimé sa puissance, la puissance de la thérapie » ; et encore : « La psychanalyse peut tout au plus donner la résignation, et j'ai 46 ans... L'analyse m'a apporté l'apaisement de l'esprit, du cœur, la possibilité du travail, mais rien du point de vue physiologique. »

Cette leçon d'humilité au soir de sa vie vient confirmer ce que la **Morphopsychologie** nous apprend par l'étude de chaque visage auquel nous nous attachons, et que résume le Dr Corman en disant « qu'il n'y a pas d'efficacité sans anomalie ; tous les grands génies ont eu un fort déséquilibre, dont ils peuvent se libérer dans leurs moments créateurs ».

En dépit de ce que nous venons de dire, ce qui a permis à Marie Bonaparte de dominer sa névrose, c'est la richesse de sa vie affective et la passion qu'elle a mise dans sa vocation de psychanalyste à apporter aux malades, ses frères et sœurs en souffrance, l'aide thérapeutique qui, sous l'égide de Freud, l'avait elle-même pour une large part libérée.

CONCLUSION

• *Le chemin de l'harmonie*

Nous terminons ce premier voyage à travers le visage. Nous avons exploré chaque vallon et chaque colline, apprécié la couleur des lacs. Nous nous sommes parfois un peu perdus quand le terrain était tourmenté et une vision d'ensemble nous a alors remis dans le droit chemin.

Voyage au centre de l'alter.

Vous avez en main, maintenant, un merveilleux outil. Comme tout outil, mal utilisé, il peut être dangereux.

Aussi, affûtez-le par une utilisation et une amélioration de tous les jours, huilez-le par vos qualités d'humanité, acquérez et entretenez « le coup de main » qui fait le bon ouvrier.

La synthèse morphopsychologique peut se comparer à un accord musical. Il faut d'abord savoir différencier chaque note pour pouvoir réussir un accord. C'est ce que nous avons fait en analysant chaque élément qu'il faut maintenant combiner ensemble pour restituer la musique de chaque visage.

Et chaque visage est aussi un instrument différent qui semble nous dire : « Si tu veux jouer de la musique avec moi, il faut apprendre à jouer de mon instrument (cela se fait avec douceur, respect et amour, comme envers tout bel instrument sensible et délicat). »

Notre petite planète bleue, si belle, abrite des trésors de diversités que la Morphopsychologie peut mettre à jour et dont elle apprend à apprécier la valeur.

Chaque personnalité est une gemme chatoyante et unique sous la gangue d'indifférenciation, de malheur ou de sclérose qui la recouvre. Chaque pierre a son eau particulière et mérite une taille que seule la personne elle-même peut accomplir si on le lui permet.

Mais la société se comporte souvent comme un chauffeur de forge borné qui mettrait des diamants dans la chaudière sous prétexte que c'est du carbone et que cela brûle bien.

En terminant ce livre, j'ai été saisie par l'horreur du massacre que nous perpétuons tous en voulant que les autres soient «comme nous». La planète est en train de se standardiser et nous avons déjà perdu tant de trésors inestimables, d'originalités et de différences! Chaque culture, chaque langue ou patois véhicule une façon de penser et d'être différente qui compose la mosaïque humaine et rend possible un futur riche et vivant.

La Morphopsychologie permet à chacun de découvrir ses particularités et de les accepter avant de les valoriser au lieu de se conformer aux stéréotypes qu'imposent les médias eux-mêmes de plus en plus standardisés.

Se connaître soi-même par la Morphopsychologie c'est aussi repérer quelles sont les forces en soi qui «tirent les ficelles» afin de récupérer pour soi-même leur utilisation, qu'elles ne puissent plus être manipulées par d'autres. C'est acquérir autonomie et liberté intérieure.

Cet outil de Connaissance qu'est la Morphopsychologie, maniez-le avec Amour et Tolérance. Permettez-lui de dévoiler la gemme de chaque personnalité pour que chacune brille à sa façon, permettant à la pierre voisine de la mettre en valeur au lieu de craindre qu'elle ne l'éclipse.

C'est du respect et de la valorisation de chacun que pourront naître plus de Paix et d'Harmonie.

Annexes

LA MORPHOPSYCHOLOGIE, MODE D'UTILISATION

Pour que la Morphopsychologie puisse se développer en accord avec ses principes d'harmonie et de compréhension, elle doit s'imposer des règles et éviter les erreurs que des techniciens de l'évaluation ont, hélas, faites.

L'évaluation, lors d'un test d'embauche, est une épreuve particulièrement stressante qui, pour beaucoup, s'apparente à la vérification de la dentition des esclaves il n'y a pas si longtemps.

L'entretien morphopsychologique, au service de la personne, peut transformer ce traumatisme en un moment passé pour la première fois à vraiment faire le point sur ce que l'on veut faire de sa vie et les meilleurs moyens pour atteindre ce but. Il n'y a donc pas « d'examen » à passer et le Morphopsychologue sait que quel que soit le masque qu'affiche la personne et qu'il croit être conforme au poste désiré, la personnalité sous-jacente est toujours beaucoup plus riche.

Faisant du conseil en évolution de carrière depuis de nombreuses années, j'ai toujours été passionnée par le fait que les gens se jugeaient tellement mal que, par conséquent, ils craignaient que la Morphopsychologie mette à jour les « tares » cachées soigneusement. Or, les défauts sont des qualités mal utilisées. Il suffit d'envisager les possibilités d'une personne de façon positive et de trouver les points d'appui qui permettent à « ces leviers de soulever le monde ». On fait bien ce que l'on aime faire et la diversité des personnalités et de leurs talents est telle que si ces talents peuvent s'exprimer, ils couvriront largement les besoins de la société.

Déontologie du Morphopsychologue :
non pas juger, mais comprendre

Les membres de la Société française de morphopsychologie s'engagent à observer en toutes occasions les règles essentielles de déontologie que comporte nécessairement leur formation de Morphopsychologue.

Dans la pratique individuelle, ils se doivent de respecter pleinement la personnalité des êtres qu'ils étudient et de veiller à toujours formuler leurs appréciations dans un esprit de compréhension profonde, en termes qui ne soient pas des jugements critiques, mais qui puissent être perçus par le sujet, comme une aide et une ouverture sur l'avenir.

Ils doivent observer une attitude de réserve, être conscients de la portée de leur savoir, et se garder de tout abus.

Ils sont soumis à la règle du secret professionnel.

Ils s'engagent à poursuivre leur perfectionnement à titre professionnel et personnel, en participant aux travaux de la Société et en pratiquant le dialogue avec d'autres membres de la Société dans un mutuel esprit de concertation et de progrès.

Dans leurs relations publiques, ils se doivent de veiller au maintien de la Morphopsychologie au niveau scientifique qu'elle a atteint, et en conséquence, de se référer toujours, dans les exposés écrits ou verbaux qu'ils en font, à la Société française de Morphopsychologie dont ils sont membres, et dont l'enseignement est garant du sérieux de la méthode.

Ils doivent se considérer comme responsables des documents qu'ils fournissent à d'autres personnes ou aux médias. La publication ou la communication à des tiers, d'une étude, ne peut se faire qu'avec l'accord de la personne concernée.

En cas d'interview, ils ne doivent pas accepter qu'avec leur aval ou leur garantie, les notions essentielles de la Morphopsychologie soient déformées dans un but plus ou moins publicitaire. S'ils ne peuvent avoir un contrôle sur l'utilisation de leurs exposés ou de leurs écrits, il est préférable qu'ils refusent leur collaboration.

• *Les applications de la Morphopsychologie*

La Morphopsychologie n'ayant pas besoin de support écrit, pouvant s'exercer sur des personnes éloignées dans l'espace ou le temps ou dont on ne parle pas la langue est d'un apport précieux dans de nombreuses disciplines. Chaque fois, elle est une aide à la compréhension de l'autre dans sa globalité et son évolution. Alors que de nombreuses techniques d'évaluation donnent un «instantané» de la personne, la Morphopsychologie permet de repérer à la fois cet instantané et ses lignes d'évolutions possibles dans le temps.

On peut y recourir pour :
Les relations humaines (adapter sa demande à l'autre)

– Professions en contact avec le public :
- relations publiques,
- hôtesses
- hôtellerie et restauration,
- métiers de la mode et de l'esthétique, les coiffeurs
- journalistes (20 à 25 000 en France).

– Professions d'aide
- psychologie,
- médicale (chirurgie esthétique, stomatologie, diagnostic températmental, psychiatrie, kinésithérapeute, ostéopathes, homéopathes, acupuncteurs).

– Le conseil *individuel* (orientation scolaire, professionnelle-recrutement, conseil en évolution de carrière), commercial (marketing, vente-achat, international, les vendeurs de haut de gamme).

– L'enseignement, l'éducation et les choix de carrière : jeunes enfants, adolescents, adultes ; jeunes et adultes en difficulté.

– Industrie et entreprise, harmonisation d'équipe – fonction personnel, recrutement ou placement, chasseurs de tête, directeurs du Personnel ou des Ressources humaines, Conseil en évolution de carrière.

– Les professions juridiques et parajuridiques (les politiciens et les auxiliaires de justice (juges avocats de droit pénal ou de droit des affaires).

– La police et l'armée.

– La critique littéraire, cinématographique, théâtrale, musicale.

– Les artistes (les sculpteurs, les peintres, les photographes, etc.).

– Le casting : choix des acteurs de cinéma, et des mannequins devant véhiculer un message cohérent.

– L'Histoire, l'Anthropologie et la Paléontologie humaine : reconstituer la personnalité de nos grands ancêtres à partir de leurs visages reconstitués.

La psychologie des grands hommes (en dehors des préjugés des historiens de leur temps).

– Géographie humaine comparée.

– etc.

> La Morphopsychologie est une science pionnière, il y a tellement de domaines de recherche passionnants à explorer où chaque discipline peut alors éclairer et être éclairée par la Morphopsychologie.

ADRESSES UTILES

École française de Morphopsychologie
71, rue de la Libération
44230 Saint-Sébastien-sur-Loire
Tél. : 02-40-34-22-11
www.morphopsycho.org
Animée par Carleen Binet

- Assure la formation en trois ans en vue d'obtenir le diplôme par :
  - des cours réguliers
  - des séminaires
  - des cours par correspondance

- Assure des séminaires de formation en inter ou intra-entreprises sur différents thèmes demandés : vente, négociation-harmonisation d'équipe, etc.
- Des consultations
  - en évolution de carrière
  - orientation scolaire
  - orientation professionnelle
  - aide personnalisée
- Des formations post graduées sur des thèmes spécifiques : enfance, adolescence, couple, vente et négociation, etc.

HISTORIQUE

Cet historique n'a pas pour but de vous décrire tout le passé de la Morphopsychologie, mais de faire un court descriptif des différentes approches qui l'ont précédées et à quel point la Morphopsychologie les surpasse en simplicité d'utilisation, rigueur et esprit scientifique moderne, c'est-à-dire, axé sur la globalité (avec l'analyse inter-système) et le dynamisme.

À toutes les époques de l'humanité, les hommes ont remarqué qu'il existait des relations intimes entre les formes du visage et les traits du caractère. Tout un alphabet des visages a été établi à travers les âges, on retrouve des descriptions sur des tablettes chaldéennes, et des papyrus égyptiens (« The Edwin Smith Surgical Papyrus », 3000-2500 av. J.-C.).

Vers 400 av. J.-C., Hippocrate, médecin grec, établit la base d'une typologie toujours utilisée, qui reprend la théorie de Pythagore sur les humeurs et en reconnaît quatre qui par leur prédominance engendrent quatre tempéraments : le sanguin, le lymphatique, le bilieux et l'atrabilaire. Vers 150 le médecin grec Claude Gallien les renommera : sanguin, flegmatique, colérique et mélancolique. Cette terminologie est encore très employée et c'est elle qui a servi de base aux travaux de Pavlov qui dans son livre : *Typologie et pathologie de l'activité nerveuse supérieure** parle de types : « excitables » ou « déséquilibré fort » (impétueux, sans frein), « inhibé » ou « déséquilibré faible » (craintif), « équilibré lent » (très calme), et « équilibré vif » (curieux, remuant, ardent).

Aristote (384-322 av. J.-C.) a publié le premier traité de Physiognomonie.

Les Chinois ont aussi une typologie reposant sur les cinq éléments qui est très intéressante pour ses corrélations avec l'acupuncture.

En Europe, on se servit des typologies grecques jusqu'au XIe siècle où Coclès puis Lescaut firent chacun un traité de Physiognomonie. Auparavant on peut citer en anecdote le quatrième livre du Grand Albert, traité de sorcellerie qui donnait des éléments de physiognomonie très fantaisistes pour venir en aide aux sorciers et voyants en mal d'inspiration.

Charles Le Brun (1619-1690), ami de La Fontaine, tenta de montrer dans une théorie de la physiognomonie qu'il existait une relation entre les traits du visage et « les mouvements du sang et des esprits animaux qui caractérisent l'émotion » affectant les muscles du visage. Il nous a laissé des planches splendides d'hommes appariés à des animaux, des singes, des sangliers, des ânes, etc.

C'est Lavater (1741-1801) qui, au XVIIIe siècle, a mis

la physiognomonie à la mode en publiant un très beau traité rempli de planches prouvant un grand travail, mais aucun esprit de synthèse. Lavater eut parfois des intuitions justes, mais sa méthode, trop empirique, ne lui survécut pas.

Gall (1758-1828), médecin allemand, fit de nombreux travaux sur les localisations cérébrales et décrivit une trentaine de caractéristiques fondamentales humaines (instinct de conservation, amour physique, sens moral, etc.) qui auraient leur siège dans l'encéphale et que l'on pourrait localiser par « les protubérances et les dépressions » de la forme du crâne. Pour l'époque certaines de ses intuitions furent géniales et furent reprises avec intérêt par la neuropsychologie et neurophysiologie moderne. Mais à l'époque il eut un énorme succès populaire, surtout aux États-Unis et ces « localisations » souvent assez farfelues eurent pour conséquence de stopper la recherche « sérieuse » dans ce domaine pour deux générations.

Claude Bernard (1813-1878) s'est beaucoup intéressé à la biotypologie, mais il considérait que, si la vérité est dans le type, la réalité individuelle est toujours en dehors de celui-ci. Ce que la moderne Morphopsychologie confirme et professe.

En 1922, l'Italien Nicola Pende (1880-1970) proposa une classification des types de personnalité fondée sur l'étude du patrimoine héréditaire, d'une part, sur la morphologie, les mensurations corporelles (taille, poids, développement musculaire, proportions du crâne, des mains, etc.), les signes neurovégétatifs (peau sèche, humide, froide...) et des éléments d'ordre endocrinien et psychologique d'autre part. Pour cet auteur, la constitution, le tempérament et le caractère sont les trois aspect de ce que l'on appelle couramment le « terrain », lequel rend largement compte du comportement. De cette base héréditaire s'élèvent des forces dynamiques, humorales, affectives, intellectuelles qui convergent pour créer l'unité vitale de l'individu. L'École constitutionnaliste italienne (Pende, de Giovanni, G. Viola et d'autres) distingue trois types principaux : le longiligne, le bréviligne et le médioligne, chacun pouvant s'allier à des composantes neurovégétatives et endocriniennes pour obtenir des variantes.

Parmi les typologies modernes, les plus célèbres sont celles de Claude Sigaud (1862-1921). E. Kretschmer (1888-1964) et de W.H. Sheldon (1899-1977).

Kretschmer, lors de ses observations en clinique psychiatrique, remarqua que les mélancoliques et les maniaques étaient en général petits et gros, tandis que les schizophrènes, indifférents et apathiques, possédaient un corps long et frêle ; il donna aux premiers le nom de pycniques-cyclothymes et aux seconds celui d'asthéniques (ou de leptosomes) schizothymes. Par la suite il ajouta les types athlétique-épileptoïde et dysplastique, celui-ci représentant des déviations anthropométriques des trois autres types et étant bien moins individualisés sur le plan du caractère.

Sheldon, opérant sur un très grand nombre de sujets normaux, trouva également trois types morphologiques principaux, très proches de ceux de Kretschmer : l'endomorphe, arrondi, l'ectomorphe, allongé, et le mésomorphe, musclé. À chaque type morphologique correspond un ensemble de traits de caractère fondamentaux appelés viscérotonie, cérébrotonie et somatotonie.

Sigaud avait proposé en 1907 une classification améliorée ensuite par Mac Auliffe : respiratoire, digestif, musculaire et cérébral. Il eut l'intuition dans son livre sur *La Forme humaine*, en 1914, que la maladie était due à une désadaptation au milieu et que la peau rendait compte de l'affrontement entre le milieu et le corps, son affaissement étant le résultat de son hyperexcitabilité, par irritabilité des tissus touchés. L'écroulement cellulaire serait une défense active de l'organisme.

C'est en étudiant avec un groupe de recherche d'élèves du Dr Sigaud, que le Dr Corman, qui s'intéressait depuis plusieurs années à la Physiognomonie, eut l'intuition de la Loi de Dilatation-Rétraction et qu'il la formula, prenant ensuite conscience qu'elle permettait de synthétiser tout ce qui avait été fait auparavant, et de pouvoir travailler avec une base scientifique et globale. Son passage en tant qu'étudiant dans le laboratoire de Marie Curie, ayant aiguisé son esprit scientifique, par rapport à ses études en médecine, beaucoup plus empirique à l'époque (dans les années 20).

À l'heure actuelle la Morphopsychologie, qui a plus de cinquante années d'existence, travaille à intégrer les travaux qui sont fait dans les autres domaines de la Psychologie, de la Psychanalyse et des autres Sciences humaines. Pendant les quarante ans où il dirigea le service de psychiatrie de l'hôpital Saint-Jacques à Nantes, son équipe de psychiatres. psychologues et instituteurs travailla à valider la Morphopsychologie avec les tests et entretiens. Ce sont les études comparées avec des tests d'intelligence (WISC-performance) ou projectifs (Pattenoire, TAT, Rorschach) qui ont été les plus poursuivies et où la recherche appliquée doit continuer.

C'est en travaillant sur «Le Diagnostic de l'Intelligence*» que le Dr Corman a établi que la Morphopsychologie était une méthode d'évaluation très complète qui permettait de faire un bilan de la forme et du «degré» d'intelligence, tout en donnant un diagnostic prédictif des possibilités d'évolution et de développement de celle-ci en fonction du milieu rencontré. De plus, on pouvait déterminer quel seraient les milieux facilitateurs ou inhibiteurs de ce développement.

Ce diagnostic établi en dehors de tout contexte culturel ou ethnique permet de s'intéresser à des formes d'intelligences que nous ne savons pas décrire puisqu'elles ne sont pas occidentales, et ainsi aborder leur richesse et leur importance.

Bibliographie

Bibliographie du Dr Corman
- *Visages et caractères (Essais de physiognomonie)*, avec la collaboration de Gervais Rousseau, Plon, 1932.
- *Portraits physiognomoniques*, texte accompagné de 41 lithographies de A. Protopazzi, chez l'auteur, 1934.
- *Quinze Leçons de morphopsychologie*, avec 80 portraits de A. Protopazzi, Stock, 1937.
- *Initiation morphopsychologique*, avec 36 lithographies de A. Protopazzi, chez A. Legrand, 1941.
- *Le Diagnostic du tempérament par la morphologie*; avec 130 portraits de A. Protopazzi.
- *La Morphopsychologie dans le diagnostic des aptitudes*, Stock, 1950.
- *Structure morphophysiologiques en psychiatrie* (avec le Dr Yves Longuet), Expansion scientifique française, 1953.
- *Manuel de morphopsychologie*, t. I: *Manuel*, Stock, 1948; t. II: *Synthèse des caractérologies*, 1958.

- *Nouveau Manuel de morphopsychologie*, Stock, 1967.

Tous ces ouvrages sont épuisés.

- *Nouveau Manuel de morphopsychologie*, Stock-Plus, 1977.
- *Le Diagnostic de l'intelligence par la morphopsychologie*, PUF, 1975.
- *Connaissance des enfants par la morphopsychologie*, PUF, 1975.
- *Types morphopsychologiques en littérature*, PUF, 1978.
- *Caractérologie et Morphopsychologie*, PUF, 1983.
- *Visages et Caractères*. PUF, 1985.

Ouvrages du même auteur en dehors du champ de la Morphopsychologie :
- *L'Éducation dans la confiance*, Stock, 1945.
- *La Non-Violence dans la conduite des peuples et dans la conduite de soi-même*, Stock, 1949.
- *Une école d'héroïsme. Les campagnes non violentes de Gandhi*, avec 8 portraits et 200 citations de Gandhi. Stock, 1951.
- *Le Vrai Visage de Jeanne d'Arc, héroïne de non-violence*, Stock, 1951.
- *L'Enfant fatigué. Conseils*, Oliven, 1954.
- *Le Test du dessin de famille*, PUF, 1964.
- *Le Test du gribouillis*, PUF, 1966.
- *L'Examen psychologique d'un enfant*, Dessart, 1970.
- *Psychopathologie de la rivalité fraternelle*, Dessart, 1970.
- *Le Test PN*. T. I : *Manuel*, PUF, 6ᵉ éd. mise à jour, 1974 ; t. II : *Le Complexe d'Œdipe*, PUF, 1972 ; t. III : *Manuel, la règle d'investissement*, PUF, 1976.

- *L'Interprétation dynamique en psychologie*, PUF, 1974.
- *Narcissisme et frustration d'amour*, Dessart, 1975.
- *Nietzsche psychologue des profondeurs*, PUF, 1982.

Ouvrages cités ou utilisés dans cet ouvrage.
- Dr P. Carton : *Diagnostic et conduite des tempéraments*, Brévannes.
- Eysenck : *Les Dimensions de la personnalité*, PUF, 1950.
- Kretschmer : *La Structure du corps et le caractère*, Paris, 1930, Payot.
- Lantéri-Laura : *Histoire de la phrénologie*, PUF, 1970.
- Lavater : *La Physiognomonie*, 1772, réédition Delphica, 1979.
- Lichtenhälter : *La Médecine hippocratique*, Lausanne, La Baconnière, 2 vol., 1957.
- Pavlov : *Typologie et pathologie de l'activité nerveuse supérieure*, trad. fr., Paris, PUF, 1955.
- Sheldon : *Les Variétés de tempérament*, Paris, 1951, PUF.
- Sigaud : *La Forme humaine, sa signification*, Paris, 1974.
- Stockard : *The physical basis of personality*, New York, W.W. Norton and C°, 1931.
- Toffler A. : *Le Choc du futur*, Paris, 1970.
  La Troisième Vague, Paris, 1987.

Première partie
- Cosnier J. : *La Communication non verbale*.
- Delaire J. : *Considérations sur l'accroissement du prémaxillaire chez l'homme*, Rev. Stomatol. Chir. Maxillofac 75 : 951-970, 1974.

Les Mécanismes de la croissance du squelette facial, *in* Chateau M. *Orthopédie dento-faciale, Bases fondamentales*, Prélat, Paris, 1975.
- Delattre A. : « La formation du crâne humain » *in Les Processus de l'Hominisation*. Colloque du C.N.R.S. 37-55, 1958.
- Deshayes M.-J. : *Croissance crânio-faciale et orthodontie*, Masson, 1986.
- A. Étienne : « Processus de changement et maladie », *Revue québécoise de Psychologie*, 1982, 3 (3), 60-68.
- Laborit H. : *La Nouvelle Grille*, R. Laffont, coll. « Libertés 2000 », 1974.
- Morin : *Physiologie du système nerveux central*, Paris, Masson, 1979.
- Sperry R.W. : « Lateral specialization of cerebral function in surgically separated hemispheres » *in* F.J. Mc Guigan and R.A. Schoonover, ed. *The Psychophysiology of Thinking* », New York, Academy Press, 1973.
- Vincent J.D. : *Biologie des passions*, Jacob, 1986.
- Vincent P. : *Le Corps humain*, Vuibert 1983 (14. Notion d'énergétique animale, le métabolisme).
- Watzlawick P. : *Le Langage du changement*, Seuil, 1983.

Deuxième partie (les ouvrages déjà cités ne sont pas repris).
- Asimov I. : *Au prix du papyrus*, 1985, Denoël.
- David M. : « Carences affectives », *Revue de neuropsychiatrie infantile et d'hygiène mentale de l'enfance*, 24 (9).
- Englow D.H. : *Handbook of Facial growth*. 2^d ed. NP, Saunders Company, 1982.

- Ekmann : « L'expression des émotions », *La Recherche* n° 11, 1980.
- Ermiane Dr : *La Prosopologie*.
- Fenart : « L'hominisation du crâne », Bull. de l'Académie dentaire 1970-14-33/43.
- Kohut H. : *Le Soi*, PUF, 1974.
- Lorentz K. : *Man meets dog*, Penguin Books Ltd, Harmondsworth, England.
- Maupassant : *Pierrot*, 1882.
- Souzenelle A. de : *De l'arbre de vie au schéma corporel*, Dangles, 1977.
- Spitz R. : *Le Non et le oui, genèse de la communication humaine*, traduit par A.M. Rocheblave-Spenlé, Paris, PUF, 1962. .
- Spitz R. : *De la naissance à la parole. La première année de la vie*, PUF, 1968.
- Sutter J.M. : *Le Syndrome de carence d'autorité, de son origine à son devenir*. Union médicale au Canada, 98, 1969.
- Watzlawick P., Weakland J. et R. Fisch : *Changements, paradoxes et psychothérapie*, Points, Seuil, 1981.

Troisième partie
- Andreas-Salomé L. : *Eros*, Paris, Éd. de Minuit, 1984.
- Bateson G. : *Mind and Nature : A necessary unity*, New York, Bantham Books, 1980.
- Bernard C. : *Introduction à la méthode expérimentale*.
- Bertin C. : *La Dernière Bonaparte*, Perrin, Paris, 1982.
- Best F. : *Pour une pédagogie de l'éveil*, Paris, A. Colin, 1973.

- Binet A.: *L'Étude expérimentale de l'intelligence*, Schleicher, 1903.
- Bono E. de: *Six Chapeaux pour penser*, Inter Éditions, 1987.
- Bourgès S.: *Approche génétique et psychanalytique de l'enfant*, Neuchâtel, Delachaux et Niestlé, 1984.
- Bouvon A.M.: «Étude expérimentale des effets du narcissisme et de la «différence» sur l'espace personnel» in *Psychologie française*, 30-31, mars 85
- Brown B.B.: *Super-Mind*, Harper & Row, New York, 1980.
- Capra F.: *Le Tao de la physique*, Sand, Paris, 1985.
- Carneiro Féres T.: *Familia: diagnostico e terapia*, Rio de Janeiro, Zahar, 1983.
- Cayrol A.. Barrère P.: *La Programmation neurolinguistique*, Éd. ESF, 1986.
- Changeux J.-P.: *L'Homme neuronal*, Fayard, 1983.
- Chateau J.: *L'Intelligence ou les intelligences*, Bruxelles, Madraga, 1983.
- Delacour J.: *Neurobiologie des comportements*, Paris, Hermann, 1984.
- Edwards B.: *Dessiner grâce au cerveau droit*, Bruxelles, Mardaga, 1979.
- Ferguson M.: *The Brain Revolution*, New York, Taplinger pub., 1973.
  Les Enfants du Verseau, Calmann-Lévy, 1981.
- Ferré J.-C.: *Asymétrie crânio-faciale et troubles de la statique vertébrale*, Orthod. FR., 42: 389-410, 1971.
- Feuerstein R. & Y. Rand: «Mediated Learning Experiences: an outline of Proximal Etiology for Differential Development of Cognitive Functions», *International Understanding*, 1974, 9/10, 7-37.
- Freud S.: *Essais de psychanalyse*, Paris, Payot, 1927.

- Freud S. : *Trois Essais sur la théorie de la sexualité*, Paris, Gallimard, 1949.
- Freud S. : *Inhibition, symptôme, angoisse*, Paris, PUF, 1968.
- From E. : *Avoir ou être ?* Paris, Robert Laffont, 1978.
- Fustier M. : *Pratique de la créativité*, Paris, ESF, 1982.
- Grof S. : *La Psychologie transpersonnelle*, Monaco, Éd. du Rocher, 1984.
- Isambert-Jamati V. : *Culture technique et critique sociale à l'école élémentaire*, Paris, PUF, 1984.
- Isambert-Jamati V. & Grospiron M.-F. : *Types de pédagogie et écarts de réussite selon l'origine sociale*, Études de linguistique appliquée, 1984.
- Jouvet M. : « *Neurobiologie du rêve* » *sur l'unité de l'homme. Invariants biologiques et universaux culturels*, Paris, Seuil, 1974.
- Jung C.G. : *Types psychologiques*, Genève, Librairie de l'université, 1983.
Dialectique du moi et de l'inconscient, Gallimard/Idées, 1964.
L'Homme et ses symboles, Paris, Robert Laffont, 1964.
- Kiley D. : *The Peter Pan Syndrome*, New York, Avon, 1983.
- Klein M. : *La Psychanalyse des enfants*, Paris, PUF, 1959.
- Le Poncin M. : *Gym Cerveau*, Paris, Stock, 1987.
- Levy J. : *Psycho-biological Implications of bilateral asymetry in hemisphere function of the human brain*, New York, S.J. Diamond & G.J. Beaumont, 1974.
- Lowen A. : *La Bio-Énergie*, Paris, Tchou, 1976.

- Marc E. : *Le Processus de changement en thérapie*, Retz, 1987.
- Piaget J. : *La Psychologie de l'intelligence*, Collin, 1952.
  Le Langage et la pensée chez l'enfant, Neuchâtel-Paris, Delachaux et Niestlé, 1923.
- Racle G. : *La Pédagogie interactive*, Retz, coll. «Actualités pédagogiques», Paris, 1983.
- Reich W. : *L'Analyse caractérielle*, Paris, Payot, 1973.
- Rogers C.R. : *Le Développement de la personne*, Dunod, Paris, 1966.
- Rudhyar : *The planetarization of consciousness*.
- Ruffié J. : *De la biologie à la culture*, Paris, Flammarion, 1976.
- Ruperti A. : *Les Cycles du devenir*, Monaco, Éd. du Rocher, 1981.
- Scherer. Wallbott & Summerfield : *Experiencing emotion. A cross-cultural study*, Cambridge University Press, 1986.
- Schiff M. : *L'Intelligence gaspillée. Inégalité sociale, injustice scolaire*, Paris, Seuil, 1982.
  «Génétique et QI» in *Races, sociétés, aptitudes : apports et limites de la science*, colloque du MRAP à l'Unesco, Droit et Liberté : suppl. n° 382, 1978.
- Talmant J. : *Contribution à l'étude des rapports de la ventilation avec la morphogénèse crânio-faciale*, déductions thérapeutiques concernant l'ODE (Société d'orthopédie dento-faciale), 1982.
- Teilhard de Chardin : *Le Phénomène humain*, Paris, 1953 : «L'hominisation. Introduction à une étude scientifique du phénomène humain», in *Œuvres*, t. III, Paris, 1957.

- Weschsler D. : *Manuel, échelle d'intelligence de Wechsler pour enfants*, Paris, Centre de psychologie appliquée. 1965.
- Winnicott D. : *L'Enfant et sa famille*, Paris, Payot, 1975.
  Processus de maturation chez l'enfant, Paris, Payot, 1970.
- Zazzo R. : *Les Jumeaux, le couple et la personne*, 2 vol., Paris, PUF, 1960.
  Situation gémellaire et développement mental, T. psychol. normal pathol., 45, 208.

Lexique

Les définitions de ce lexique sont surtout tirées des ouvrages du Dr Corman dont la liste se trouve dans la bibliographie.
NMP : Nouveau Manuel de Morphopsychologie.
V & C : Visages et Caractères.
Les définitions de termes psychologiques ou psychanalytiques sont tirées pour la plupart de :
Dictionnaire de psychologie de Norbert Sillamy (Bordas).
Vocabulaire de la psychanalyse de Laplanche et Pontalis (PUF).
A critical dictionary of jungian analysis de Samuels, Shorter & Plaut (RKP, London 1986).
L'alinéa est une explication supplémentaire de l'auteur. Les termes avec une majuscule sont repris ailleurs dans ce lexique.

ADAPTABILITÉ : capacité de se mettre en harmonie avec le milieu ou les circonstances avec souplesse. Cette adaptation peut être superficielle ou engager la personne tout entière et donner l'impression d'un mimétisme.

C'est la Dilatation qui indique les capacités d'adaptation. Par contre, plus le visage montre des caractéristiques de Rétraction, plus il perd en souplesse d'adaptation.

ADIPOCYTE: voir Capiton et dessin p. 31.

AMENUISANTE (RÉTRACTION): se dit de la Rétraction quand elle réduit les formes du visage pour une défense active, afin d'offrir le moins de surface possible à l'agression.

ANAL (stade sadique-anal): voir Stade.

ANALYSE SYSTÉMIQUE: voir Systémique.

ANIMA/ANIMUS: l'Animus est l'image de l'homme intérieur de la femme et l'Anima, l'image du personnage féminin qui travaille souterrainement dans le psychisme masculin. Ce sont des images psychiques, des fonctions qui mettent en relation le Moi avec le monde interne. Ces images peuvent être bénéfiques ou dangereuses quand elles «possèdent» la conscience.

L'Anima est la personnification de toutes les tendances psychologiques féminines de la psyché de l'homme, comme par exemple les sentiments et les humeurs vagues, les intuitions prophétiques, la sensibilité à l'irrationnel, la capacité d'amour personnel, le sentiment de nature, et enfin, mais non des moindres, les relations avec l'Inconscient. Une Anima négative chez l'homme s'exprimera par de l'irritabilité, des dépressions, de l'incertitude, une impression d'insécurité, de la susceptibilité. Cet homme aura tendance à faire des remarques venimeuses, acérées, efféminées qui dévalorisent tout, avec une distorsion mesquine de la réalité. Il aura tendance à se lier à des femmes froides et distantes, des femmes fatales ou des «sorcières».

L'Animus de la femme personnifie, quant à elle, toutes les tendances psychologiques masculines de la psyché de la femme : la force physique, l'esprit d'initiative et la capacité d'agir de façon organisée, le « verbe », le Logos, et au stade supérieur l'incarnation de la Pensée, la profondeur spirituelle. À ce stade – le plus élevé – il est comme l'Anima le médiateur de l'expérience religieuse qui donne un sens nouveau à la vie.

Un Animus négatif chez la femme se manifestera comme un démon de la mort, inspirant toutes les réflexions froides et destructrices qui envahissent la femme qui n'est plus dans le sentiment. La brutalité, la témérité, la tendance au bavardage, la rumination silencieuse et obstinée d'idées malveillantes caractérisent les femmes possédées par un tel Animus négatif. Une étrange passivité ou une insécurité profonde, qui peut mener au néant, inspirent ses ruminations mentales.

Lorsque l'individu a lutté assez sérieusement et avec assez de persévérance contre son Anima ou son Animus pour ne plus s'identifier avec eux, l'Inconscient change d'aspect et apparaît sous une forme symbolique nouvelle, représentant le Soi, le noyau le plus intérieur de la psyché. Une prêtresse ou une déesse-mère par exemple pour la femme, et un vieux sage, un initiateur, un esprit de la nature pour l'homme. La réalisation et intégration de ces images passe obligatoirement par la confrontation à l'autre sexe, à la différence, qui se fait dans une vie de couple. Le savoir de l'homme (Logos) rencontre l'amour de la femme (Éros), et leur union est représentée comme ce rite symbolique du mariage sacré qui se trouve au *cœur* de l'initiation depuis son origine dans les religions à mystères de l'Antiquité.

Voir Composante féminine et masculine.

ANTAGONISMES : conflit résultant de l'opposition de deux forces. En Morphopsychologie, entre des forces de Dilatation et de Rétraction ou de Rétraction latérale et de Rétraction frontale. Il est important de savoir si ces antagonismes sont des moteurs ou des inhibiteurs pour la personnalité (voir p. 476).

ARRÊT (barre d') : si la zone de creux entre les bosses sus-orbitaires et la zone imaginative devient une véritable cassure, on parle de barre d'arrêt. Du point de vue de la définition, on ne peut parler de barre d'arrêt véritable que si le front est debout ; car quand il est oblique, l'énergie circule encore dans la pente de la Rétraction latérale, et le besoin de résoudre le problème l'emporte sur le blocage. Alors que si le front est debout et coupé par la barre d'arrêt, cette rétraction extrême fait barrage entre l'imagination, qui n'a plus accès à la conscience, et l'intelligence pratique (les bosses sus-orbitaires).

ATONIE : l'Atonie indique une moindre intensité de sollicitation à se servir des fonctions attribuées au cadre (allongé), au modelé (tombant), aux récepteurs (tombants). Au niveau des fonctions touchées par cette atonie, la personne est en quelque sorte « préfatiguée », ou « prédéprimée ». Voir tableau p. 274 et Tonicité.

On gardera le terme d'« asthénie » pour l'asthénie mentale, donc l'on dira : sthénicité du cadre et atonie du cadre.

BOSSES IMAGINATIVES ou BOSSES FRONTALES : bosses sur le haut du front qui sont les reliquats du front rond enfantin et qui sont circonscrites par des aires de Rétraction au-dessus desquelles elles « surnagent ». L'imagination est donc encadrée par des éléments de structuration (Rétraction) et ne s'expriment pas sans sa permission (voir dessin p. 401).

BOSSES SUS-ORBITAIRES, ou **BOSSES SOURCILIÈRES** : bosses surtout visibles chez les hommes (c'est un caractère sexuel secondaire) et formant l'arcade sourcilière gonflée par les sinus frontaux, elles donnent leur importance à la Zone d'observation.

CADRE : on l'appelle encore « grand visage ». C'est le bâti osseux du visage, incorporant deux muscles importants, temporal et masséter, qui donnent sa forme au visage. Il est la reproduction de la structure corporelle et exprime la puissance de l'expansion vitale. Il nous renseigne sur l'Inconscient, les pulsions qui l'habitent et leur force.

CAPITON : épaisseur de chair qui caractérise le modelé, outre sa tonicité (tonique/atone), et sa forme (rond, plat, creux). Cette épaisseur dépend de l'importance du nombre et du gonflement des adipocytes contenus dans l'hypoderme, mais aussi de l'importance de la musculature faciale. Ce capiton apporte chaleur et conciliation dans les domaines qu'il recouvre. « Le capiton huile les rapports humains » (voir dessin p. 272).

CAVITÉS AÉRIENNES : voir Sinus.

COMPENSATION : action tendant à contrebalancer un manque ou une déficience ; c'est un phénomène adaptif spontané. Selon A. Adler, la compensation est toujours liée à un sentiment d'infériorité personnelle. La « volonté de puissance » serait une compensation particulière à un état d'insécurité personnelle. (Napoléon aurait voulu faire oublier sa petite taille en se couvrant de gloire.) Cette force est un facteur permanent de développement, qui peut dans certains cas porter l'individu à la limite extrême de ses capacités.

On parle souvent en Morphopsychologie de compensation à la tendance réagissante, qui se fait par la Rétraction frontale.

COMPULSION : comportement irrépressible d'un individu, alors que la situation n'exige aucunement une telle attitude : on n'agit pas volontairement, mais on ne peut pas s'empêcher de...

Selon Freud, les compulsions seraient des formations de compromis entre certains désirs pulsionnels du «ça» et les interdits moraux introjectés ou «sur-moi».

CONCENTRÉ (type) : correspond à un cadre dilaté avec des récepteurs petits, fermés et enfoncés. La concentration du petit visage réduit la taille de l'étage affectif qui est, ainsi que les récepteurs, fortement marqué de Rétraction frontale. L'énergie s'accumule chez le Concentré, se concentre, lui permettant une activité puissante et continue. La Rétraction des récepteurs le ferme en partie au milieu, de sorte qu'il ne se laisse pas influencer par l'extérieur et ne procède que de lui-même (V & C).

CONCENTRÉE (tendance) : l'extrême de l'axe : tendance réagissante, tendance concentrée, correspondant à des petits récepteurs fins et rapprochés qui entraînent un minimum d'échanges avec le milieu et de souplesse d'adaptation (voir Tendance réagissante).

CRÊTE TEMPORALE : relief que forme la cassure de l'os frontal lorsqu'il «plie», comme une boîte, vers la tempe (voir dessin p. ???).

CREUX : forme du Modelé correspondant à la Rétraction. Il indique donc la dominance d'une sensibilité de défense dans les échanges (cf. p. ???).

CROIX DE POLTI ET GARY : ces deux physiognomonistes ont imaginé de tracer sur le profil une croix en la centrant sur l'orifice de l'oreille. Cette croix divise ainsi le visage et le crâne en quatre segments qui correspondent : les deux segments antérieurs aux aptitudes actives, celui du haut (le front) à l'activité cérébrale, celui du bas (mâchoire) à l'activité physique ; les deux segments postérieurs aux aptitudes réceptives, réceptivité imaginative pour le haut (crâne), réceptivité instinctive pour le bas (nuque) (V & C).

DÉFENSE (système de, ou mécanisme de) : ensemble de comportements dont le but est de maintenir le Moi intact et constant en dépit des sollicitations du milieu. La Rétraction étant un mécanisme de défense, c'est dans les zones de Rétraction que l'on repérera les mécanismes de défense.

DÉPRESSION : état mental caractérisé par une diminution du tonus musculaire et psychique. Morose, las et découragé, le sujet déprimé est incapable d'affronter les difficultés quotidiennes. Il reste inactif et fuit toute initiative, par anxiété, absence de volonté ou d'intérêt. On repère la tendance dépressive sur le visage par les traits d'atonie. plus elle est forte, plus la personne va devoir mobiliser d'énergie pour lutter contre cette tendance. Le dépistage de cette tendance, le façon dont la personne s'en défend ou s'y laisse entraîner momentanément ou durablement est un apport très riche de la Morphopsychologie (voir p. 274 ; p. 319 à 325 ; p. 409 à 418 etc.).

DESSÉCHANTE (RÉTRACTION) : le stade ultime de la Rétraction, quand toutes les forces de l'individu se sont retirés à l'intérieur de lui-même pour lutter contre la maladie ou l'épuisement. Il n'y a plus aucune énergie disponible à l'extraversion. La personne a le comportement du grand vieillard, grincheux, frileux et agressif envers toute intrusion dans son monde d'habitudes (p. 51).

DÉRIVATION : se dit d'un instinct dont l'exercice est dévié vers d'autres fonctions, « son avidité instinctive est dérivée en curiosité intellectuelle ».

DIAMÈTRE BI-GONIAQUE : largeur de la mandibule, de l'Étage instinctif, prise au niveau des gonions (voir ce mot et le croquis p. 304).

DIAMÈTRE BI-MALAIRE : largeur de l'étage affectif prise au niveau de la plus grande largeur de la pommette.

DIFFÉRENCIATION : se dit du travail de Rétraction frontale sur l'Étage cérébral qui fait apparaître un creux sur la ligne de profil entre la Zone d'observation et la Zone imaginative. Cette différenciation peut être à peine perceptible ou au contraire très forte. C'est sa présence et non son importance qui fait sa valeur (p. 383).

On parle aussi de différenciation du Modelé ou des Récepteurs quand ils sont finement et subtilement marqués de petits traits de Rétraction ou de Rétraction frontale.

DILATATION : elle traduit l'instinct d'expansion : l'être vivant, se nourrissant de tout ce que lui apporte le milieu extérieur, se développe, grandit en taille et en poids, élargit de plus en plus son espace vital et rayonne sa force autour de lui (V & C).

DISHARMONIE : absence d'harmonie entre les différentes parties d'un ensemble, ici le visage. À ne pas confondre avec la dysharmonie, terme psychiatrique indiquant une dissociation de la personnalité (dysharmonie fonctionnelle).

DISSYMÉTRIE : disharmonie entre les deux côtés du visage qui peuvent être très différents l'un de l'autre (p. 84).

DOMINANT (Étage) : voir Étage.

DOMINANTE (fonction) : voir Fonction.

DYNAMIQUE : la Morphopsychologie a une démarche dynamique parce qu'elle s'efforce de saisir l'individu dans son incessante mobilité et évolution. De plus, elle permet d'une certaine façon de projeter dans l'avenir un certain nombre de scénarios possibles étant donné les caractéristiques de la personne, ses potentialités non encore développées, les blocages qui le freinent et le milieu dans lequel il évolue ; ces diagnostics peuvent aussi tenir compte d'un milieu qui facilitera ou inhibera l'évolution possible envisagée.

DYNAMISANTE ou DYNAMIQUE (Projection) : voir Rétraction latérale.

DYSHARMONIE : voir Disharmonie.

EMPATHIE : capacité d'être en communion affective avec l'autre, tout en respectant sa façon de voir et d'être et aussi en ne se laissant pas envahir par l'émotion de l'autre ; on la comprend mais on n'y participe pas. Cette tolérance et communication affective entraînent une compréhension intuitive profonde de l'autre. Le Psychologue et le Morphopsychologue doivent avoir une capacité d'empathie qui permet d'établir un rapport authentique avec autrui, d'appréhender ses rôles, de comprendre finement ses attitudes et ses conduites.

ÉPI SATURNIEN : pointe de cheveux qui descend sur la Zone imaginative. Il correspond à un élément de Rétraction, donc de structuration (voir croquis p. 378). On l'appelle parfois «la pointe de la veuve», sans doute en référence aux coiffes de veuve de Catherine de Médicis.

ÉPI TEMPORAL : pointe de cheveux qui s'avance latéralement des tempes vers le front, à la hauteur de la Zone de Réflexion, indiquant sa présence, quand elle est discrète (voir croquis p. 378).

ÉTAGE : le visage est divisé en trois zones horizontales qui correspondent aux fonctions déterminées par leurs récepteurs : Étage instinctif (bouche), Étage affectif (nez), Étage cérébral (Yeux).

ÉTAGE AFFECTIF : c'est l'étage médian du visage, avec le nez comme Récepteur, c'est l'Étage respiratoire qui correspond à l'affectivité, au domaine des sentiments et des valeurs.

ÉTAGE CÉRÉBRAL : c'est l'étage supérieur, avec les yeux comme Récepteurs, qui correspond aux fonctions de la pensée et de l'imaginaire.

ÉTAGE DOMINANT : se dit d'un étage qui est plus en dilatation que les deux autres ; le volume du cadre et l'importance et l'ouverture du récepteur ainsi que leur harmonie relative intervenant dans cette évaluation.

Cette expansion entraîne la personne à privilégier les fonctions de cet étage (p. 467).

ÉTAGE INSTINCTIF : c'est l'étage inférieur, avec la bouche comme récepteur, qui correspond aux fonctions de nutrition, excrétion et reproduction et par extension à l'assise de la personne dans la réalité et dans le concret à son intérêt pour les chose matérielles.

ÉQUILIBRE ET HARMONIE (Loi d') : la vie implique la tension permanente vers un équilibre, sans jamais l'atteindre. C'est cette tension que l'on repère dans les disharmonies du visage et les antagonismes entre les différentes parties du visage. Ces disharmonies et antagonismes vont dynamiser la personne, lui donnant même souvent sa raison de vivre ; mais ils peuvent aussi l'inhiber et l'empêcher de jouir de ses capacités et de la vie.

ÉVOLUTION et de MOUVEMENT (Loi d') : l'être humain est en mouvement dans l'espace et dans le temps. Son visage nous rend compte de son évolution ou de son involution. La mimique et les modifications du visage avec le temps sont sous la dépendance de cette loi.

EXPANSION ÉLECTIVE : voir Étage dominant.

EXPANSION AFFECTIVE (type d') : il se caractérise par la prédominance de l'étage moyen du visage et par la prépondérance de la vie affective : importance des sentiments dans la vie ; besoin de présence humaine et d'échanges sociaux (NMP).

EXPANSION CÉRÉBRALE (type d') : il se caractérise par la prédominance de l'étage cérébral et la prépondérance de la vie intellectuelle. Il est particulier à l'espèce humaine. Importance de la pensée dans la vie. C'est l'imagination ou la raison qui le gouverne, non l'instinct ni le sentiment (NMP).

EXPANSION INSTINCTIVE (type d') : il se caractérise par la prédominance de l'étage inférieur et la prépondérance de la vie instinctive. Importance du concret, des réalités matérielles (NMP).

EXTRAVERTI : personnalité dont le trait essentiel consiste en une ouverture au monde extérieur et qui ne peut se définir que par rapport au regard de l'autre. L'extraverti est sociable, recherche le contact humain et s'extériorise facilement. Dans sa typologie, Jung distingue quatre catégories de personne parmi les extraverties : 1° celles qui sont dominées par la Pensée (l'observation et la raison guident leur action) ; 2° celles qui sont orientées vers le Sentiment (suggestibles, elles vibrent en accord avec leur entourage) ; 3° celles pour qui la Sensation prédomine (recherche de jouissances sensorielles) ; 4° celles qui obéissent à leur Intuition (peu organisées, attirées par l'aventure, elles sont difficiles à fixer).

FATIGABILITÉ : les zones en Rétraction et en Atonie sont plus fatigables que les zones en Dilatation ou en Tonicité ; il faut tenir compte de ce facteur dans le conseil psychologique, car il demande une certaine hygiène de vie pour préserver ces zones plus fragiles.

La fatigue met aussi à jour les zones de fragilité de la personne (on repère alors où se place l'atonie), et aussi la façon dont la personne régresse (p. 486 à 488) (voir aussi Fonction dominante).

FEED-BACK : boucle de rétroactivité ; terme qui désigne l'action en retour que le résultat d'un stimulus exerce sur le stimulus lui-même en le modifiant.

FÉMININE (COMPOSANTE) : chez un homme ensemble de traits féminins qui vont donner des valeurs de finesse et de douceur (voir p. 477) quand cette composante est intégrée. Si cette composante est refusée, cela va donner des conduites de surcompensation virile (machisme, virilité agressive et intolérante vis-à-vis de ce qui est considéré comme féminin). À ne pas confondre avec Anima, qui est du domaine de la clinique de l'Image (voir Anima).

FINESSE : la Rétraction affine les traits, le Modelé et les Récepteurs apportant ses caractéristiques de sensibilité, de réactivité, de sélectivité. Ces caractéristiques peuvent se porter dans le domaine esthétique quand les traits sont non seulement affinés, mais bien dessinés.

FLAIR : aptitude instinctive à prévoir, à deviner qui contrairement à l'Intuition serait sensorielle et non mentale ; les signes de Dilatation que ce soit dans le cadre, le Modelé ou les Récepteurs le favorise, avec évidemment une mention spéciale pour le nez ; d'ailleurs le parler populaire emploie souvent l'expression « avoir du nez » (surtout dans les professions commerciales), pour désigner ceux qui ont su prévoir les réactions d'un client ou les tendances d'un marché.

FONCTION DOMINANTE : terme employé pour désigner les fonctions biologiques, et les pulsions utilisées de manière préférentielle lors des stades du développement psycho-sexuel de l'enfant (orales, sadiques-anales, phalliques et sexuelles). Lors d'une fatigue ou d'un choc émotionnel l'on a tendance à régresser vers la fonction dominante (qui est indiquée par l'importance des traits morphologiques se rapportant à ces fonctions).

FORMATION RÉACTIONNELLE : le Moi s'efforce de développer des tendances contraires aux tendances enfantines refoulées, de façon à leur faire contrepoids (NMP).

De nombreux traits de caractère ont cette origine : propreté méticuleuse pour lutter contre une attirance inconsciente pour la saleté, pudibonderie, etc.

FRAGILITÉ : la Rétraction entraîne une fragilité ; quand une zone en dilatation, donc vulnérable par manque de défense, reçoit un choc, c'est la zone la plus en Rétraction, plus fragile et sensible, qui fléchit ou accuse le coup (voir Vulnérable et p. 472).

FRONT en OGIVE ou en PLEIN-CINTRE : front en dilatation, large et haut dont la partie supérieure prend les formes d'une voûte romane (en plein cintre) ou gothique (en ogive). (Voir p. ???).

GÉNITAL (stade) : voir Stade.

GESTALT : forme reconnaissable à ses lignes générales ; structure spatiale en tant que forme ; configurations d'éléments morphologiques (formes, grandeurs, couleurs), d'attitudes et de mouvements typiques qui sont suffisants pour permettre la reconnaissance.

GESTALTPSYCHOLOGIE : théorie fondant la psychologie sur la notion de structure, c'est-à-dire sur un ensemble de relations entre les parties qui sont solidaires les unes des autres.

GLOBALITÉ : la Morphopsychologie s'efforce de saisir l'individu dans sa Globalité, et dans son Dynamisme, c'est-à-dire qu'un élément du visage pris isolément ne peut être interprété, il doit l'être en fonction de ses relations dans l'Étage où il se trouve, puis de son interaction avec le reste du visage ; ces interactions deviennent si complexes que leur interprétation relève de l'Analyse systémique (voir ce terme).

GONION : angle, pointe de la mandibule qui sépare la base de la branche montante.

HARMONIE : voir Équilibre.

HUMANISTE : psychologie centrée sur la personne, sa capacité de développement, d'évolution et sa responsabilité à le faire.

HYPERSENSIBILITÉ : terme médical désignant une réaction très vive à l'agression et qui a pour but de la prévenir. C'est le mode de réaction des Rétractés.

HYPOSENSIBILITÉ : terme opposé qui désigne une insensibilité par rapport aux agressions. Le Dilaté, hyposensible, ne se défend pas contre ces agressions, car il ne les ressent que quand il est atteint très profondément. (Les piqûres se font dans les parties les plus hyposensibles de notre anatomie.)

INCONSCIENT : pour Freud, l'Inconscient est l'ensemble des processus qui échappent à notre conscience ; l'inconscient comprend le Ça, réservoir d'énergie psychique, ainsi que les éléments refoulés du Moi et du Surmoi (voir Moi).

INTÉGRATION : terme utilisé par Jung de trois façons différentes : 1° en tant que terme opposé à la dissociation dans la description psychologique de l'interaction entre des paires d'opposés (Conscient-Inconscient, Animus-Anima, Moi-Ombre) et du mouvement entre les fonctions et les attitudes de la conscience (Sentiment-Sensation, Intuition-Pensée) ; 2° un sous-produit de l'Individuation qui ressemble au concept de « santé mentale » ou de « Maturité ». C'est-à-dire que l'intégration en tant que processus psychologique sous-tend l'individuation mais sans l'emphase sur sa spécificité qu'implique la réalisation du Soi. L'Intégration peut entraîner une sorte de sentiment de plénitude qui résulte de la réunion de tous les aspects de la personnalité ; 3° comme étape du développement typique de la deuxième moitié de la vie dans laquelle les différentes paires d'opposés (1°) atteignent une sorte d'équilibre ou plutôt un niveau optimal de conflit et de tension (voir Équilibre).

INDIVIDUATION : processus de croissance et de maturation, involontaire et naturel, qui s'accomplit selon un plan prédéterminé par un centre organisateur que Jung a appelé le Soi. La personne devient elle-même, entière, indivisible et distincte des autres individus ou de la psychologie collective. Le processus d'individuation est une démarche en spirale ascendante autour du Soi comme centre de la personnalité qui est unifiée par ce processus. C'est-à-dire que la personne devient consciente d'à quel point elle est unique au monde et qu'en même temps elle n'est ni plus ni moins que les autres êtres humains.

INTÉRIORISATION : processus qui consiste en un retrait de la personne à l'intérieur d'elle-même, dans le Moi, pour traduire l'activité extérieure en activité psychologique, et en un centrage sur ses propres valeurs. C'est «rentrer dans sa coquille». L'Intériorisation est objectivée par la Rétraction et la Rétraction frontale, «qui donne une conscience aiguë du réel et de soi-même».

INTROVERTI : dans la terminologie de Jung et de Freud, personne percevant l'existence de son monde avant de percevoir le monde extérieur et ayant tendance à se détourner de ce monde extérieur et à rechercher ses satisfactions dans une vie intérieure riche et pleine de fantaisie. En société, l'introverti paraît mal à l'aise, taciturne, méditatif.

INTUITION : compréhension mentale, globale, immédiate que l'on a, sans passer par le raisonnement, comme si le résultat d'une réflexion nous arrivait mystérieusement. Il faut la différencier du Flair qui lui est plutôt une connaissance sensorielle de la réalité. Pour Bergson, l'intuition permet de saisir le mouvement vital, dans sa signification, et l'objet de pensée, immédiatement et dans son essence même ; pour Jaspers c'est une compréhension intersubjective, d'inconscient à inconscient.

En Morphopsychologie on va repérer les possibilités intuitives à un front rond, bombé dans sa partie supérieure, avec une plage intersourcilière lisse. En fait les signes de rétraction, où qu'ils soient placés dans le visage, diminuent les capacités intuitives, en suscitant des mouvement de défense, alors que l'intuition présuppose une certaine confiance et un lâcher-prise.

JUGULAIRE (menton en) : se dit d'une mandibule allongée par l'atonie du cadre et de la Rétraction latérale. Au contraire de la mandibule courte et sthénique qui entraîne la personne à agir de façon concrète et constructive, cette mandibule entraînerait plutôt la personne à dilapider son énergie en mouvements. C'est pour cela qu'on la trouve chez beaucoup de sportifs, « les conquérants de l'inutile » (voir p. 304-305).

LATÉRALITÉ : terme qui désigne la prédominance sensorielle et motrice d'un côté du corps humain sur l'autre. Ce fait correspond à l'organisation neurologique et à la répartition des fonctions dans les hémisphères cérébraux. Généralement c'est l'hémisphère gauche qui est prépondérant, ce qui entraîne, en raison du croisement des fibres nerveuses, une plus grande habileté du côté droit du corps. Dans une étude de M. Annett (1967) postant sur différents milieux, la proportion de droitiers est de 70 % contre 4 % de gauchers et 26 % d'incertains ou de « mal latéralisés ». Les études sur la latéralité se sont beaucoup développées après les travaux de Sperry (prix Nobel), sur les préférences cérébrales. « En résumé : nous fonctionnons avec quatre zones cérébrales, chacune ayant ses caractéristiques propres : le cortex qui commande la pensée et la parole, du côté gauche nous rend logique, analytique, raisonneur, matheux; le cortex droit nous donne créativité, esprit de synthèse, facilité de conceptualisation. Le cerveau limbique siège des émotions et des affections, du côté gauche, contrôle et organise nos émotions, le limbique droit facilite l'expression, les relations avec les autres.» Les études conjointes de test de préférences cérébrales avec une évaluation morphopsychologique montre comment la dilatation favorise le travail «cerveau droit» et la rétraction l'inhibe. Plus la personne a d'éléments de Rétraction plus elle fonctionne sur un mode défensif, «cerveau gauche». Ceci apporte une preuve supplémentaire sur la globalité du fonctionnement intellectuel que l'on ne peut étudier en Morphopsychologie qu'avec le seul étage cérébral.

LIBIDO: terme latin désignant désir ou désir sexuel employé par Freud pour désigner l'énergie motrice des instincts de vie; pour Jung c'est l'énergie psychique.

MANIAQUE: phase de comportement se caractérisant par une surexcitation de toutes les fonctions psychiques et psychomotrices, avec exaltation de l'humeur, libération instinctivo-affective et retentissement somatique, en opposition avec la phase dépressive (voir ce terme et p. 274).

MASCULINE (COMPOSANTE): chez une femme, est composée des éléments qui apporteront des valeurs de combativité d'emprise et de structure (voir p. 488). Bien intégrée elle permettra à la femme de s'assumer de façon indépendante sans agressivité ou revendication; refusées elle peuvent entraîner des surcompensation d'attitude d'excessive dépendance, voir de «pseudo-débilité». Ne pas confondre avec Animus, qui est du domaine de la clinique de l'Image (voir Animus).

MASSÉTER : muscle élévateur de la mandibule (voir croquis p. 30).

MATURITÉ : phase du cycle de la vie, où la personne devient autonome et affronte la réalité, c'est-à-dire qu'elle ne se prend plus pour le centre du monde avec un sentiment de toute-puissance magique, comme dans l'enfance. Elle assure de façon responsable ses besoins fondamentaux, en pleine possession de ses moyens physiques et intellectuels. Pour que cette phase soit évolutive et non sclérosante, un rapport à son propre corps positif, une vigilance par rapport à sa sécurité, et une certaine tolérance à la frustration sont nécessaires (voir Moi, principe de Plaisir, Intégration et Soi).

MODELÉ : dans l'interprétation dynamique, le Modelé représente la surface où s'affrontent les forces issues des profondeurs de l'organisme et les forces plus ou moins contraires de l'environnement (V & C).

Le Modelé objective la façon dont l'être vivant réagit aux influences du milieu (NMP).

Le Modelé peut-être rond, plat, creux ou rétracté-bossué (voir ces mots).

MOI : partie de la personnalité qui est consciente d'elle-même et s'affirme comme unité autonome. La distinction entre Moi et non-Moi naît avec le sevrage, puis se développe graduellement. À trois ans, l'enfant est devenu capable d'employer les pronoms « je » et « moi ». La Psychanalyse fait du Moi l'intermédiaire entre les pulsions – le ça – et les exigences morales – le Surmoi. En Morphopsychologie, l'apparition et la construction du Moi est liée à la Rétraction, et particulièrement à la Rétraction latéro-nasale. Trop faible, le Moi n'est pas suffisamment construit et autonome (Dilaté pur). Trop forte (Rétracté extrême), le Moi est à la fois rigide et fragile. La psychanalyse, tout comme la Morphopsychologie, insiste sur le fait que la constitution du Moi est un processus dynamique, c'est-à-dire en perpétuelle évolution.

MORPHOSPYCHOLOGIE : le terme a été composé par le Dr Corman en 1937, lorsqu'il édita ses *Quinze Leçons de Morphopsychologie*.

Elle étudie les relations entre la forme du visage et le psychisme (NMP), en s'appuyant sur des lois universelles qui décrivent comment la force vitale de tout organisme s'adapte de façon dynamique à son environnement.

Notre visage est le point de rencontre entre notre patrimoine génétique et le milieu qui nous a « formés ». La Morphopsychologie opère selon une grille d'interprétation, un modèle multidimensionnel qui peut se lire grâce à l'analyse systémique (voir ce terme).

MOUVEMENT : voir Évolution.

MUSEAU : avancée de l'étage instinctif et affectif lors de la projection dynamisante provoquée par la Rétraction latérale, au moment du développement de la motricité de l'enfant.

NARCISSIQUE : structure psychologique particulière où la personne, par « frustration d'amour », ne porte d'affection et d'attention qu'à sa propre personne (voir p. 181).

ORAL (stade) : voir Stade.

OREILLE : on étudie sa place dans le profil pour déterminer, par rapport à son emplacement, la partie prédominante du crâne ou du massif facial : arrière chez le fœtus, signifiant l'emmagasinement passif ; avant chez le Rétracté latéral signifiant que la plus grande partie de l'énergie est mobilisée pour l'activité (voir croix de Polti et Gary). Toutefois, aucune étude validée n'ayant été faite à ce jour sur des correspondances psychologiques à sa morphologie, il vaut mieux s'abstenir de toute interprétation. (Les auriculothérapeutes diffèrent même entre eux sur les correspondances anatomiques qu'ils lui attribuent.)

PERSONA : de masque en latin. C'est le masque social qui nous permet de donner à la société une apparence conforme à ce que l'on pense qu'elle demande pour y être reconnu et ainsi se protéger contre le monde. La Persona serait alors la fonction qui permettrait au Moi de se présenter aux objets externes et d'entrer en relation avec eux, tout en tenant compte de ses objets internes.

Dans un premier temps la Persona permet une adaptation souple et variée (jouer un rôle mais ne pas se prendre pour lui), mais si le Moi s'identifie à la Persona, alors la personnalité devient rigide et cassante et ne peut pas agir de façon nouvelle ou créative. Elle se met à vraiment se prendre pour le rôle qu'elle joue, et pour lequel la société la gratifie. Sous ce masque la personne n'existe plus en tant que sujet et lors de conflits importants, elle n'aura plus de Moi qui lui permettrait de résoudre ces conflits et de faire les deuils occasionnés par la vie. C'est le cas de quelques stars de cinéma qui ont eu des fins tragiques.

PHYSIOGNOMONIE : l'ancêtre de la Morphopsychologie, elle essayait d'interpréter des traits isolés du visage de façon empirique.

PLAISIR (principe de) : selon Freud, principe de plaisir et principe de réalité structurent la formation de l'individu. Sous l'influence de l'éducation et de l'expérience qui lui montre la nécessité d'une conduite adaptée au monde extérieur (principe de réalité), l'homme apprend à différer sa satisfaction, à renoncer au plaisir immédiat vers lesquels tend l'organisme (principe de plaisir), le délai d'insatisfaction cause le désir et le projet et introduit le processus de secondarisation. Au fur et à mesure du développement de l'individu, le principe de réalité prend le pas sur le principe de plaisir.

Le travail du Moi, s'il n'est pas écrasé par un surmoi rigide, est de négocier au mieux entre ces deux principes : prendre le maximum de plaisir que permet le principe de réalité.

PLAT : forme intermédiaire du modelé, entre le Modelé rond et le Modelé creux. Le Modelé plat est le Modelé du Rétracté frontal type, et correspond à ses caractéristiques d'équilibre et de mesure (voir p. 263).

PROJECTION : processus inconscient qui consiste à voir chez d'autres des tendances, des pensées ou des sentiments que l'on porte en soi et que l'on ne veut ou ne peut pas reconnaître. On est ainsi libéré de ses tensions et justifié dans ses attitudes et ses comportements.

PROJECTION DYNAMISANTE : se dit aussi de la Rétraction latérale qu'elle objective sur le profil.

PROSOPOLOGIE : étude entreprise par le Dr Ermianne et qui consiste à attribuer à des muscles ou à des ensembles de muscles des émotions comme la peur ou la joie. Cette étude avait été initiée par Darwin qui lors de ses voyages avait été impressionné par l'universalité de l'expression humaine.

PULSION : les pulsions sont des tendances dynamiques inconscientes qui dirigent l'activité d'un individu vers leur satisfaction. Les pulsions peuvent être libérées par l'individu, ou bien canalisées, sublimées, refoulées, provoquant ainsi des comportements différents ou contradictoires (voir refoulement, sublimation, formation réactionnelle).

La Dilatation du cadre nous renseigne sur la puissance de ces pulsions et leur localisations, l'ouverture relative des récepteurs sur leur possibilités de libération.

RÉALITÉ (principe de): voir PLAISIR (principe de).

RÉAGISSANT (type): c'est l'alliage d'un cadre rétracté et de récepteurs ouverts; ce type réagit à toutes les sollicitations du milieu. Il est très facilement adaptable, mais d'une manière assez superficielle, et, manquant de puissance de fond, il est incapable d'une action approfondie et suivie (V & C).

Ne pas oublier que le Dilaté agit à partir de l'impulsion de ses besoins et désirs intérieurs, et réagit aux sollicitations du milieu, alors que le Réagissant agit surtout en réponse à ces sollicitations extérieures. (Le dilaté a faim, par exemple, parce que son estomac le tenaille, alors que le Réagissant aura faim à cause de la bonne odeur d'un plat qui mijote.)

RÉAGISSANTE (tendance): se dit lorsque les Récepteurs sont grands, ouverts et sur des saillants (sans tenir compte du cadre), apportant à la personne les qualités d'ouverture au milieu, d'échanges spontanés et de plaisir à ceux-ci. Nous avons tous une tendance réagissante qui est à son maximum dans la Dilatation et à son minimum dans la Rétraction (voir Tendance concentrée). Cette tendance peut être compensée par des éléments de Rétraction frontale.

RECADRAGE: action qui consiste à se sortir d'un contexte pour en avoir une vue d'ensemble qui permet de trouver des solutions nouvelles qui n'auraient pas pu être envisagées à l'intérieur du contexte et donc submergées par lui.

RÉCEPTEURS SENSORIELS : ce sont les ouvertures par lesquelles l'organisme entretient des échanges avec le milieu extérieur et, de ce fait, ils nous révèlent par leur structure la manière dont lesdits échanges s'effectuent (V & C). On appelle aussi la zone où ils se trouvent « petit visage », parce que incluse dans le grand.

On pourrait les appeler les émetteurs-récepteurs, ou les communicateurs. Ils filtrent par leur forme, grandeur et enfoncement les informations reçues du milieu ou émises par l'Inconscient (contenues dans le cadre).

REFOULEMENT : opération par laquelle le sujet cherche à repousser ou à maintenir dans l'Inconscient des représentations (pensées, images, souvenirs) liées à une pulsion. Le refoulement se produit dans les cas où la satisfaction d'une pulsion – susceptible de procurer par elle-même du plaisir – risquerait de provoquer du déplaisir à l'égard d'autres exigences. Le Refoulement serait à l'origine, selon Freud, de la constitution de l'Inconscient comme domaine séparé du reste du psychisme.

RESPIRATOIRE : voir Étage affectif.

RENTRANT : creux, renfoncements sur lesquelles reposent les récepteurs après le travail de renfoncement qu'a effectué une forte Rétraction frontale. C'est le contraire d'un Saillant.

RÉTRACTION : elle traduit l'instinct de conservation : l'être vivant, en situation de danger, rompt le contact avec un milieu ressenti comme menaçant, se replie sur lui-même et concentre sa force à l'intérieur afin de la réserver aux fonctions essentielles à la vie, ce qui lui permet de subsister (V & C).

RÉTRACTÉ BOSSUÉ : correspond à un modelé heurté, fait de creux et de bosses en opposition violente. Ceci indique un violent conflit de tendances, qui détermine, tantôt un blocage, tantôt des explosions (V & C).

Par contre, si la personne trouve un but qui la passionne, son énergie explosive sera unifiée pour l'accomplir. Ce modelé fait intervenir l'ossature qui le sous-tend et il est donc beaucoup plus complexe à analyser (voir p. 267). On parle même de Type rétracté bossué, comme d'un type jalon (V & C).

RÉTRACTION DYNAMISANTE : rétraction sur un élément du visage qui, de par la tonicité générale ou la Rétraction latérale du reste visage, a un effet moteur sur la personnalité.

RÉTRACTION FÉCONDANTE : rétraction sur un élément du visage qui introduit certes un élément de souffrance, mais qui étant donné la richesse du reste du visage, va féconder l'œuvre créatrice de cette personne.

RÉTRACTION DE FRONT : voir Rétraction frontale.

RÉTRACTION FRONTALE : deuxième degré de la Rétraction. La Rétraction frontale a une action contraire à celle de la Rétraction latérale ; elle correspond à un redressement général du profil et à un abritement des récepteurs. Selon son degré, elle va réguler, contrôler ou inhiber l'activité de la personne. Elle a une influence intériorisante. Le Type Rétracté frontal est l'homme de la juste mesure (V & C) et de l'adaptation élective au milieu. Le Rétracté frontal sait allier les capacités pratiques aux idées générales (NMP).

RÉTRACTION LATÉRALE : premier degré de la Rétraction. Extension au visage tout entier des méplats de Rétraction tonique, ce qui modifie la forme du cadre, la forme ronde faisant alors place à une forme rectangulaire. C'est le type de l'adolescence (V & C). Il correspond psychologiquement au dynamisme et au besoin de mouvement (NMP).

Il s'objective par une projection aérodynamique de la masse du crâne en avant des oreilles, un profil en pignon et des récepteurs plus toniques.

RÉTRACTION LATÉRO-NASALE : retrait du massif facial de chaque côté du nez. Modérée, elle signe l'autonomie affective. Forte, elle indique une vie affective en conflit avec elle-même (NMP).

ROND : forme du Modelé qui correspond à la Dilatation. La correspondance psychologique en est donc l'ouverture et la spontanéité (voir p. 262).

SAILLANT : avancée, bosse ou rondeur sur laquelle reposent les récepteurs d'un Dilaté ou d'un Rétracté latéral. Au contraire, la Rétraction frontale enfonce les Récepteurs qui sont alors sur un Rentrant (voir ce mot). C'est une « joufflure ».

SENSATION (Éléments) : traits de dilatation sur le cadre, les récepteurs ou le modelé qui, par leur charnu, incarnent la personne dans le plaisir sensoriel. Il est important de repérer ces éléments dans un visage, en particulier quand le visage est très marqué de Rétraction ou d'éléments d'Atonie, car ce sont les « lieux du plaisir », qui indiquent où l'on peut aider la personne à s'« ancrer » dans la vie.

SENSIBILITÉ : la sensibilité est liée à la notion de Rétraction, donc d'affinement ; que ce soit au niveau du cadre, forme gracile, du modelé, creux, avec une peau fine, ou des récepteurs fins (voir p. 53).

SENSIBILITÉ ESTHÉTIQUE : affinement des traits, du modelé et surtout des récepteurs qui prennent une forme bien dessinée qui rend la personne sensible aux belles formes et aux couleurs harmonieuses.

SINUS FRONTAUX et MAXILLAIRES : voir croquis p. 32.

SOI : centre organisateur d'où émerge le processus d'individuation. On peut le considérer comme l'inventeur, l'organisateur et la source des images oniriques. Ce centre est constitué de la totalité de la psyché originelle alors que le Moi n'en est qu'une toute petite partie à qui est conféré le rôle adaptatif de l'Intégration. On peut considérer le Soi comme un guide intérieur qui est distinct de la personnalité consciente et que l'on ne peut saisir qu'à travers l'analyse de ses propres rêves. Son degré de développement dépend de la bonne volonté du Moi à écouter les messages du Soi, messages indiquant toutes les potentialités que la personne pourrait développer.

STADES : ce sont les étapes par lesquelles passe l'individu lors de son développement. On peut les étudier selon plusieurs point de vue :

Pour Freud et la Psychanalyse le développement psycho-sexuel de l'enfant passe par cinq étapes, qui se chevauchent et n'apparaissent pas à des âges précis mais dont la succession est régulière : 1° le stade oral (premiers mois de la vie, où le plaisir principal tourne autour de la bouche et des fonctions d'incorporation) ; 2° le stade sadique-anal (vers 18 mois à 4 ans, où l'intérêt se déplace vers les fonctions d'excrétion, la maîtrise et la destruction ; 3° le stade phallique (entre 3 et 6 ans, où l'intérêt se déplace vers les parties génitales ; c'est durant ce stade que s'édifient les relations triangulaires de l'enfant avec ses parents, connues sous le nom de complexe d'Œdipe (amoureuses d'un côté et hostiles de l'autre, et que naît l'angoisse de castration) ; 4° la période de latence, où les pulsions s'assoupissent surtout grâce à l'action conjuguée des instances socioculturelles ; 5° le stade génital qui apparaît avec la puberté, où la sexualité prend sa forme définitive avec une coopération de toutes les pulsions partielles.

Piaget définit aussi des stades de développement de l'Intelligence qui est très éclairante pour le Morphopsychologue lui permettant d'associer ces stades au développement anatomique du massif maxillo-facial :

1° période sensori-motrice (jusqu'à 2 ans) où se forme le schème fondamental d'objet permanent (maman et les choses existent en dehors de leur présence), à partir de perceptions fragmentaires, et son «Moi» distinct de l'image des autres ; 2° période préopératoire (de 2 à 4 ans) dominée par une pensée égocentrique et anthropomorphique ; 3° période intuitive (4 à 7-8 ans) de réalisation intellectuelle (sans raisonnement) ; 4° période des opérations concrètes (de 8 à 11-12 ans) où malgré l'acquisition des notions de classe, de série, de nombre de causalité, la pensée reste liée au concret ; 5° stade des opérations formelles ou propositionnelle, de la logique adulte, qui apparaît aux environs de la puberté, entre douze et quatorze ans.

SUBLIMATION : processus psychologique inconscient par lequel certaines pulsions sexuelles, détachées de leurs «objets» primitifs, sont déplacées vers des «objets» non sexuels, ayant une valeur sociale positive (activité artistique, investigation intellectuelle...) Ce mécanisme de défense est une variété particulière du déplacement, il s'est étendu aux pulsions agressives. La sublimation permet l'ajustement social de l'individu à son milieu sans nuire à son développement personnel (p. 301).

SUBSTITUTION : méthode consistant à remplacer une partie du visage et la modifier, sans modifier le reste du visage, pour voir et étudier à quel point cette modification change la globalité de l'interprétation psychologique des traits du visage (p. 321, 411 et 417).

SURCOMPENSATION : mise en valeur de l'aptitude originellement insuffisante (NMP).

Lorsque le but d'une compensation est dépassé et que, non content de réduire une déficience, on s'efforce d'égaler les meilleurs et même de les surpasser, il s'agit de surcompensation.

Ce terme peut aussi s'appliquer à la personne qui ressent une qualité en elle, que le milieu ou la société ne lui permet pas d'exprimer et qui « en fait trop » dans le sens inverse de cette qualité, comme si elle essayait de prouver aux autres et à elle-même qu'elle ne possédait aucune trace de cette qualité (voir Masculin et Féminin).

SURPLOMB (front en) : front qui surplombe le reste du visage, par suite d'une forte Rétraction frontale reculant les deux étages inférieurs. Ce front correspond à une prédominance extrême, excessive, de la vie cérébrale coupée de la réalité et de la relation (voir p. 223)

SURPLOMBANT (front) : front dont la partie supérieure (conceptuelle) surplombe le reste du front, par suite d'une Rétraction de la zone inférieure (concrète). La pensée excessivement abstraite, fonctionne donc en circuit fermé, sans prise en compte de la réalité observée (voir p. 386).

SYSTÉMIQUE (Analyse) : les axiomes de la théorie de la communication, de la théorie générale des systèmes et de la cybernétique sont développées par Bateson, Watzlawick et leur équipe de l'École de Palo Alto. Ils présentent des modèles d'interaction entre des systèmes et la nature de leur relations ; les notions de feed-back, de double contrainte et de paradoxe comme provocatrices de difficultés affectives et sociales mais aussi comme agent du changement thérapeutique, sont les plus connues pour leur apport aux Sciences humaines (voir Bibliographie).

TONICITÉ (Loi de) : caractérise l'intensité avec laquelle l'individu exprime ses fonctions vitales, de l'activité à la passivité (voir p. 74), homonyme : sthénicité. On emploiera le terme de tonicité plutôt en parlant du modelé et des récepteurs et de sthénicité en parlant de la force, puissance du cadre (du grec *sthenos,* force) (voir Atonie et p. 274).

TYPE JALON : référence extrême et caricaturale d'une personne qui aurait toutes les caractéristiques morphologiques et psychologiques d'un Dilaté, Rétracté, Rétracté latéral, Rétracté frontal. On inclut aussi dans les types jalons les Concentrés et les Réagissants et par extension les Rétractés-Bossués. La notion de type jalon à été établie à des fins pédagogiques, pour donner des bornes aux axes extrêmes de ces composantes. En effet la Morphopsychologie n'est pas une TYPOLOGIE qui figerait des caractères. Les paramètres interagissent entre eux de façon subtile et non en tout ou rien.

TYPE MIXTE : alliage de Dilatation et de Rétraction

(V & C). La plupart des visages sont des types mixtes, c'est-à-dire qu'il allient les caractéristiques de plusieurs types jalons, ce qui complexifie la personnalité.

TYPES PLANÉTAIRES : typologie issue de la Mythologie qui donnait des caractères morphologiques correspondant aux caractères des dieux de l'Olympe (Vénus serait une Dilatée et Mars un Rétracté latéral). Elle a longtemps été utilisée par le Dr Corman (*Diagnostic de l'Intelligence*, PUF, 1970). Elle est maintenant abandonnée par lui car elle n'était pas rigoureuse et donnait lieu à des confusions fâcheuses avec l'Astrologie. C'est surtout la difficulté de faire la différence entre le front «solaire» et «lunaire» qui a conduisit le Dr Corman à abandonner cette typologie qui avait cependant l'avantage de donner une vision globale et simplifiée du visage et du caractère.

VÉNUSIEN : terme issu de la typologie planétaire, désignant des traits féminins, esthétiques et en dilatation fine.

VISAGE (petit) : zone des récepteurs, responsable des échanges.

VISAGE (grand) : voir Cadre.

ZONE : se dit d'une localisation morphologique dans le visage et des fonctions qui lui sont attribuées. Pour la division du visage horizontale en trois on emploiera le terme d'étage (instinctif, affectif et cérébral).

ZONE D'ACCOMPLISSEMENT : zone ou étage le plus en expansion, ou le plus harmonieux, dont les fonctions seront les plus facilement développées si le visage est suffisamment tonique (voir p. 470).

ZONE CONCEPTUELLE : se dit de la zone imaginative lorsqu'elle se trouve associée à un front ou un visage fortement marqué de rétraction. Étant moins reliée au monde sensoriel des images, la pensée peut spéculer sur des notions abstraites et des symboles (voir p. 382).

ZONE DE DÉFI : zone qui, bien qu'en Rétraction, devient motrice pour la personne quand, ayant développé ses autres possibilités, elle cherche de nouveaux plans d'expansion (voir p. 474).

ZONE DES ÉCHANGES : petit visage, triangle au centre du visage où sont localisés les récepteurs, par lesquels s'effectuent les échanges.

ZONE D'EXPANSION : zone la plus en dilatation ; voir étage dominant.

ZONE DE FRAGILITÉ : zone en Rétraction ou en Atonie, donc celle qui se fatigue en priorité dans l'extraversion (voir p. 472).

ZONE IMAGINATIVE : partie la plus haute du front, plus ou moins bombée, reste du front rond de l'enfance, responsable de la production de l'imaginaire, des fantasmes (dans le sens de fantaisies) et quand elle est très bombée vers le haut, des aspirations à la spiritualité ou à la transcendance (voir p. 382).

ZONE D'OBSERVATION : la partie basse du front où sont placées les bosses sourcilières ou sus-orbitaires ; son importance est corrélative de l'intérêt de la personne pour l'observation et la pensée concrète et pratique (voir p. 382).

ZONE DE RÉFLEXION : creux plus ou moins profond placé entre les deux zones précédentes, qui est un creux de Rétraction frontale, donc de recul. C'est sa présence qui entraîne les possibilités d'analyse, de réflexion, de hiérarchisation... (voir p. 382).

ZONE DE REFUGE : zone en dilatation, c'est dans les fonctions qu'elle détermine, que l'on se réfugie en cas de fatigue ou de dépression ; c'est l'atonie qui montrera que c'est un refuge (passivité) (voir p. 470).

ZONE DE TOURMENT : zone fortement marquée de rétraction et d'antagonismes, elle peut parfois paradoxalement dominer la personnalité (voir p. 473).

ZONE DE VULNÉRABILITÉ : zone en dilatation, donc non défendue en cas d'agression ou de frustration par la rétraction. À différencier de fragilité.

YANG et YING : Termes chinois désignant l'actif et le réceptif, le masculin et le féminin (voir p. 274).

Remerciements

– À mes trois filles, Delphine, Isabelle et Marie, qui par le cadeau de leur naissance m'ont fait comprendre la beauté de la vie et ce que devait être vraiment la Psychologie, une école d'amour et de connaissance.

– Au Dr Corman, qui m'a patiemment enseigné la Morphopsychologie, pendant de longues années et qui, par la création de cette branche des Sciences humaines, a suscité une passion et ma vocation en me fournissant une grille d'interprétation de la réalité qui donne sens à ma compréhension du monde.

– À Henri Burgkard qui, par son amitié attentive, m'a soutenu dans cette longue traversée que fut l'écriture de ce livre, et qui par un front «plus différencié» que le mien, a été le conseil éclairé sur tous les problèmes de structure et de cohérence interne de ce livre.

– À tous ceux qui m'ont aidé à taper, relire, relier les dessins au texte, en recommençant parfois dix fois le même travail, et sans lesquels ce livre n'aurait pu aboutir. Frédérique Doussot, Mireille Paya, Laurence Chauliaguet, Marie-Paule Fertillet.

Table des matières

Sommaire 7

Préface 9

Introduction 11

PREMIÈRE PARTIE
COMPRENDRE

Ce que n'est pas la Morphopsychologie 21
Ce qu'elle est, ce qu'elle demande 22

I. Observer le visage 29

  1. Le Cadre 29
  2. Le modèle 31
  3. Les Récepteurs 31
  4. L'Étage cérébral 33
  5. L'Étage affectif 33

6. L'Étage instinctif	34
7. Les Zones intermédiaires	34
II. Comment se forme le visage	**37**
1. S'adapter et survivre	37
a – Expansion/Protection	39
• *Dilatation*	40
• *Rétraction*	44
• *Gérer l'énergie*	48
• *La sensibilité*	53
b – Dynamisme et contrôle	55
• *La Rétraction latérale : le dynamisme*	55
• *La Rétraction frontale : le contrôle*	60
c – Combiner les deux polarités	64
d – L'emballage : le modelé	68
Modèle rond	70
Modèle plat	70
Modèle creux	71
Modèle rétracté bossué	71
e – Les Échanges – Les Récepteurs	72
2. Agir-subir : la loi de tonicité	74
3. L'équilibre dynamique : la loi d'équilibre et d'harmonie	78
a – Les disharmonies horizontales : notion d'étage en expansion	79
• *Expansion instinctive :*	80
• *Expansion affective*	80
• *Expansion cérébrale*	81
b – Dissymétries verticales (droite/gauche)	84

c – Les disharmonies avant/arrière	87
d – Les disharmonies cadre/récepteur	89

4. Changer: la loi d'évolution et de mouvement ... 95
   a – La Mimique ... 95
   b – « Avec le temps... » ... 96

5. Résumé de la théorie de la morphopsychologie ... 102
Plan indicatif pour faire un premier portrait morphopsychologique ... 105
   Portrait morphopsychologique ... 105

DEUXIÈME PARTIE
APPLIQUER

I. Vivre la dilatation ... 111
Le doux paradis de l'Enfance ... 111
  • *Portraits* ... 111
  • *Correspondances* ... 114
  • *Genèse de la Dilatation* ... 116
    Les Philosophes de l'Utopie ... 120
  • *Portrait Type* ... 121

1. Cadre ... 121
2. Modèle: rond ... 124
3. Rapport Cadre/Récepteurs ... 126
4. Étage dominant ... 128
5. Les disharmonies ... 128
6. Étude par étage ... 128
   a – Étage instinctif ... 128

• *Cadre*	128
• *Le Modelé*	130
b – Étage affectif	136
• *Le Modelé*	140
• *Rapport Cadre/Récepteurs*	140
c – L'Étage cérébral	140
7. Synthèse	146
• *L'histoire de M. Émile*	149
II. Survivre – la rétraction	155
• *Portraits*	155
• *Correspondances*	159
• *Genèse de la Rétraction*	160
Portrait type	166
1. Cadre	166
2. Modelé	168
a – Forme : Plat à creux	168
b – Capiton : pas de chair. La peau est collée sur les os, elle est d'aspect foncé et grisâtre, mal irriguée (vasoconstriction) (voir p. ???).	168
c – Tonicité : en général forte (il résiste, est en alerte).	168
3. Rapport Cadre/Récepteurs	170
4. Étage dominant	170
5. Diharmonies	170
6. Étude par étage	172
a – Étage cérébral	172
• *Cadre*	172

- *Rétraction frontale : le front est différencié avec une barre d'arrêt.* 174
- *Modelé est Rétracté bossué* 174
- *Les yeux et leur rapport au Cadre* 174

b – Étage affectif 176
- *Cadre* 176
- *Modelé* 178

c – Étage Instinctif 180
- *Cadre* 180
- *Modelé* 182

7. Synthèse 182

III Avancer : la rétraction latérale 187
- *Portraits* 187
- *Correspondances* 192
- *Genèse de la Rétraction latérale* 192

1. Cadre 198
2. Le Modelé et les Récepteurs 198
3. Comportement instinctif-actif 201
4. Comportement affectif 206
5. Comportement cérébral 209
6. Synthèse : le comportement professionnel 213

IV. Contrôler : la Rétraction frontale 217
- *Portrait* 217
- *Genèse de la Rétraction frontale* 219

1. Repérer la Rétraction frontale 219
2. Progression de la Rétraction frontale 222
3. Apport de la Rétraction frontale 223

4. Étude par étage 228
a – Étage instinctif 228
- *Cadre* 228
- *La bouche et son rapport au Cadre* 230

b – Étage affectif 232
- *Le Cadre* 232
- *Le nez et son rapport au Cadre* 238

c – Étage cérébral 242
- *Cadre* 242
- *Les yeux et leur rapport au Cadre* 246

5. La maturité 250

6. Yourak dans sa caverne 252

V. Échanger – le Modelé, les Récepteurs et leur Tonicité 255
- *Portraits* 255
- *Les fonctions du Cadre* 259
- *Les échanges* 260

1. Le Modelé 261
a – Modelé rond 262
b – Modelé plat 263
c – Modelé creux 265
d – Modelé rétracté bossué 267
e – Capiton 271
Tableau modelé 273
f – Tonicité du Modelé 273
g – Harmonie 275
h – Évolution et Mouvement 276
- *Expression Mimique* 276
- *Évolution dans le temps* 276

2. Les Récepteurs ... 277
a – Axe Dilatation/Rétraction ... 279
b – Axe Action/Contrôle ... 282
- *La Rétraction latérale* ... 282
- *La Rétraction frontale* ... 283

c – Tonicité ... 284
d – Harmonie ... 285
- *Disharmonies horizontales* ... 285
- *Disharmonies verticales* ... 285

e – Loi d'évolution et de mouvement ... 286
- *La Mimique* ... 286
- *Avec le temps* ... 287

3. Synthèse ... 287

TROISIÈME PARTIE
APPROFONDIR ET NUANCER

- *La Loi d'équilibre et d'harmonie* ... 293

I. Réaliser – L'Étage instinctif ... 295

- *Portraits* ... 295
- *Correspondances* ... 299
- *Genèse des fonctions attribuées à l'Étage instinctif* ... 299

1. Le Cadre ... 303
a – Loi de Dilatation/Rétraction ... 303
b – Rétraction latérale ... 307
c – Rétraction frontale ... 308

2. Le Modelé ... 310
- *Rond* ... 310

- *Plat* 311
- *Creux* 311
- *Rétracté bossué* 312

3. La Tonicité 313

4. La bouche et son rapport au Cadre 315

5. Harmonie 315

6. Évolution 319
- *La Mimique* 319
- *Évolution dans le temps* 321

II. Aimer – l'Étage affectif 327
- *Portraits* 327
- *Correspondances* 330
- *Genèse des fonctions liées à l'Étage affectif* 331

1. Le Cadre 332

    Dilatation/Rétraction 333

  a – Dilatation 334

  b – Rétraction 334

  c – La Rétraction latérale 337

  d – La Rétraction frontale : la Rétraction latéro-nasale 338
- *Les trois degrés de la Rétraction latéro-nasale* 345
- *Où elle s'exerce* 348

2 – Le Modelé 351

3. Le nez et son rapport au Cadre 355

  a – Forme 355

  b – Forme des narines 361

4. Équilibre et harmonie 364

Disharmonies 365
- *Cadre* 365
- *Modelé* 365
- *Récepteur : le nez* 366

5. Évolution et mouvement 366

III. PENSER – L'ÉTAGE CÉRÉBRAL 369
- *Portraits* 369
- *Correspondances* 373

1. Le Cadre 374
   a – Dilatation/Rétraction 374
   b – Rétraction latérale 380
   c – Rétraction frontale 382

2. Le Modelé 384

3. Tonicité 388

4. Les yeux et leur rapport au Cadre 390
   Forme 390

5. Loi d'harmonie et d'équilibre 400
   a – Zone dominante 400
   b – Tendance concentrée ou réagissante 407
   c – Disharmonies 407

6. Loi d'évolution et de mouvement 409
   a – Mimique 409
   b – Évolution 411
     • *Qu'est-ce que l'intelligence ?* 419

Conclusion 421

IV. FOCALISER – LE CONCENTRÉ 425

   • *Portraits* 425
   • *Correspondances* 428

1. L'Étage instinctif 432
  a – Le Cadre 432
  b – Le Rapport Cadre/Récepteur :
     La bouche 432

2. L'Étage affectif 436
  a – Le Cadre 436
  b – Le nez 436

3. L'Étage cérébral 440

4. Évolution 442
   • *Mimique* 442
   • *Évolution* 442

V. COMMUNIQUER – LE RÉAGISSANT 445

   • *Portraits* 445
   • *Correspondances* 450

1. Étage instinctif 459
2. Étage affectif 460
3. Étage cérébral 461
4. Les compensations 463
5. L'évolution 464

VI. Intégrer – disharmonies et antagonismes 467

1. Notion d'Étage dominant 467
Zone d'accomplissement 470
Zone de refuge 471

2. L'Étage en Rétraction 472
Zone de fragilité 472
Zone de tourment 473
Zone de défi 474

3. Les antagonismes 476
• *Composante féminine et masculine* 477
• *Le leurre de l'équilibre* 479
• *Intégrer* 480

VII. Évoluer – le visage et le temps 483

Loi d'évolution et de mouvement 483
1. Le mouvement 483
2. L'évolution 485
• *Rétraction amenuisante et desséchante* 489
• *Épanouissement* 489

VIII. Restituer l'individu : le portrait approfondi 493

1. Gérard Holtz 495
2. Régine Deforges 498
3. Une dame du temps jadis 501
4. Paul-Loup Sulitzer 503
5. Marie Bonaparte 509

L'action sociale de Marie Bonaparte 512
La vie amoureuse de Marie Bonaparte .. 514
*La quête du père et l'identification
au père* 515
Le rayonnement par la Psychanalyse 517
Névrose et réalisation de soi 519

CONCLUSION

• *Le chemin de l'harmonie* 525

ANNEXES
LA MORPHOPSYCHOLOGIE, MODE D'UTILISATION

**Déontologie du Morphopsychologue :
non pas juger, mais comprendre** 532

• *Les applications
de la morphopsychologie* 533

Adresses utiles 535

Historique 536

Bibliographie 543

Lexique 553

Remerciements 587

Faites de nouvelles découvertes sur
www.pocket.fr

- Des 1ers chapitres à télécharger
- Les dernières parutions
- Toute l'actualité des auteurs
- Des jeux-concours

Il y a toujours
un **Pocket** à découvrir

Cet ouvrage a été composé par
PCA - 44400 REZE

Impression réalisée sur Presse Offset par

45700 – La Flèche (Sarthe), le 05-03-2008
Dépôt légal : mars 2008

POCKET – 12, avenue d'Italie - 75627 Paris cedex 13

Imprimé en France